JN195767

神様・仏様を味方にする

宿曜(しゅくよう)スーパー開運術

かざひの文庫

竹本光晴
KOSEI TAKEMOTO
神仏監修　湯淺嘉崇

はじめに　～ソウルメイトのシンクロ

エイトスターダイヤモンドとの出会いは、２０１８年4月26日（翼宿の日）。お弟子さんの池田利子さん（昴宿）からの紹介で木曜会にゲスト講師として招かれ、それがきっかけとなり、現在では毎月、第４金曜日に宿曜占星術の勉強会を開催しています。

政治経済界・芸能・文化人など、数多くの著名人に愛されているエイトスターダイヤモンドは、私にとっては美のシンジゲートのような場所。また、スピリチュアル業界にとって、故・田村社長のその功績は誠に顕著でありました。

２０２４年4月26日（尾宿の日）勉強会の後、担当の大塚麻鎮子さん（星宿）から、ある本を手渡されました。『紫式部占い』（小林清香著・かざひの文庫）です。この本のタイトルを見てすぐに「この本の著者は私の孫弟子にあたる人ですよ」と告げると、大塚さんは「何か竹本先生にご縁があるような気がして」と言うのです。私はその言葉には何の意図もないことを、直感で感じ取りました。

すると大塚さんは、この本の出版社の代表・磐﨑文彰氏の話を淡々としはじめて、その話の内容にとても興味を抱いた私は直感で「磐﨑氏を紹介してください」と言いました。今までに、このようなやり取りは、ほとんどありませんでした。

その翌日（畢宿の日）、お弟子さんの湯淺嘉崇くん（斗宿）との会食中に、ふと昨日のことが頭によぎり、次の著書は宿曜経の原典に沿って「神様と宿曜」の本にしたいので、その際は神仏の監修者として協力してほしいと彼に告げました。口をついて出た会話でした。彼にとっては好機到来のお告げです。もちろん二つ返事で、彼は協力することをコミットしました。

それから数日後の5月7日（昴宿の日）。帝国ホテルのクラブラウンジで磐﨑氏とお会いすることになりました。ご挨拶をすませ、開口一番に私は「磐﨑さんは何宿ですか」と質問すると「翼宿ですよ」と回答。

私（昴宿）、磐﨑氏（翼宿）、湯淺くん（斗宿）の「命・業・胎」ソウルメイトグループが、天の采配のようにシンクロした瞬間でした。

◉「命・業・胎」ソウルメイトとは

人は時として、人知を超えた不思議な力に導かれるものです。この縁の操作は、人間には到底不可能なので、出会いや別れといった出来事は、神仏（宇宙）が関与していると言っても過言ではないでしょう。

「こうなったのも何かの縁」と付き合いを始めるのも、この縁の作用が影響しています。過去の縁をふりかえり（業）、現在の縁を発展させ（命）、未来の縁に希望を託す（胎）ことは、とても大切です。そしてその縁をどう受け入れ、発展させるかで、私たちの生きる道や世界も大きく変わってきます。

宿曜占星術における相性占いは、他に類を見ない的中率が特徴です。

本書では、この因果関係を相性とは別の視点で、

「命」は、あなたの今生の役割と使命（ミッション）

「業」は、前世（過去）から引き継がれ、やり残したカルマ（宿題）

「胎」は、来世（未来）のヴィジョン（青写真）

として、宿曜経の原典の解説と、27宿別に対応する神様からのメッセージを書き下ろしています。

前述の通り、「命」「業」「胎」の出会いは、天の采配のようなシンクロです。一致団結して同じ課題に取り組むことで、思わぬ金の鉱脈を掘り当てることも可能です。

ただ、なかなか巡り会わないのも事実。では、どうすれば、このソウルメイトを引き寄せることができるのでしょうか。その答えは、まずはあなたの「命」役割と使命、「業」カルマ（宿題）、「胎」未来のヴィジョンを知り、ワークに取り組むことです。そうすれば、不思議な引き寄せが見る見るうちに生じてきます。

そして、その関わり合いにより、運命の車輪が勢いよく回り始めます。さらに、お互いの人生の航路を大きく変え、お互いを成長させていきます。

冒頭で述べた話には続きがあります。

ソウルメイトのシンクロに導かれ、本書の制作に入りました。磐崎氏から担当の編集者が決まったので、2024年7月19日（斗宿の日）に会って、打ち合わせをしたいと連絡がありました。

その編集者の小栗素子さんは、昴宿生まれです。私とは同じ「命」の相性です。しかもこの日は、昴宿にとっては「胎」の日。磐崎氏（翼宿）にとっては「業」の日です。今までも、幾度となくお仕事を通して宿曜占星術を自ら活用してきましたが、ここまでのシンクロは初めてです。

私（昴宿）のバトンを湯浅くん（斗宿）に渡し、それが磐崎氏（翼宿）へとつながり、一周して小栗さん（昴宿）へと、渡したバトンが返ってきたのです。

さすがに、この凄まじいシンクロに私はトランス状態となり、帝国ホテルでの打ち合わせの後、皇居に向かって静かに手を合わせ、合掌したことが今でも鮮明に甦ります。

◉宿曜占星術の歴史と偉人との関わり

宿曜経は、今から約3000年前にインドで暦として発祥し、ヒマラヤを越えて中国に渡り、海を渡って日本へと伝播した経典です。宿曜経は正確には「文殊師利菩薩及諸仙所説吉凶時日善悪宿曜経」（もんじゅしりぼさつしょせんしょせつきっきょうじじつぜんあくしゅくようきょう）と言います。後ろの3文字をとって「宿曜経」と呼ぶのが一般的です。

題目の冒頭に「文殊師利菩薩」と書き記されていますが、これは「三人寄れば文殊の知恵」の諺で有名な「文殊菩薩」（本書では第二章で紹介）のことです。

遣唐使の留学僧として唐に渡った空海は、当時の都であった長安・青龍寺の恵果和尚に受法して請来し、そこで学んだ密教が真言宗の教えの基盤となり、多くの仏具や経典を日本に持ち帰りました。その経典の中に、宿曜経の教えが詳細に記されています。

帰国の後、空海は真言密教の根本道場として高野山を開創します。金剛峯寺を総本山とする高野山真言宗は、高野山奥之院・弘法大師御廟を信仰の源泉とし、壇場伽藍を修学の場所として、真言密教の教えと伝統を今日に伝えています。

空海は日常の生活・行動に、積極的に宿曜経を取り入れ、彼の弟子達にも教えました。当時の政治の判断基準として重宝されていた『陰陽師』と人気を二分するまでになり、宿曜経の使い手を『宿曜師』と呼ばれるようになりました。当時の国家鎮護は『陰陽道』と『宿曜道』。この二つの占法により、国が守られていたということになります。

この宿曜経は、時代を通してさまざまな場面に登場します。当時の平安貴族の間で大いに人気を博し、紫式部『源氏物語』に「宿曜のかしこき道の人」と記述があることからも、その評判を知ることができます。「桐壷」の巻では、主人公の光源氏が誕生した際、宿曜師にその運命を占わせる場面も書き下ろされています。また、藤原道長の日記の暦注の中にも書き記されています。

時が流れて戦国時代、宿曜経は皮肉にも、戦術をサポートする軍師の役割として活用されるようになります。武田信玄の軍配にも、27宿が描かれています。

江戸時代に入ると徳川家康の側近、天海僧正が宿曜経を活用したと言われています。天海は徳川家康（斗宿）と全国の大名との相性を占い、配置転換などを行ったそうです。

子供のこれまでの成長を祝い、さらなる今後の成長を祈念する七五三の行事にも宿曜経が使われています。七五三の発祥は諸説ありますが、旧暦の十一月十五日に固定化したのは、三代将軍・徳川家光です。

家光の四男である、幼名徳松（後の五代将軍・綱吉）が病弱であることを心配し、綱吉の無事と成長を祈るために、袴着の儀式や修法を行ったのが、旧暦十一月十五日です。

なぜ旧暦十一月十五日に儀式や修法を行ったのかというと、その日は満月であり、宿は「鬼宿」に当たり、あらゆることに大吉とされる吉祥日だからです。また、お釈迦様（ブッダ）（本書では第二章で紹介）の誕生にも由来する日とも言われています。後に庶民もこれに習い、現在の歳祝いとして引き継がれています。

時代を通して、さまざまな場面で活用されてきた宿曜経。そのあまりの的中率の高さに、江戸時代、徳川幕府は宿曜経を封印してしまいました。

時が経ち、明治以降に再び宿曜経は宿曜占星術として見直され、近年注目を浴び始めています。

目次

第二章 あなたを警護する十二神将と本地仏

第三章 宿曜経27宿プロフィール

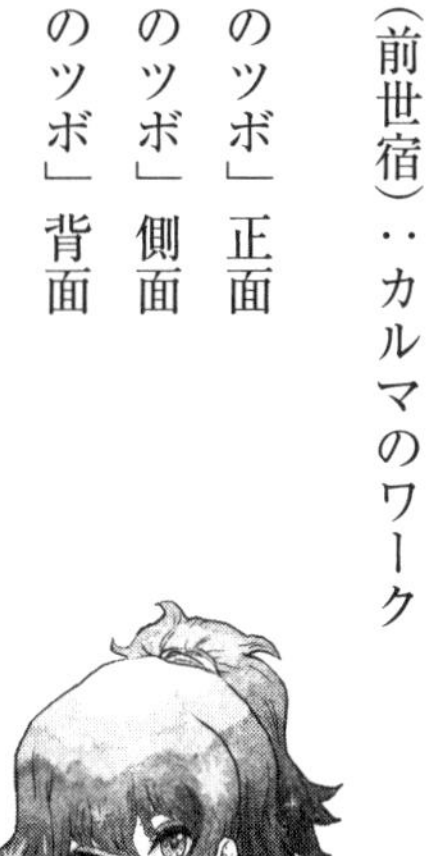

本書の使い方

1. 巻末の本命宿早見表で、本命宿を調べます。
2. 以下から、本命宿を探してください。対応する「七福神（本命宿によっては２柱）」と「十二神将（本命宿によっては２柱）」がわかります。
3. それぞれの神仏のページを読んでください。

本命宿	七福神		十二神将	
昴宿	毘沙門天	弁財天	迷企羅大将	安底羅大将
畢宿	弁財天		安底羅大将	
觜宿	恵比須天	弁財天	安底羅大将	頞儞羅大将
参宿	恵比須天		頞儞羅大将	
井宿	寿老人	恵比須天	頞儞羅大将	珊底羅大将
鬼宿	寿老人		珊底羅大将	
柳宿	寿老人		珊底羅大将	
星宿	布袋尊		因陀羅大将	
張宿	布袋尊		因陀羅大将	
翼宿	布袋尊	恵比須天	因陀羅大将	波夷羅大将
軫宿	恵比須天		波夷羅大将	
角宿	恵比須天	弁財天	波夷羅大将	摩虎羅大将
亢宿	弁財天		摩虎羅大将	
氐宿	毘沙門天	弁財天	摩虎羅大将	真達羅大将
房宿	毘沙門天		真達羅大将	
心宿	毘沙門天		真達羅大将	
尾宿	福禄寿		招住羅大将	
箕宿	福禄寿		招住羅大将	
斗宿	福禄寿	大黒天	招住羅大将	毘羯羅大将
女宿	大黒天		毘羯羅大将	
虚宿	大黒天		宮毘羅大将	毘羯羅大将
危宿	大黒天		宮毘羅大将	
室宿	福禄寿	大黒天	宮毘羅大将	跋折羅大将
壁宿	福禄寿		跋折羅大将	
奎宿	福禄寿		跋折羅大将	
婁宿	毘沙門天		迷企羅大将	
胃宿	毘沙門天		迷企羅大将	

第一章

宿曜経と七福神

インド・中国・日本といった国境を越えた神仏が集まった七福神。江戸時代に、宿曜経と深い関わりがある天海僧正が、その信仰を完成させたと言います。

宿曜経の七曜と七福神の性質を対応させて完成したのが、「七福神占い」です。自分を守ってくれる七福神を心の拠り所にすれば、禍々しい災いが消え、福が舞い込んできます。

おすすめの七福神を祀る神社仏閣も紹介しています。観光、レジャー、また健康をかねて、気軽に七福神巡りをしてみてください。

あなたを守護する七福神

七福神は福をもたらしてくれる神様で、お正月の七福神巡りやお守りなどでなじみのある、最も庶民的な信仰です。

その成り立ちは鎌倉時代に形成され、室町時代に発展し、江戸時代に入り完成。今に伝わっています。日本の宗教は、神仏混交・神仏習合と言われるように、神様と仏様が渾然と融合しているのが特徴です。

七福神もそのひとつで、インド・中国・日本といった国境を越えた神仏が集まったもの。

江戸時代に入って完成へと導いた人物は諸説ありますが、天海僧正と言われています。

本書「はじめに」の「宿曜占星術の歴史」で説明している通り、天海僧正は宿曜経と深い関わりがあります。

宿曜経の「宿」とは27宿のこと、「曜」は惑星を意味します。

「曜」は、文字通り一週間、日・月・火・水・木・金・土のこと。

この7つの曜日を、宿曜経では「七曜」といい、それぞれが七福神、布袋尊・寿老人・毘沙門天・恵比須天・福禄寿・弁財天・大黒天に対応していて、さらに27宿に対応しています。

日曜(太陽)=布袋尊(星宿・張宿・翼宿)
月曜(月)=寿老人(井宿・鬼宿・柳宿)
火曜(火星)=毘沙門天(婁宿・胃宿・昴宿・氐宿・房宿・心宿)
水曜(水星)=恵比須天(觜宿・参宿・井宿・翼宿・軫宿・角宿)
木曜(木星)=福禄寿(尾宿・箕宿・斗宿・室宿・壁宿・奎宿)
金曜(金星)=弁財天(昴宿・畢宿・觜宿・角宿・亢宿・氐宿)
土曜(土星)=大黒天(斗宿・女宿・虚宿・危宿・室宿)

宿曜占星術は「第三章」でお伝えしている通り、27宿にそれぞれの神仏が当てられていて、とても詳細なご利益やご加護をお願いすることができます。しかし、その神様が祀られている場所が、気軽に行けなかったり、遠かったりすることも事実です。

そこで、まずは気軽に参拝する方法はないかと試行錯誤を重ね、宿曜経の七曜と七福神の性質を対応させました。

その結果、完成したのが「七福神占い」です。まさに、気軽にお参りできることがわかりました。

例えば翼宿のお客様に「あなたの七福神は布袋尊と恵比須天ですよ」とお伝えすると、「早速参拝に行ってきました」と報告がありました。他の私のお客様や生徒さん、お弟子さんからも、同じ報告を本当にたくさんいただいています。

宿曜経も七福神も、インド・中国・日本と深く関わりがあることも、不思議なシンクロです。

参拝の仕方

仏法の経典である「仁王経」によると、「七難即滅・七福即生（しちなんそくめつ・しちふくそくじょう）」という言葉を唱えると、世の中の七つの大難（太陽の異変、星の異変、風害、水害、火災、干害、盗難）はたちどころに消滅し、七つの福が生まれると言われています。

この七つの福というのは、その時代を明るく照らす光であり、私たちの夢や願望を反映しています。

手水舎やお賽銭など一連の流れのあと、手を合わせて「七難即滅・七福即生」と3回、心の中で唱え祈りましょう。

次に、それぞれの七福神のご真言（マントラのこと。「おん まいたれいや そわか」（布袋尊の真言）など呪術的な語句）を、同じく3回唱えます。

最後に、ご自身の願い事をして終了です。

天災、不況が続く昨今、私たち現代人の心の闇は過剰に、そして色濃く広がっています。

あなたの七福神を心の拠り所にすれば、あなたを包み守ってくれるでしょう。

そして、禍々しい災いは立ち所に消え、福が舞い込んで来ることは言うまでもありません。

オススメ七福神巡り

日本には数多くの神社仏閣があります。約16万も存在するとか。

神聖な山や森はもちろん、ビルの谷間、繁華街の裏手、住宅街の一角など、至る所に建ち、そしてその信仰の場は、今も昔も変わることなく、私たちの心のよりどころになっています。

七福神の神々の戸籍は実にさまざまです。弁財天・毘沙門天・大黒天はインド。福禄寿・寿老人・布袋尊は中国。

そして、恵比須天は日本出身とワールドワイドです。

七福神を祀る神社仏閣にもさまざまな個性と魅力があり、多様性に富んでいます。お正月に限らず、観光や小旅行、レジャーとして、また、健康をかねて楽しく巡れるのが、七福神巡りの醍醐味です。

七福神巡りは、七ヶ所に分かれて祀る神社仏閣が一般的ですが、一ヶ所で七福神を祀る所もあり、また、全国を股にかけて巡るものもあります。

七福神を巡るコースは、京都、関西地方をはじめ、東京方面で多く見られますが、どこの地域でも最寄りの鉄道の駅の案内所に問い合わせをするとスムーズです。

また、七福神巡りは、旧暦の一日に参拝することで、より大きなご利益が得られます。それは、旧暦の一日は新しい月の始まり、「新月」だからです。新月に七福神を巡ることで、心身を清め、新たな運気を呼び込めるのです。

日本全国七福神巡り・一覧表

北海道	北の都札幌七福神巡り
青森	津軽七福神巡り
岩手	石應禅寺釜石大観音　※一箇所
宮城	奥州仙台七福神巡り
秋田	秋田七福神巡り
山形	山形七福神巡り
福島	会津七福神巡り
茨城	常陸七福神巡り
栃木	足利七福神巡り
群馬	上州七福神巡り
埼玉	小江戸川越七福神巡り
千葉	下総七福神巡り
東京	東京谷中七福神巡り
神奈川	鎌倉江ノ島七福神巡り
新潟	阿賀七福神巡り
富山	高岡七福神巡り
石川	金沢七福神巡り
福井	土御門家七福神　※一箇所
山梨	甲州東郡七福神巡り
長野	信州七福神巡り
岐阜	岐阜七福神巡り
静岡	静岡七福神巡り
愛知	なごや七福神巡り
三重	伊勢七福神巡り

滋賀	近江七福神巡り
京都	都七福神巡り
大阪	大阪七福神巡り
兵庫	神戸七福神巡り
奈良	大和七福八方巡り
和歌山	高野山七福神巡り
鳥取	福の神にあえる街七福神巡り
島根	出雲国七福神巡り
岡山	西日本播磨美作七福神巡り
広島	せとうち七福神巡り
山口	周南七福神巡り
徳島	阿波七福神巡り
香川	さぬき七福神巡り
愛媛	伊予七福神巡り
高知	土佐七福神巡り
福岡	豊前の国七福神巡り
佐賀	備前の国七福神巡り
長崎	備前の国七福神巡り
熊本	赤水蛇石神社七福神　※一箇所
大分	宇佐七福神巡り
宮崎	日向之国七福神巡り
鹿児島	屋久島七福神巡り
沖縄	沖宮七福神　※一箇所

布袋尊（ほていそん）

星宿・張宿・翼宿

【布袋尊とは】

かっぷくのいい姿の布袋尊は、七福神の中でただ一人、実在の人物がルーツです。元は中国の徳の高い僧侶であり、布袋になぞらえた太鼓腹の姿から、寛容の精神を表しています。開運、良縁、子宝の神とされ、僧や貧者に金品を寄付するために背負っている袋は、堪忍袋と言われています。

そして布袋尊は、弥勒菩薩の生まれ変わりとも言われています。弥勒菩薩とは、ブッタの入滅後56億7千万年後の未来にこの世界に現われ、生ある全ての者を救うとされる存在のことです。

鎌倉江の島七福神巡りの浄智寺の布袋尊は、浄智寺の裏山のやぐらの中に布袋尊が置かれており、鎌倉江の島七福神の一つとして多くの人が訪れています。おなかをなでると元気をもらうことができ、この布袋尊が指している方角に福があると言われています。

また、生命力と栄光を司る、太陽の守護神です。

◉ご利益

笑門来福・夫婦円満・無病息災・子宝・レジャー

◉真言

おんまいたれいやそわか

【守護七福神を味方につける方法】

◉布袋尊が守護する人の性質

あなたは、スター性があり、多くの人から支持を集めている人気者です。自分の内側から湧き上がる創造的な衝動に従って、何をするにもパワフルで自由。のびのびとした明るい人です。

◉布袋尊からのオラクル・メッセージ

みんなを盛り上げる天性の力を、布袋尊から授かっています。それは、人を陶酔させたり、喜ばせたり、あるいは一瞬にして笑いの渦を作ったり、とても強力な輝きです。
　自分の表現力を磨くことを怠ってはいけません。どんな分野で自分を表現するべきかを、しっかりと考えることが大事。つねに「どんな話が面白いだろう」とか、「どんなふうにしたら周囲が盛り上がるだろう」などを考え、クリエイトしましょう。何事もゆったりと、楽しく行きましょう。

【開運メソッド】

◉曜日

　布袋尊への参拝は、日曜日を選ぶと願いが届きやすいでしょう。

◉キープレイス

　朝活に取り組みましょう。朝の勉強やイベントの参加は、あなたの運を後押ししてくれるので実践して。休日の日は、家でゴロゴロしないように注意。踊ったり、歌ったりなど、フィジカルな表現は全て開運につながります。コンサート・演劇・映画鑑賞など、エンタメスポットに出かければ、ラッキーを呼び込みます。また、太陽を連想するような海水浴場やキャンプ場も吉。

◉ファッションアイテム

　ファッションカラーは、オレンジや黄色、ゴールドなど明るく鮮やかな色がベスト。種類を問わず、キラキラしたアイテムを身につけて参拝すると、神様に喜ばれます。なかでもゴージャスなジュエリーはあなたの心をときめかせ、日常を高級なものにしてくれます。

◉ワーク

　創作活動など、自己表現のワークを心がけて。あなたの中にある創作意欲を思いっきり働かせることで、多くの人を魅了し、称賛を得ることになるでしょう。

◉オススメ布袋尊

ぎふ七福神巡り：林陽寺（岐阜県岐阜市岩田西３丁目４０２）
大阪七福神巡り：四天王寺布袋堂（大阪府大阪市天王寺区四天王寺1丁目11―18）

寿老人
じゅろうじん
井宿・鬼宿・柳宿

【寿老人とは】

寿老人は、長く伸びた白ひげが特徴で、杖を持ち、鹿を引き連れています。元は中国の神で、翁の姿に似ていることから、長寿の神とされています。

寿老人が持つのは、杖の他に、不老不死との関わりがある桃や、霊薬の入ったひょうたん等です。福禄寿と同一神とも言われています。

従えている鹿は、黒い鹿です。古来中国では、鹿は千年生きると青色になり、千五百年で白色に、さらに二千年では黒色になると考えられています。

真田幸村で有名な大阪・三光神社に、寿老人が祀られています。ここの神職を務めるのは、代々武内宿禰の子孫です。武内宿禰は5代の天皇に仕え280歳まで生きたという伝承の残る人物。三光神社では、長寿の武内宿禰を寿老人になぞらえているのです。

寿老人はまた、酒を好む神であり、月の守護神でもあります。

◉ご利益

延命長寿・諸病平癒・家族繁栄・保育・育成

◉真言

おん ばざら ゆせい そわか

【守護七福神を味方につける方法】

◉寿老人が守護する人の性質

豊かな情緒性を持つあなたは、繊細で優しさにあふれた人。仲間や家族をとても大切にします。周囲の人たちを思いやり、人情深く手助けをするといった共感能力に優れています。

◉寿老人からのオラクル・メッセージ

寿老人の導きから、人の感情に対して強く訴えかける力を授かっています。言葉ではうまくわかり合えないことでも、相手の立場になって気持ちを共有することができ、ときに霊的で不思議な力を発揮することも。

また、どんな人も仲間に引き込んでしまう不思議な魅力があります。その能力は、森羅万象への愛情と、人への思いやりがあるからこそ発揮できるのです。この献身的な感情を忘れないようにしましょう。

【開運メソッド】

◉曜日

寿老人への参拝は、月曜日を選ぶと願いが届きやすいでしょう。

◉キープレイス

日頃から、澄み渡った水がある場所で佇んでみましょう。とくに水の音が聞こえる滝は効果的。滝つぼからあふれるマイナスイオンをたっぷり浴びれば、心が安定します。共感能力の高いあなたは、人知れず他の人の感情と同化しがち。家族や恋人も大切だけど、ときには一人の時間を持つことが大切。余計な情報を手放し、自分と向き合う時間を設けることで、本来のあなたに戻ることができるはずです。

◉ファッションアイテム

夜空に浮かぶ月のイメージが、ラッキーを運びます。ファッションカラーは、パールホワイトがおすすめ。月や星のアクセサリーを身につけて参拝すると、神様からのご加護を授かるでしょう。

◉ワーク

アロマオイルを香らせお花を飾って、お部屋を特別な空間に。月は「水」を意味します。こまめに水回りのお掃除を。ここが汚いと、運気ダウンに直結することに。なかでもトイレは、いつもピカピカに磨きましょう。もちろん毎日のお部屋全体のお掃除も必須。床に、できるだけものを置かないように。

◉オススメ寿老人

松阪七福神巡り：阿射加神社（三重県松阪市大阿坂町670番）

佐渡七福神巡り：清水寺（新潟県佐渡市新穂大野124―1）

毘沙門天

びしゃもんてん

婁宿・胃宿・昴宿・氐宿・房宿・心宿

【毘沙門天とは】

鎧をまとい、槍と宝塔を持つ毘沙門天は、元はインドの神であり、仏法を守る軍神です。日本では四天王の一尊として造像安置する場合は「多聞天」、独尊像として造像安置する場合は「毘沙門天」と呼ぶのが通例です。

庶民における毘沙門天信仰の発祥は、天狗と牛若丸伝説で有名な京都の鞍馬寺。国宝毘沙門天像は霊宝殿に安置され、三尊像の両脇、吉祥天は毘沙門天の妻、善膩師童子はその子供です。三尊像の他に、毘沙門天と吉祥天を一対で安置するもの（奈良・法隆寺金堂像）、毘沙門天と不動明王を一対で安置するもの（高野山金剛峯寺像）などが有名です。

知恵の神様としても信仰され、毘沙門天は軍神であることから、古来日本では勝負事の神と崇められ、武将達の信仰を集めました。

また、戦いの神、火星の守護神でもあります。

◉ご利益

除災招福・勝負・商売・就職・スポーツ全般

◉真言

おん べいしらまんだや そわか

【守護七福神を味方につける方法】

◉毘沙門天が守護する人の性質

自分が欲しいものは全て自分の力で手にいれる。そんな強大なパワーを持つ人です。並外れた挑戦力と攻撃力があります。興味のあることにはとことん没頭し、のめり込んでしまうところも。

◉毘沙門天からのオラクル・メッセージ

何かに没頭し、徹底的に打ち込むことで、あなたらしい強烈な輝きを放つことができます。その打ち込む対象にこだわる必要はありません。とにかく強く打ち込むことで毘沙門天の加護を受け、あなたにパワーと直感が与えられます。
　目の前に壁が立ちはだかり、障害が多いほど、あなたは燃え上がるでしょう。何か問題が生じても、あ動じたり、落ち込んだりする必要はありません。なぜなら、その限界を突破した後の大きな喜びを、あなたは誰よりも知っているからです。

【開運メソッド】

◉曜日

　毘沙門天への参拝は、火曜日を選ぶと願いが届きやすいでしょう。

◉キープレイス

　はつらつとした、躍動感みなぎる運動場がおすすめです。闘争本能をかきたてるようなスポーツ観戦、そして自ら競技するのも◎。とくにジョギング、ボクシング、サーフィンなど、独りでできるスポーツをやってみて。そうすれば、日頃のストレスも吹き飛び、爽快感と湧き上がる活力を手に入れることができるでしょう。より刺激を求めるなら、賭け事も有効。もちろん、趣味の範囲内で楽しんで。

◉ファッションアイテム

　毘沙門天は軍神なので、ファッションカラーは赤を取り入れ、燃える炎のような赤い色をした石のアクセサリーを身につけて参拝すると、勇気と行動力が高まります。

◉ワーク

　ジムで思い切り体を動かしてみましょう。血が巡ることで運気の流れも上昇します。また、新しいことにチャレンジしたり、今まで行ったことのない場所など、勇気を持って挑戦すれば、その小さな冒険はあなたの運命を変える後押しとなり、その結果、唯一無二のポジションを得ることになるでしょう。

◉オススメ毘沙門天

新宿山手七福神巡り：善國寺（東京都新宿区神楽坂5―36）
浅草七福神巡り：待乳山聖天（東京都台東区浅草7―4―1）

恵比須天（えびすてん）

觜宿・参宿・井宿・翼宿・軫宿・角宿

【恵比須天とは】

恵比須天は釣竿を持ち、鯛を抱えています。天照大神と兄弟とも言われ、七福神の中で、唯一の日本の神です。古来日本では、民間信仰の中で祀られ、現在でも商売繁盛、大漁の神として親しまれています。

商売繁盛と言えば全国的には酉の市が有名ですが、関西地方では「十日戎」が主流です。商売繁盛を祈願し、熊手などの縁起物を買って帰るこの祭礼は、毎年1月9日〜11日まで、3日間開催されます。

大阪で、十日戎が1月10日を中心に行われるようになったのは、1月10日は「恵比須天が出稼ぎへ出かける日」とされたためです。古くから大阪商人は「えびす講」と呼ばれる行事を行い、出稼ぎに行く恵比須天をお見送りしてきたそうです。

大阪市浪速区（今宮戎神社）や、兵庫県西宮市（西宮神社）に商売繁盛を願う人々が集まり、今でも「十日戎」の行事は大きな賑わいをみせています。

また、五穀豊穣と情報を司る、水星の守護神でもあります。

●ご利益

商売繁盛・五穀豊穣・小旅行・移動・人間関係

●真言

おん まにしりや そわか

【守護七福神を味方につける方法】

●恵比須天が守護する人の性質

自分の可能性を、さまざまな方向に広げることができる、クレバーな頭脳と多彩な能力の持ち主。コミュニケーション能力に優れ、移りゆく情報を鋭くキャッチする観察眼を持っています。

●恵比須天からのオラクル・メッセージ

あなたは、最新の情報をいち早くキャッチする能力を、恵比須天から授かっています。観察眼に裏打ちされたその鋭い知性は、持って生まれた才能です。つねに新しい世界で自分の実力を試してみて。文才にも恵まれているので、知識や情報を他の人に理解してもらうためには、文章にしてみるのが一番です。

また、勉強でも仕事でも、ひとつのことだけに熱中するのではなく、多様性を意識して、マルチに活躍することを心がけましょう。

【開運メソッド】

◉曜日

恵比須天への参拝は、水曜日を選ぶと願いが届きやすいでしょう。

◉キープレイス

水のある場所が吉。恵比須天は釣竿を持ち、鯛を抱えていることから、海や川など動いている水のある場所がベストです。また、いち早く旬のものをいただく、オープン日に合わせて最新スポットに出かけるなど、実際に食べたり、その場に行ってみたりすることが大事。また、釣りを楽しんだり、海の生物を鑑賞したり、流れる水のボルテックスを感じることで、神様とつながり、心と体も癒されます。

◉ファッションアイテム

恵比須天はもともと海神なので、ファッションカラーはブルーを。海にまつわるアイテムやアクセサリーを身につけて参拝すると、神様に歓迎されます。

◉ワーク

月に一度は小旅行に出かけましょう。難しく考えなくても、仕事帰りにはとバスに乗ったり、遊覧船に乗って移り行く景色を楽しんだりするのも、立派な小旅行です。行き詰まったら、そこから遠ざかること。とにかく移動を心がけましょう。このワークは、この先ずっとあなたを助けるヒントになるはず。

◉オススメ恵比須天

大阪七福神巡り：今宮戎神社（大阪府大阪市浪速区恵美須西１丁目６―10）

箱根七福神巡り：箱根神社（神奈川県足柄下郡箱根町元箱根80―１）

福禄寿

ふくろくじゅ

尾宿・箕宿・斗宿・室宿・壁宿・奎宿

【福禄寿とは】

長い頭が特徴の福禄寿は、元は中国の神であり、仙人と言われています。中国道教の老人星（カノープス）の化身とも言われ、この星は滅多に見られない星だったことから、古来中国では、老人星を見ることができたら長寿が約束され、人徳が得られるという伝説がありました。

福禄寿はもともと福星・禄星・寿星の三星をそれぞれ神格化した、三体一組の神です。中国の春節には福・禄・寿を描いた「三星図」を飾る風習があります。福星は木星（歳星）とされ、多くは裕福な象徴として描かれています。

東京日本橋小網町に鎮座する小網神社に、福禄寿が祀られています。小網神社は、東京大空襲でも奇跡的に焼け残りました。そして、戦争時にこの神社に祈願した兵士が全員無事に帰還したという逸話が、今も語り継がれています。

また、発展と拡大をもたらす、木星の守護神でもあります。

◉ご利益

子孫繁栄・財運招福・健康長寿・海外旅行・教育

◉真言

おん まかしり そわか

【守護七福神を味方につける方法】

◉福禄寿が守護する人の性質

自由奔放で楽天的です。細かいことは気にせず、過去をふりかえるなどくよくよせず、何事もおおらかに希望を失わず、つねに未来を見つめて行動するという性質を持っています。

◉福禄寿からのオラクル・メッセージ

福禄寿の導きで、精神的に高度な体験を追い求めてゆく暗示があります。それは、何かしら崇高なもの、神秘的なものです。

また、人生の中で、冒険を求めてひとりで旅をするなど、壮大な夢への挑戦を始めることも。たとえ世間から荒唐無稽だと揶揄されても、あなたが信じるものに疑うことなく大胆に飛び込んでゆきましょう。「他の人には到底不可能なことにチャレンジしているときこそ、あなたらしくいられる」ということを忘れずに過ごして。

【開運メソッド】

◉曜日

福禄寿への参拝は、木曜日を選ぶと願いが届きやすいでしょう。

◉キープレイス

大きな樹のあるところでの森林浴が吉。森のエネルギーをたっぷり浴びて、心と身体に癒しのパワーを充電しましょう。また、果樹園でフルーツの栄養を補給すれば、全身に潤いが満ちてきます。冒険心を満足させるために、年に一度は海外旅行へ。なかでも世界遺産やアニメの舞台など、聖地巡礼の旅がおすすめです。意外な発見や発想が芽生えるはず。

◉ファッションアイテム

福禄寿は山の化身ですので、ファッションカラーにはグリーンを。木の実や草花など自然にまつわるアイテムやアクセサリーを身につけて参拝すると吉。

◉ワーク

あなたは本能的に「人生にどんな素晴らしいことが待っているのか」を知っている人。何事も、少し手をつけた程度では、そのおもしろさはわからないものです。好きなことは徹底的に取り組んでみましょう。そんなドラスティックな行動こそ、思わぬ幸運といった、セレンディピティを引き寄せることに。

◉オススメ福禄寿

肥前の国七福神巡り：天福寺（佐賀県伊万里市山代町西分４９６０）

善光寺七福神巡り：秋葉神社（長野県長野市大字南長野西後町１５６６―１）

弁財天

べんざいてん

昴宿・畢宿・觜宿・角宿・亢宿・氐宿

【弁財天とは】

七福神の中で唯一の女神である弁財天は、元の名をサラスヴァティーという、古代インドの河の神です。音楽と学問、芸術の神であることから、琵琶（楽器）を持ち天女のような姿をしています。愛と平和、美と調和を司る、金星の守護神でもあります。

日本三大弁天と言えば、滋賀県竹生島（宝厳寺・竹生島神社）、広島県厳島（大願寺・厳島神社）、神奈川県江の島（江島神社）が有名です。江島神社の岩屋本宮は弘法大師空海が814年に、7日間の参篭の後、弁財天女の来迎を得て、その姿を五指ほどの小さな像に刻み、岩屋本宮に安置しました。そして、辺津宮の境内の八角のお堂（奉安殿）では、琵琶を抱えた裸体の弁財天が祀られています。

東京上野の不忍池にも、弁財天を祀る寛永寺の辯天堂があります。この弁財天は8本の腕の「八臂大辯才天」。頭上には「宇賀神」という人頭蛇身の神様を乗せ、最強の豊穣をもたらすとして有名です。

◉ご利益

学徳成就・諸芸上達・財運・芸能・芸術・音楽・恋愛・美人祈願

◉真言

おん そらそばていえい そわか

【守護七福神を味方につける方法】

◉弁財天が守護する人の性質

優雅で気品にあふれ、美的感覚と芸術的センスに恵まれています。平和主義者で、快楽主義な面があるので、人との調和を大切にしながら、つねに日常生活の中で楽しみを探しています。

◉弁財天からのオラクル・メッセージ

弁財天に守護されたあなたは、歌がうまかったり、素晴らしい絵を描いたり、何かの才能に恵まれています。とくに美意識に関しては超一流。でも、そのことに甘んじていてはダメ。それを磨き活用する努力を。そうすれば、人も羨むような成果を世の中に届けることに。

また、流行やファッションにも敏感で、誰もがあなたのセンスに一目置いています。それを活かして、専門的な知識と技術を磨くとよいでしょう。

【開運メソッド】

◉曜日

弁財天への参拝は、金曜日を選ぶと願いが届きやすいでしょう。

◉キープレイス

芸術的な感覚を呼び起こしてくれる、美術館や劇場などが最適です。また、ラグジュアリーホテルのラウンジ、美しい庭園や公園で佇むのも吉。持ち前の優れた五感を使い、美しいものに触れれば、あなたの心は充実し、幸福感に包まれるでしょう。優雅なティータイム、月に一度はフルコースを食べるなどの贅沢な時間は、今後の原動力となるでしょう。

◉ファッションアイテム

ファッションカラーは、薄紫色やピンクを身に着けて参拝すると吉。ハートや薔薇などのアクセサリーをつけてもＯＫ。

◉ワーク

あなたは「優れた審美眼」というギフトを神様から授かっています。みんなと同じようにモノを見ているようでいて、あなたの視点はどこか一線を画しています。「いいな」「美しいな」と思うモノに囲まれて過ごすことが大事。好きな服を着て、好きなものを食べる、趣味を楽しむなどのワークにより、心身ともに豊かでリッチな人生を味わうことに。

◉オススメ弁財天

鎌倉・江ノ島七福神巡り：江島神社（神奈川県藤沢市江の島2丁目3番8号）

都七福神巡り：六波羅蜜寺（京都府京都市東山区ロクロ町81—1）

大黒天

だいこくてん

斗宿・女宿・虚宿・危宿・室宿

【大黒天とは】

頭巾をかぶり、小槌と大きな袋を持ち、米俵の上に鎮座している大黒天は、台所の神で、豊作の神です。元はインドのシヴァ神で、「大いなる黒き者」という意味があることから、大黒天と呼ばれるようになりました。

古来日本では、台所に大黒天を祀っておけば、食べるに困らないと信じられていました。計画性や規律を司る、土星の守護神でもあります。

京都の東寺（大黒堂）に祀られている三面大黒天は、弘法大師空海作と伝えられています。三面大黒天は、大黒天・毘沙門天・弁財天が合体したもの。御縁を結ぶことで、三天が持つ、福寿円満、福徳富貴、子孫繁栄などのご利益があります。東京の神田明神の大黒天は、立派な石造りで高さ6m、重さ30トンもあり、石像としては日本最大です。神田明神一之宮として、大己貴命（おおなむちのみこと）と呼ぶそうです。

また、出雲大社の御祭神である大国主命（おおくにぬしのみこと）と同じ神様とされており、国土経営・夫婦和合・縁結びのご利益があります。

●ご利益

財運福徳・五穀豊穣・出世・縁結び・公的活動

●真言

おん まかきゃらや そわか

【守護七福神を味方につける方法】

●大黒天が守護する人の性質

理性的で、何事も計画的に忍耐強く積み上げていく性質です。社会に貢献したいという意識も強く、とても野心家。しっかりとした戦略を持って行動するので、周囲からの信頼は厚い人です。

◉大黒天からのオラクル・メッセージ

あなたは、コンピューターのように、周りの状況を素早く計算し、いろいろな作戦を頭の中で組み立てる能力を、大黒天から授かっています。

また、どんなチャンスをも見逃さない力を持っています。小さなチャンスも大事にしましょう。そして、持ち前の計算力で、虎視眈々と物事に取り組みましょう。そうすれば、やがてその小さなサクセスの芽は、大きな本物のサクセスとして花咲きます。

【開運メソッド】

◉曜日

大黒天への参拝は、土曜日を選ぶと願いが届きやすいでしょう。

◉キープレイス

広大な大地のエネルギーを感じる場所がおすすめです。大黒天は豊作の神であることから、農場や田んぼといった日本の原風景と触れ合うことで、運気がアップします。古く歴史ある場所、オペラや歌舞伎など、古くから続く伝統にふれることが大切。そんなオーセンティックなエネルギーを感じ取ることで、あなたのキャリアは格段と上がります。

◉ファッションアイテム

大黒天は農業の神なので、カラーはブラウン系が吉。アンティークアイテムを身に付け、一張羅のスーツや着物で参拝すると、歓迎されます。

◉ワーク

あなたは地道にキャリアを積み上げ、やがて集団のトップに立つ大器晩成の運命。でも、悲観的なところがあるので、器用な人や要領のよい人を羨むことも。そんなときは、不足しているものより、すでに持っているものに意識を向けてみて。あれもこれも手を広げるより、一点集中した方が得策です。

◉オススメ大黒天

出雲國七福神巡り：松源寺（島根県安来市安来町1446）

雑司ヶ谷七福神巡り：法明寺鬼子母神堂（東京都豊島区雑司ヶ谷3―15―20）

コラム①

意外と知らない神社のはじまり

神道は、日本人の生活から生まれた、自然や祖先、神々への畏敬の念を中心に据えた信仰です。古代の人々は、稲作をはじめとした農耕や漁業などを通じて、自然と深く関わり生活を営んできました。

自然の力は人々に恩恵を与える一方、ときに命さえ奪う脅威でもあります。そのような自然現象に神々の力を感じ、生命の尊さや、あらゆるものを生み出す生命力も、神々の働きとして捉えたのです。

また、山や川、岩、木、滝など、さまざまな自然物にも神様や精霊が宿るとして、神祭りを行うようになりました。やがて、その場所には社殿が建てられ、神様が鎮座する場所＝神社が誕生したのです。

神社の建物には、さまざまな意味や由来があります。例えば鳥居は、天照大神が岩戸に隠れたとき、常世の長鳴鳥を止まり木にとまらせて鳴かせた、という天岩戸神話が起源と言います。

今日では、聖域と人間界との境界を示したもの、外から邪なものが入らないようにする結界、はたまた中から出てこないようにするための結界といった意味があります。

神社の境内に入る前(鳥居の前後)には、必ず手水舎があります。左右の手と口をすすぎ、身を清める場所です。この行いも神話が源流。イザナミが亡くなり、悲しんだイザナギは黄泉の国へと会いに行きます。しかし、醜い姿になった妻を見ると逃げ出し、それに激怒したイザナミに追われます。何とか逃げ出したイザナギは、阿波岐原で黄泉の国の穢れを洗い流しました。 これにちなんで行われた禊・祓いが簡略化したものが、手水舎での作法になります。

手水舎を済ませて境内に入ると、御神木や社殿などで注連縄(しめなわ)を見かけます。これはワラや麻の縄に紙垂をつけたもので、一般に神域や神聖な場所へ人が立ち入ったり、触れたりしないように張られています。注連縄も天岩戸神話から来ていて、岩戸から出てきた天照大神が再び戻らないようにと、入り口に尻久米縄を張ったのが由来とされているのです。

私たちは時おり、神社を「お宮」、参拝することを「お宮参り」と言います。これは、神社を女性の体に見立てているから。鳥居は女性が足を広げて立っている姿(股)、参道(産道)を通り本殿(子宮)へ、鈴と鈴紐(男性器)を鳴らし、お賽銭(精子)を入れ、生まれ変わって出ていく。こうして、神社はお宮と呼ばれるようになりました。

あなたを警護する十二神将と本地仏

十二神将とは、薬師如来を信仰する者を守護する十二体の武神。如来・菩薩・明王の化身でもあります。

本地仏とは、人々を救済するため神の姿を借りて現れた仏のこと。「あなたを警護する十二神将と本地仏」を活用すれば、その導きで、私たちが抱える煩悩全てが救済されるでしょう。また、挑戦すべきテーマと聖なる警護を、同時に得ることができるのです。人生という航路の舵取りをするには、十二神将と本地仏の教えを得ることが、何より大切なのです。

仏尊からのメッセージ

古代インドから大陸を経て、日本へと伝播した仏教。元々神道が根付く日本では、第一章でもお伝えした通り、神と仏が共存するという（神仏習合）独自の発展を遂げました。第二章では、宿曜占星術の十二宮と十二神将を対応させ、仏尊からのメッセージをお伝えします。

お寺にあるたくさんの仏像の中でも、一際目を引くのが「十二神将」。奈良県にある新薬師寺は、十二神将立像が有名です。薬師如来を十二神将が取り囲んでいる、その勇ましい姿には圧倒されます。その由来や成り立ちは、仏教に取り入れられたインド神話の神々がソースになります。

紀元前5世紀頃、釈迦（ブッタ）を開祖として興った仏教。釈迦入滅後の紀元前3世紀頃には、戒律を厳格に守ることを重んじる「上座部仏教」と、広く衆生の救済を説く「大乗仏教」に分かれました。その後、時代と共にさらに細分化されながら、各地に広まってゆきました。

日本に伝わった年代は、538年と552年と二説あり、中央アジアなどを経て大乗仏教（北伝仏教）として公伝しました。

仏教のヒエラルキーは、上から如来・菩薩・明王・天部の4つとなります。

如来は悟りを開いた者で、仏法や宇宙の真理そのものであり、仏の最高位。菩薩は悟りを目指す者の形容。つまり、如来になる前の仏です。明王は仏の教えに従わない者たちを正しく導く役で、如来と菩薩に次ぐ仏。天部は仏に帰依した古代インドの神々で、如来、菩薩、明王などの仏、あるいは仏道そのものを守護、警護する存在です。

多種多様な民族がいた影響で、好戦的な性質を持つ神も多く、天部の役割は、仏と仏法の真理に降伏し、善神として仏と信者を警護する働きを担います。つまり、ボディーガードのようなもの。

護法善神とも言われる天部は、十二天・四天王・八部衆・二十八部衆など、多種に分かれており、「十二神将」もこの天部に属します。

十二神将は、十二夜叉大将、十二神明王とも呼ばれる、薬師如来を信仰する者を守護する、十二体の武神です。それぞれが７０００の眷属夜叉を従え、率いています。この総計８４０００という数字は、諸説ありますが、人間の持つ煩悩の数に相当し、衆生が抱える煩悩全てを救済するとされています。

十二という数字は、時間・月・方位、宿曜経では12宮などに使われ、仏教でも重要な意味を持つ神秘的な数字です。十二神将は、薬師如来の「十二の大願」に応じて、それぞれ12の時・12の月・12の方角を守り、病気平癒・身体健全・除病延寿・災難除去・現世利益などのご利益があるとされています。

十二支の守護神としても信仰されていますが、十二神将と十二支が関連づけられた起源に関しては、はっきりしていません。

また、十二神将は、如来・菩薩・明王の化身であるとされており、化身前の本来の姿を本地仏と言います。本地仏とは、仏が人々を救済するため神の姿を借りて現れるという「本地垂迹説」に基づくものです。

鎌倉時代から室町時代にかけて、全国各地の神社で本地仏が定められましたが、明治元年の神仏分離令によって起きた廃仏毀釈により、本地仏の多くは散逸してしまいました。

十二神将は、四天王像などと同様、甲冑を着けた武将の姿で表され、十二体それぞれの個性を表情やポーズなどで彫り分け、群像として変化を持たせたものが多く、また、それぞれ配置されているお寺によって、持ち物や対応している干支などが異なります。また、十二神将の名称も異なる場合があります。そのため本書では、日本最古の十二神将が祀られている、新薬師寺の十二神将を基に構成しています。

十二神将

宮毘羅大将

くびらたいしょう

本地仏：弥勒菩薩
12宮：瓶宮
27宿：虚宿・危宿・室宿

キーワード

研究・開発・革新的・最先端・IT・メタバース・自由・個人主義・独創的・科学・コミュニティー・偏屈

宮毘羅大将は、梵語では「何を恐れることがあろう」の意味。元来、ガンジス川に棲むワニを神格化した水神です。日本では、龍型、蛇型を取ります。

金毘羅様と同一視されることもあり、海上交通の守り神の金毘羅大権現として信仰されてきました。

本地仏は、未来仏として知られる弥勒菩薩。梵名をマイトレイヤ。釈迦入滅後、56億7000万年後の未来に現れ、悟りを開き、多くの人々を救済する仏です。マイトレイヤの語源は、味方・友情を意味するミトラに由来。飛鳥時代に半跏思惟像として造像され、椅坐して左足を下ろし、右足を上げて左膝上に置き、右手で頬杖を付いて瞑想する姿は、とても有名です。

宮毘羅大将・弥勒菩薩に対応する宿は、虚宿・危宿・室宿。この3宿は、有益なネットワークの中心となる役割があります。ただ、決して「群れ」ません。なぜなら、「私は私、人は人」という意識が極めてハッキリしているから。

つねに最先端の分野で活躍し、前衛的な思考を武器に画期的な着想力を発揮します。一般の風潮や習慣に逆らって、その強烈な個性で独自の世界観を具現化しますが、他者となれ合わないために、変人扱いされることも。

慈しむ精神で、未来の理想を信じて進みましょう。そうすれば、弥勒菩薩の導きで、発想力と行動、方針が明確となり、多くの発見が日常を満たします。

十二神将

跋折羅大将

ばさらたいしょう

本地仏：勢至菩薩
12宮：魚宮
27宿：室宿・壁宿・奎宿

キーワード

精神世界・感受性・芸術性・共感的・恍惚・同情的・献身的・自己犠牲・ロマンス・潜在意識・曖昧模糊

跋折羅は、梵語ではヴァジュラ。密教やチベット仏教の法具、金剛杵を指し、インドラ（帝釈天）の武器（雷）です。金剛力士と同一視され、その特徴的な憤怒の相により、鎌倉時代から奇をてらい華美を尽くす振る舞いや、歌舞伎役者のようなかぶく人を「ばさら」と称していました。

本地仏は、勢至菩薩です。極楽浄土の菩薩として、観音菩薩と共に阿弥陀如来の脇侍に控えます。無知な衆生が地獄道・餓鬼道・畜生道に落ちないように救ってくれる役割があり、迷いと苦しみ、戦いの世界から智慧を持って救ってくれる菩薩です。

跋折羅大将・勢至菩薩に対応する宿は、室宿・壁宿・奎宿。この3宿は、人の心に入り込み、いつの間にか相手を魅了します。勢至菩薩のように、人々に愛を捧げ、奉仕する精神が宿っています。会社組織に縛られずに、自分の内側にあるポエティックな創造性を芸術的に表現する能力に長け、スピリチュアルな分野にも向いています。ただ、繊細すぎるため、他者からのネガティブな影響を受けやすく、暗黒や混沌の中で苦しむことも。

また、自分よりも他者を優先したり、場合によっては他者に依存することで自分を確立する癖もあります。

あなたの内側に眠っている、創造性や霊性を開きましょう。人のためだけでなく自分のためにも、その才能の開花を、勢至菩薩は手伝ってくれます。

十二神将

迷企羅大将

めきらたいしょう

本地仏：阿弥陀如来
12宮：羊宮
27宿：婁宿・胃宿・昴宿

キーワード

開拓・闘争的・挑戦的・野心的・迅速・単独専攻・ブースト・トップ・レスキュー・暴君・戦々恐々

迷企羅大将は、インド神話では、ミトラ（別称有り）と言い、この呼び名は太陽を形容。ここで言う太陽は単なる天体ではなく、天上から人間の善悪を見張る番人を指します。

本地仏は、阿弥陀如来。梵名をアミターバで、それぞれ無量寿如来、無量光仏と漢訳。難行苦行の末、迷っている人々の苦しみを救おうと誓い、ついに西方浄土、つまり極楽浄土を開いた仏様です。

最も得意なことを指す「十八番」や、「あみだくじ」も阿弥陀様が由来です。また、歌人与謝野晶子が「美男でおわす」と詠んだ、鎌倉長谷「高徳院」の阿弥陀信仰の大仏は、とても有名です。

迷企羅大将・阿弥陀如来に対応する宿は、婁宿・胃宿・昴宿。この3宿は、競争社会を生き抜くパワーがあり、ライバルや敵を躊躇なく蹴落として、目標を達成させます。率先してリーダーシップをとり、困難を打破してゆく能力はトップクラス。

周囲から評価、賞賛されることでより力を引き出し、決断が早く、新しい手を打って最短最速で目標を実現させます。たとえアクシデントが生じても動じません。ただ、自分勝手に事を進めたり、イチかバチかの賭に出たりなど、強引で向こう見ずな面も。

阿弥陀の十八番のように、あなたが最も得意とするオハコを前面に出して競争心を発揮すれば、負けず知らずの人生に。無理だと思っても、七転び八起きの精神で、諦めずに立ち向かいましょう。

十二神将

安底羅大将

あんてらたいしょう

本地仏：観音菩薩
12宮：牛宮
27宿：昴宿・畢宿・觜宿

キーワード

美意識・官能的・五感・本物思考・安定・確実性・持続性・長期的・職人的・経営センス・頑固一徹・愚鈍

安底羅大将は、梵語はアンディーラ。別名を安陀羅とも言い、宝鎚と呼ばれる武器を持ち、新薬師寺の安底羅は両手に馬の尾などを束ねた払子を持ちます。薬師誓願は「安立正見」。この導きを得ると、心の中の余計な感情が取り去られ、健全な精神を得ます。

本地仏は、観音菩薩。観自在菩薩など多数の別名があります。阿弥陀如来の脇侍として勢至菩薩と共に安置されますが、浅草の観音様のように独尊でも広く信仰されています。一切衆生を救済するために形体を変え現れることから、六道を救う六観音や七観音、三十三観音など多種多様な別身を派生します。現在出版されているお経の中で、一番読まれているのが「般若心経」、次に「観音経」。この二つのお経の主人公は、観音菩薩です。

安底羅大将・観音菩薩に対応する宿は、昴宿・畢宿・觜宿。この3宿は、専門家になる役割があり、本物を見抜く目と、物事を計画的に進めることが得意です。芸術、美術関係全般、お金に関与する分野にも縁があり、また、職人的な資質も強いので、生涯を通して、徹底的に何かに打ち込み極めていくような生き方がベスト。

管理運営能力も高く、周囲からの信頼はお墨付き。ただ、頑固でマイペースなので周囲をいらつかせることも。決して諦めずに、一つの技術をマスターすれば、観音菩薩からの導きを得られ盤石の人生に。

十二神将

頞儞羅大将

あたらたいしょう

本地仏：如意輪観音
12宮：夫妻宮
27宿：觜宿・参宿・井宿

キーワード

移動・通信・交友・才気煥発・好奇心・マルチ・最新・情報収集・メディア・焦燥感・軽薄・偽り

頞儞羅大将は、梵語ではアニラと言い、風の神であるヴァーユ（風天）と関連付けられています。風天とは、十二天・八方天の一尊。俵屋宗達の最高傑作、風神雷神図屏風はとても有名で、屏風画右に描かれています。古事記では、シナツヒコが風神です。

本地仏は、如意輪観音。観音菩薩の変化身の一つです。如意とは如意宝珠、輪は法輪を意味し、六道の衆生の苦しみを抜き、利益を与えることを本誓とします。

密教では、災厄は太陽や月、北斗七星等の星々に影響されると考えられ、北斗七星は如意輪観音の眷属として信仰されています。

頞儞羅大将・如意輪観音に対応する宿は、觜宿・参宿・井宿。この3宿は、情報収集力が高く、そこから人々のニーズを読み取り喧伝する力を持ちます。物事の一端を聞いて、その全体像を理解する術は秀逸です。複数の事柄を同時進行することに長け、マルチな才能があります。さらに、頭の回転が速く、集めた情報や知識を武器に、ビジネスを成功させます。また、コンサルタントとして他者を成功させる能力があります。知的な戦略や駆け引きが得意ですが、何事も広く浅くを美徳としているので、手練手管が得意な軽い人と見られてしまうことも。

人付き合いの場所に積極的に出向けば、如意輪観音の導きを得て、有益な人脈と最新の情報をゲットできるでしょう。

十二神将

珊底羅大将

さんてらたいしょう

本地仏：虚空蔵菩薩
12宮：蟹宮
27宿：井宿・鬼宿・柳宿

キーワード

家族・仲間意識・群棲・母性的・感情的・保育・育成・過去・記憶・思い出・排他的・インナーチャイルド

珊底羅大将は、梵語では、シャンディラ。薬師誓願では「除病安楽」、全ての人々の病気や苦しみを取り除き、安楽を与えるとされています。

本地仏は、虚空蔵菩薩。虚空蔵とは、菩薩の持つ徳そのものを形容し、明けの明星は、虚空蔵菩薩の化身です。あらゆる経典を記憶できる力が得られるとされる修法に「虚空蔵求聞持法」があります。弘法大師空海をはじめとする徳の高い僧侶は、必ずこの法を修したとか。京都嵯峨の法輪寺の本尊でもあり、13歳になった子供達が、知恵を授かりに渡月橋を渡る「十三参り」は、今も信仰を集めています。

珊底羅大将・虚空蔵菩薩に対応する宿は、井宿・鬼宿・柳宿。この3宿は、何よりもフィーリングを大事にします。家族や身近な人と心で触れ合い、群棲するシマウマのように、同じ考えを持つ仲間同士で団結することで安心感を得ます。

自分のテリトリーを守ることを美徳とし、心のつながりで結ばれた関係性の中で、自分の能力を発揮することができます。ただ、よくも悪くも昔のことを憶えているので、過去の出来事に執着したり、根に持ってしまう傾向が。また、好き嫌いの激しさから、特定の人にひいきするところも。

サポート役に徹して、人のために動くことで、虚空蔵菩薩の導きを得られ、心安らぐ空間に恵まれます。そして、そこに集う多くの味方にも恵まれることでしょう。

因陀羅大将

いんだらたいしょう

本地仏：地蔵菩薩
12宮：獅子宮
27宿：星宿・張宿・翼宿

キーワード

創造性・表現力・歓楽・ジョイフル・公明正大・支配的・実力主義・権力志向・掌握・マジョリティー

因陀羅大将は、梵語ではインドラ。インド神話の雷神であり、また、帝釈天とも同一視され、映画『男はつらいよ』の柴又帝釈天としても有名です。帝釈天は、梵天と共に、釈迦の脇侍として天部の四天王を配下とします。

本地仏は、地蔵菩薩です。釈迦入滅の56億7000万年後に弥勒菩薩が出現するまでの間、釈迦に替わって衆生を地獄の苦しみから救済し導く使命を担っています。日本では道祖神として、人々を見守り、また六道（天・人間・修羅・畜生・餓鬼・地獄）の六地蔵として祀られることも。そして、地蔵菩薩は閻魔王の化身でもあり、衆生の救済をしつつ、人々の様子を詳細に見ています。

因陀羅大将・地蔵菩薩に対応する宿は、星宿・張宿・翼宿。この3宿の特筆すべき能力は、表現力と創造性です。そして、高いカリスマ性と、多くの人から注目を集める運を持ち、エンターテイメントやクリエイティブな分野で夢を実現させます。

能力主義の現場や実力で勝負する環境を選べば、地蔵菩薩の守護を受け、思う存分に人生をクリエイトできるでしょう。ただその分、自信過剰になりがちで、慢心や傲慢さに変わることも。

平凡な世界よりも、誰もが憧れるようなキラキラした世界の方が、多くの喜びを得るでしょう。さらに、周りからの評価、賞賛を受けることで輝きが増し、確固たる栄誉を手にするのです。

十二神将

波夷羅大将

はいらたいしょう

本地仏：文殊菩薩
12宮：女宮
27宿：翼宿・軫宿・角宿

キーワード

分析力・解析力・実際的・思慮深い・情報処理・細かい・整合性・知恵・完璧主義・健康・辛辣・批判的

波夷羅大将は、梵語ではパジュラといい、強い、頑丈なという意味。薬師誓願では「具戒清浄」衆生を日々精進させ、善行を促す役割があります。

本地仏は、文殊菩薩。『宿曜経』の27宿の本尊です。また、後世の般若菩薩と同体とも言われています。般若＝智慧であり、般若菩薩は全てに通じた仏の智慧の働きを人格化した、密教独特の菩薩です。

「三人よれば文殊の智慧」とあるように、智慧を司る仏ですが、文殊の智慧は単に知識や勉強を指すものではなく、日々生活してゆくために必要な「真理」や「道理」の智慧を意味します。さらにその智慧は、清純にして執着なき素性を示すとも。

波夷羅大将・文殊菩薩に対応する宿は、翼宿・軫宿・角宿。この3宿は、思慮分別があり、道理をわきまえています。与えられたことは細かく、そして完璧にこなします。何事も詳細に調べ吟味し、リバイスするのも得意。文殊菩薩の導きもあり、知恵を武器とする頭脳プレーに長けていて、正確さを求められるセクターでは異彩を放ちます。

危機管理能力も高いので、挫折の少ない安定した人生となるでしょう。ただ、他人の失敗には厳しい一面があり、さらに潔癖症なところも。不純なことや、だらしないことに対しては、非難の声を上げます。

人が気付かないような、細やかな気配りができるのは最良の武器です。そういう姿勢が信頼と評価につながり、周囲から一目置かれるでしょう。

十二神将

摩虎羅大将

まこらたいしょう

本地仏：大威徳明王
12宮：秤宮
27宿：角宿・亢宿・氐宿

キーワード

調整力・社交性・優美・客観的・交渉・駆け引き・リーガル・狡猾・決裁・パートナーシップ・優柔不断

摩虎羅大将は、梵語ではマホーラガ。偉大なる蛇を意味し、大蛇を神格化させたもの。仏教では摩睺羅伽として、天部の天竜八部衆、二十八部衆の一尊となります。

本地仏は、大威徳明王。五大明王の一尊です。梵語はヤマーンタカ。「死の神ヤマを倒すもの」の意味があり、降閻魔尊とも呼ばれることも。西方の守護を司るため、無量寿仏忿怒とも称されます。尊像は六面六臂六足で、6つの顔は六道をくまなく見渡す役目。6本の腕は武器を把持して仏法を守護し、6本の足は六波羅蜜（布施、持戒、忍辱、精進、禅定、智慧）を怠らず歩み続ける決意を表しています。

摩虎羅大将・大威徳明王に対応する宿は、角宿・亢宿・氐宿。この3宿は、調和を重視します。物腰が柔らかく、相手を喜ばせるようなことを言ったり、周囲との調和を重んじながら、つねに物事を客観的に判断します。異性からの人気はダントツで、欲しいものを手に入れる要領を心得ているので、財運・恋愛運も良好です。

ただ、人や物事を両天秤にかけがちに。また、八方美人な対応をとってしまうことも。また、周囲から自分がどう見えるかを気にし過ぎて、見栄を張ることも多いようです。

人と人の架け橋となるような活動に取り組めば、大威徳明王の導きを得て、持ち前のセンスがさらに磨かれ、幸運は向こうからやってくることに。

十二神将

真達羅大将

しんだらたいしょう

本地仏：普賢菩薩
12宮：蝎宮
27宿：氏宿・房宿・心宿

キーワード

洞察力・観察眼・猜疑心・懐疑的・熟練・秘密・徹底主義・死生観・再生・極端・欲望・復讐心・裏工作

真達羅大将は、梵語のキンナラは、インド神話に登場する半身半獣の音楽の神。仏教では緊那羅として、天部の天竜八部衆の一。薬師誓願では「施無尽仏」人々の願いを叶え、必要なものを手に入れられるよう、無尽の施しをする役割です。

本地仏は、普賢菩薩です。文殊菩薩と共に釈迦如来の脇侍として祀られます。普賢菩薩は、六波羅蜜のうち禅定を司り、普賢菩薩の「普」は遍く一切を、「賢」は最妙の善を指します。金剛薩埵と同体異名ともされ、密教ではこの菩薩が発展して普賢延命菩薩となり、寿命を延ばす御利益、福徳を与えます。

真達羅大将・普賢菩薩に対応する宿は、氐宿・房宿・心宿。この3宿は、本物を見抜く洞察力に長けていて、物事の核心をズバリと突きます。心の裏にある本音や、嘘を見抜くことも得意です。おとなしく控えめに見えますが、人を惹きつける不思議な吸引力があります。

一つのことに徹底的にこだわるので、それが悪く働くと物事への執着は執念へ、さらに被害妄想に転じます。根に持ったり、恨んだり、ともすると復讐心と化し、攻撃してしまうことも。

この3宿にとって大事なことは、よい意味で欲望に忠実に生きることです。「必ず手に入れてみせる」という、強い信念と自らの直感力を信じて善業に徹すれば、普賢菩薩の大いなる加護を受け、多くの人脈や桁違いのチャンスを得られるはず。

招住羅大将

しょうずらたいしょう

本地仏：大日如来
12宮：弓宮
27宿：尾宿・箕宿・斗宿

キーワード

拡大・発展・教育・冒険心・海外・宗教・哲学・自由奔放・逆転の発想・狂喜乱舞・略奪・放浪・散漫

招住羅大将は、梵語はチャトゥラで聡明、慎重の意味。薬師誓願は「随意成弁」人々の善行を助け、悟りの境地に導く役割をなします。

本地仏は、大日如来です。真言密教の本尊であり、最高至上の諸仏菩薩の本地とされます。この世の全てのものに光明を及ぼして、あまねく一切を照らし出し、慈悲をもたらします。大日如来のその知恵の光明は、太陽の光と比較にならないほど大きく、宇宙の真理そのものを現す絶対的中心であり、全ての諸仏諸菩薩は大日如来より出生し、その徳をそれぞれが分担して、衆生救済に従事します。その関係を図示したものが、金剛界曼荼羅と胎蔵界曼荼羅の両界曼荼羅です。

招住羅大将・大日如来に対応する宿は、尾宿・箕宿・斗宿。この3宿は、好奇心が旺盛で多種多様に興味を広げ、危険を顧みることなく取り組みます。大きなトラブルが生じても、怪我の功名かのように好転させるパワーがあります。精神性も深く、奥義を究めるまで、探求を続ける熱意は抜群。ただ、自由奔放がゆえに、興味の対象がコロコロと変わり、散漫な一生を送ることとも。また、物事の細部を見落としがちなので、実際に具現化するのは苦手かも。「難解なハードルにチャレンジしたい」という欲求を満たしてあげて。新たな世界に足を踏み入れることで、大日如来の光明を授かり、思いもよらぬ幸運、セレンディピティを引き寄せます。

十二神将

毘羯羅大将

びがらたいしょう

本地仏：釈迦如来
12宮：磨宮
27宿：斗宿・女宿・虚宿

キーワード

社会性・歴史・秩序・規則・野心的・エコノミクス・責任感・合理主義・ステイタス・打算的・重圧

毘羯羅大将は、梵語ではヴィカラーラ。恐るべきものという意味です。ヒンドゥー教の女神ドゥルガーの別名でもあります。

本地仏は、釈迦如来です。悟りを開いて衆生を救済した仏教の祖。インドの釈迦族の王子として生まれて、28歳で王位継承者の地位を捨て、四苦（生・老・病・死）から解放される道を求めます。そして、各地の先覚や修行者を訪れ、6年にわたる苦行の末、ガヤー村の菩提樹の下で大きな悟りを得て、仏陀（覚者）となります。密教尊としての釈迦如来は、人々を救済し、成すべきことを成就し、煩悩を消滅し涅槃を得る、大日如来の智徳を司る仏です。

毘羯羅大将・釈迦如来に対応する宿は、斗宿・女宿・虚宿。この3宿は、自分に厳しいだけでなく、他者にも厳しいタイプです。大きな野心を持っていますが、決してそれを表には出しません。虎視眈々と努力し、忍耐強く大きなことを成し遂げます。伝統文化や格式というものを重んじる古風な面も。

ただ、制約や常識、固定観念に縛られて自由な発想ができなかったり、地位や名誉にしがみついたり、融通性に欠けるところも。また、高いステイタスを求めるわりには努力不足に終わり、責任や重圧に押しつぶされて、夢を諦めることも。

時間をかけて、小さな目標や願いをひとつひとつ叶えていけば、釈迦如来の導きを得られます。その積み重ねが自信となり、確実に目標を達成します。

コラム②

神社に行ったら屋根に注目して

社殿・本殿へ行くと、屋根の両端に、千木(天に向かって八字に開く部材)と、鰹木(屋根の棟に丸太のような部材が直角に並べられているもの)があります。

千木・鰹木は、古代の日本の建築様式で「天地根源造」と言い、本来は補強が目的でしたが、今日では神社の聖性を象徴するものになっています。

一説によると、千木の先端を地面に対して水平にカットされたものを女千木(内削ぎ)、垂直にカットされたものを男千木（外削ぎ）と呼びます。

女千木だと鰹木は、偶数本で御祭神は女神。

男千木だと鰹木は、奇数本で御祭神は男神。

神社によって異なる場合もありますが、このように外から屋根を見るだけで、女神、男神のどちらを祀っているのかわかります。

大祓詞という祝詞に、「下つ磐根に宮柱太敷き立て 高天原に千木高知りて」という詞が出てきます。 訳すると「大地に根を下ろすように柱を立て、天にも届くように千木を高々とそびえさせ」という意味で、「柱と千木が天地に達するように、上方には天津神、下方には国津神に通ずるよう神々の御心を一貫して受け止められる」ということ。また千木の「ち」という言葉には、古来、日本の神霊あるいは霊力を示す意味がありました。古来の日本人は、身近に神様を感じ、共に歩んできたことが垣間見えます。

このように、神社仏閣巡り、参拝・参詣の際に、ほんの少しでも神社に関するその源流、そして、たしなみを持つことで、神様に歓迎されることになるでしょう。

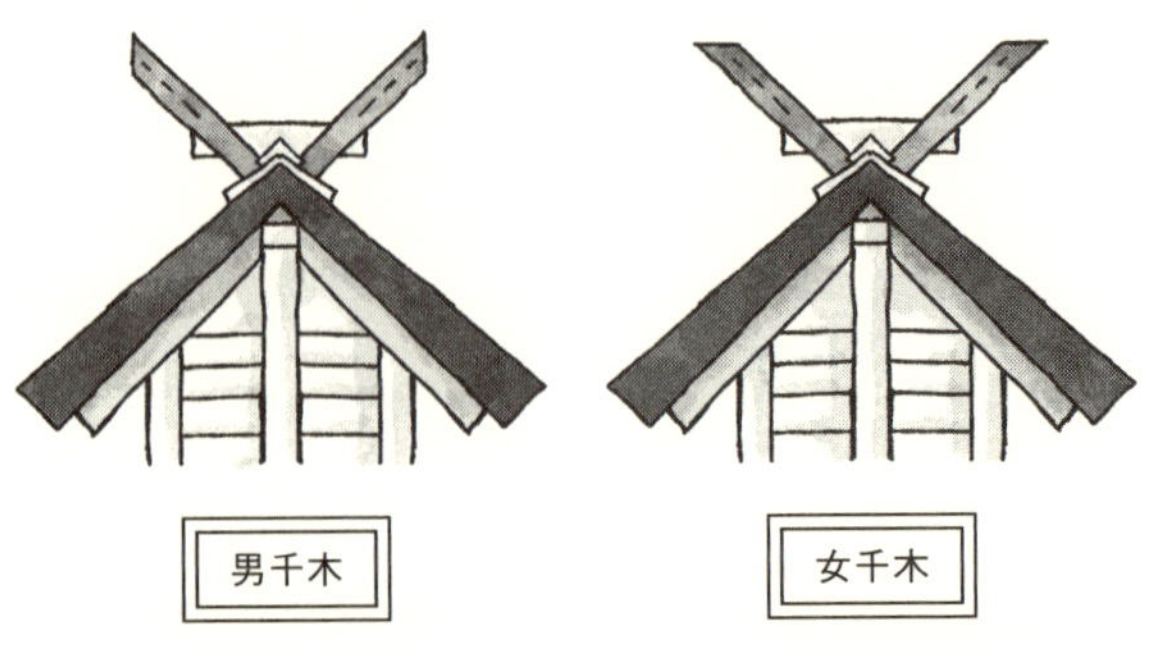

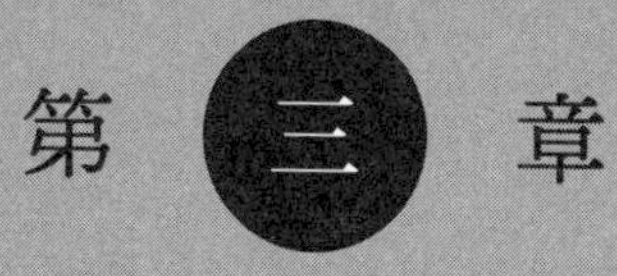

第三章

宿曜経
27宿
プロフィール

宿曜占星術は、各宿に神仏が当てられている、とても詳細な占いです。「宿曜経27宿プロフィール」では、各宿の宿曜経原典とその意味、宿に当てられている日本の神様とその神様が祀られている神社、神様からのメッセージ、その宿の人の性格と現世宿のミッション・前世宿の宿題・来世宿のビジョン、恋愛・結婚運、仕事・金運、開運に導くツボ、宿の日本の花と色をピックアップします。

宿ごとの日本の神様をイメージした美麗イラストは、ぜひ待受等に活用ください。※神名の漢字表記は古事記を参考にしました。

昴宿

ぼうしゅく

人々を惹きつける才能と魅力

昴宿のプロフィール

宿曜経	昴宿
和名	すばるぼし
七福神	毘沙門天・弁財天
十二神将	迷企羅大将・安底羅大将
本地仏	阿弥陀如来・観音菩薩
日本の神	火之迦具土神（ヒノカグツチノカミ）

【昴宿の宿曜経原典】

法合念善多男女 勤学問有容儀 性合慳澁足詞辯

【原典の意味】

「法合念善多男女」とあり、昴宿は男女ともに善人であり、これは、生まれたときからご先祖様から、そして神仏からの加護を授かっているという意味。自らの力では、到底解決できない問題や苦しみにさいなまれても、目には見えない無限の力によって、生涯を通じ、その力によって救われます。これは、昴宿が27宿一の吉祥星と言われる所以でしょう。

続いて「勤学問有容儀」とは、学問・芸術に通じていて、容姿に恵まれていることを指しています。また、類まれな慧眼があり、優れた知恵を武器に、人生を切り拓いて行くことを示唆しています。

最後の「性合慳澁足詞辯」の意味は、非常にかたくなで、一度決めたらあくまでも自分の考えや態度を変えようとしないさま。ときに無遠慮で、とげとげしい物言いをする意味合いを含みます。

【日本の神様　ヒノカグツチノカミ】

イザナギと、その妻イザナミは、国を生み終えた後、次に国を守る風・山・木・海・川の神様達を生みます。そして、最後に生まれた火の神様が、ヒノカグツチです。

生まれ出る際、大変なことが起こります。イザナミは大火傷を負い、それが原因で死んでしまうのです。イザナギは悲しみに打ちひしがれ、その悲しみは大きな怒りへと変わり、妻の死をヒノカグツチのせいだとし、我が子を剣で殺めてしまいます。そのときのヒノカグツチの血と身体から、計16柱の神々が生まれました。

ヒノカグツチは、脅威と恩恵を合わせ持つ神様であり、「カグ」は「輝く」に通じ、穢れを祓う、浄化と再生を促す意味を持ちます。言うまでもなく「火」は私たちの生活を豊かにするエネルギーですが、その反面、脅威の象徴でもあり、ときに全てを焼き尽くし、命さえも奪ってしまうのです。

【日本の神様が祀られている神社】

秋葉山本宮秋葉神社は、標高866メートルの秋葉山頂に鎮座し、全国に400社以上ある秋葉神社の総本宮です。創建は今から1300年以上も昔。山頂の上社、麓の下社に分かれ、下社から上社へと向かう表参道は、ハイキングコースとしても人気です。

秋葉「あきは」の「あ」は全ての根源のはじまり、「き」は元気と機、「は」は末広を意味し、この言葉には万物の気が発生し、「火」が燃え広がっているさまが表されています。天狗のおみくじや絵馬はとても人気で、天空に黄金に輝く「幸運の鳥居」は、見るものを荘厳な世界へと誘います。

神社ガイド

秋葉山本宮秋葉神社（静岡県浜松市天竜区春野町領家841）

陶器神社（滋賀県甲賀市信楽町長野）

※その他、全国の秋葉神社、愛宕神社、陶器神社

【性格】

昴宿のあなたは、どことなく仕草や雰囲気、話し方に優雅さがあり、人々を惹きつける才能や話題、魅力にも恵まれています。原典に「勤学問有容儀」とあり、知的向学心がある明晰な頭脳の持ち主。芸術的センスがあり、美しいものが大好きなので、美的で快適な環境づくりの才は抜群です。

表向きは温厚なイメージでも、内面は情熱的なところがあり、ときに激情に駆られて邁進することも。その反面、チャンスが訪れても土壇場で躊躇したり、理性と感情が交錯してコントロール不能になったり、やや複雑な面があるようです。

また、体裁を気にしたり、ひとつひとつの手順を大切にし過ぎるといったような、じれったい態度が原因で、周囲に誤解される場合もあるでしょう。ときに繊細で、ときに大胆、そして頑固といった態度に出るので、少々込み入った面があることは否めないでしょう。

【現世宿（現在）昴宿のミッション】

美しいものや、豊かでハイエンドな環境にも恵まれる運を持っているので、辛い労働とは縁のない人生を送ります。

たとえ、経済的にあまり恵まれていない環境に生まれたとしても、競争心と実力、そして何よりも抜群のセンスをもって、富を築いていくでしょう。

美しいものを求める生き方の中でこそ、輝かしく華やかに生きることができます。喜びや快楽を追求するあまり、見栄を張ることがあっても、それもあなたの在り方だということを自覚し、富と豊かさを謳歌した人生にするのが、今生で課せられたあなたのミッションです。

【前世宿（過去）翼宿の宿題】

前世宿の翼宿の影響から、強い自己顕示欲と向上心を引き継いでいます。それは、多くの人々からの賞賛や尊敬を集める、マジョリティでクリエイティブな課題です。

そしてつねに、高性能、高級といった世界観を持つことも大事。ときにそれが、誇大妄想だと思えるような創造性であっても、取り組むことを忘れないようにしましょう。

重い責任や義務が伴う立場や仕事でこそ、自分の才能を伸ばしていけます。努力を惜しまずに向上心を持って、自分の才能や知識を伸ばすワークに取り組むことで、あなたのカルマは浄化されるでしょう。

【来世宿（未来）斗宿のヴィジョン】

来世宿の斗宿の影響から、生まれ育った環境に甘んじず、新たな活躍の場を広げるべく、未知へのチャレンジに勤しむことになるでしょう。

郷土から遠く離れて暮らしたり、異国の地に拠点を移すことを余儀なくされることもあるかもしれませんが、心配しなくても大丈夫です。あなたは、知らない土地や環境、異文化に馴染むのが早く、そこから新しい可能性に目覚めることも多いのです。

また、時の力を信じることも大切。10年先、20年先のヴィジョンをイメージして、しっかりとした人生計画を考えましょう。

【恋愛・結婚運】

おとなしく見えて、内面はかなりの情熱家です。激情に駆られた恋に身を焦がすこともあり、周囲からは、高嶺の花としてもてはやされることも多いでしょう。ただ、異性からの誘いがあっても、わざとそっけない返事をして、相手の出方を探ろうとする癖があります。そんな小ざかしい駆け引きは逆効果。もっと本能に忠実になりましょう。

また、恋に対して無理をしたり、耐えたりすると、あなたの魅力は半減することになります。

結婚は早婚、または晩婚タイプ。理想が高いので、生涯独身を通す人も少なくないでしょう。年を重ねても魅力は色褪せないので、夫婦生活は安定。家庭運は吉ですが、嫉妬や独占欲などマイナス面が出やすく、夫や子供を過剰に管理する傾向があります。

【仕事・金運】

高いところから見下ろすように、つねに視点の高いあなたは、生まれながらに豊かな才能と芸術的なセンスがあります。「法合念善多男女」とあり、何よりも周囲からの引き立て運は格別です。

知恵がありトークも爽やか。「君子危うきに近寄らず」にあるように、危険なことは避ける傾向があるものの、論争が必要な場面では遺憾なく弁舌を発揮するのが特徴。その反面、勝てないと感じる相手には近づかないズルサも。

「昴（すばる）」の語源は、統一するという意味の「統べる（すべる）」に由来します。つまり、あなたには本質を見分けながら、組織を束ね統率する役割があります。独立・起業運もあり、芸術、芸能関係、美容関係、文筆業、評論、翻訳関係の分野にも向いています。とくに味覚が敏感なので、「食」に関与する仕事は有益です。

金運は、あなたの信頼を武器に、特別に意識していなくても、自然と手元に財が集まってくる傾向がありります。ただお金の執着心は少なく、意外に遊び好きなので、金は天下の回り物と言わんばかりに振る舞うことも。感情が昂ぶる場合もあるので、ギャンブルには向きません。手を出さない方が賢明です。

【昴宿（頭）の開運のツボ】

人体の中では「頭」に当たります。偏頭痛や高血圧に悩まされやすく、脳溢血や脳梗塞になるケースもあるので注意。急激に感情が揺れ動くと、血圧がグンと上がり、身体に変調をきたしてしまうことも。

また、精神的ストレスに弱く、自律神経失調症を引き起こしたり、神経性胃炎になったりしやすいので注意が必要です。慢性疲労に注意するなど、感情の揺れを自分でコントロールすることが大事です。

そんなあなたの開運のツボは、百会（ひゃくえ）です。頭頂にあるこのツボは、頭部の陽気、多くの経絡が集まるポイント。このツボを押すことで、頭の痛みが改善し、精神が安定、意識がはっきりして、自律神経に関わるさまざまな症状の改善（便秘、めまいなど）やイライラも抑えられます。

【昴宿の日本の花】

●薔薇（そうび）

万葉集にも、棘のある木を表す茨（いばら）から、うばら、うまら、と記されています。その気高く耽美な香りに導かれ、あなたの人生は薔薇色に。

薔薇のエネルギーは、あなたが本来持つ輝きや才能を呼び覚ましてくれるでしょう。そして、カリスマ性を発揮することになるのです。

【昴宿の日本の色】

●深紅（ふかきくれない）

ふかきくれないとは、豊かで深みのある濃い紅色のことです。伝統的な和服や日本の伝統的な色彩に見られますが、しばしば強い感情や情熱を象徴します。

メランコリアに陥ったり、何かの判断に迷ったときは、この色を身につけて開運して。

畢宿

ひつしゅく

有形無形の宝を兼ね備えている

畢宿のプロフィール

宿曜経	畢宿
和名	あめふりぼし
七福神	弁財天
十二神将	安底羅大将
本地仏	観音菩薩
日本の神	木花之佐久夜毘売（コノハナノサクヤヒメ）

【畢宿の宿曜経原典】

法合多財産足男女 性聴明好布施 有心路省口語 心意不翻動 行歩如牛王有容儀

【原典の意味】

「法合多財産」は、財運大吉の意味です。続く「足男女」は、子供にも恵まれること。「性聴明好布施」とは、とても聡明で、人に手を差し伸べるという意味。つまり見返りを求めない施しを好むこと。布施にもいろいろな種類がありますが、畢宿の場合「財施」、つまり金品を施すに値するだけの財力に恵まれることを示唆しています。また、言うまでもなく、子供は何ものにも勝る宝物です。このように、有形無形の宝を兼ね備えているのが、畢宿の特徴です。

続いて「有心路省口語」は、口数が少なく真面目で、何をするにも本格的で職人的な道筋を示します。「心意不翻動」は、何事にも動じず信念を貫く意味。最後の「行歩如牛王有容儀」は、成熟した風格があり、歩く姿はいかにも牛歩の如く、ゆっくりで愚鈍。石橋を叩いて渡るような、大器晩成を表します。

【日本の神様　コノハナノサクヤヒメ】

美しく咲き誇る桜のような女神、コノハナノサクヤヒメは、神話では、日本の山の総元締であるオオヤマツミの娘とされ、ニニギと結婚し、そのひつぎの御子を生む神母として描かれています。

古来、日本人は「花が美しく咲く」という姿に、社会の発展や繁栄を象徴するとともに、花の命の儚い姿も投影してきました。そこから、かりそめの儚い人間の寿命を表す女神ともされています。

コノハナノサクヤヒメの一面を伺い知れるエピソードがあります。ニニギの子をたった一夜の契りで身籠ったため、夫に「一夜で身籠るのはおかしい」と疑われます。憤慨した彼女は、疑いを晴らすため、産屋に入ると出入り口を塞ぎ火をつけ、燃え盛る炎の中で三柱の御子を出産し、身の潔白を証明しました。現在では、安産の神としても祀られています。

【日本の神様が祀られている神社】

コノハナノサクヤヒメは、富士山本宮浅間大社の主祭神です。全国に祀られた1300余の浅間神社の総本宮であり、富士信仰の中心地として有名な神社です。

広大な境内には、桜を神木として約500本もの桜樹が奉納されていて、春には桜の名所として賑わっています。本宮の本殿は徳川家康による造営で、国の重要文化財に指定されています。

境内に湧出する富士山の雪解け水からなる「湧玉池」は、国の特別天然記念物です。富士山の山開きの際は、現地での参拝ができない場合は、地元の浅間神社に参る習慣があります。

神社ガイド

富士山本宮浅間大社（静岡県富士宮市宮町1－1）
北口本宮富士浅間神社（山梨県富士吉田市上吉田5558）
箱根神社（神奈川県足柄下郡箱根町元箱根80－1）

【性格】

あなたは、優雅で気品に溢れ、どっしりとした力強さがあり、そして何よりも美しく若々しい外見が魅力。美しいものや自然、文化に愛着を持っています。趣味で集めたものや、センスのよいお気に入りのものに囲まれて暮らすことを、美徳としています。

また、頑張り屋で忍耐強く、穏やかな風貌からは想像もつかないほどの、確固たる意志を秘めています。普段は穏やかで滅多に怒ることはありませんが、堪忍袋の緒が切れると、まるで闘牛のように激しく怒りをあらわにし、絶対に相手を許さない、執念深い一面があります。

「性聴明好布施」とあるように、あなたは愛情深く、自分の味方だと思う人は、生涯を通して大切にします。ただ、「心意不翻動」とも記され、無意識に相手を困ったり、意見を押し付けたりする傾向もあります。そんな頑固さが原因で、周囲から疎まれることもあるようです。

【現世宿（現在）畢宿のミッション】

あなたの今生のミッションは、ズバリ「プライスレスな道を目指す」です。プライスレスとは、価値が非常に高くお金では買えないもの、値段がつけられないものという意味。

例えば、誰にとっても健康でいることはプライスレスです。よりよく生きる生活を提案する、ウェルネス全般の活動に意識を向けましょう。

人生の後半で、多額の富を得ることがあるかもしれません。あなたはとても利にさとく、何をすれば「得」をするのかを知っています。菩薩道のように、「得」をするから「徳」を積む活動に勤しんで。

【前世宿（過去）軫宿の宿題】

前世宿・軫宿の影響から、ホスピタリティマインドを引き継いでいます。細かい洞察力とコミュニケーションが必要な場面で、あなたのカルマは発動します。それは、指示される前から相手が何を求めているのかを察する能力です。

「何か特別なことをやらないといけない」と、気負う必要はありません。さまざまな人と交流して、柔軟な思考を鍛えましょう。農産物に関与するファーマーズの課題に取り組むことも有益です。そして、実際にホスピタリティの高いサービスを自分が受けることも、大事な課題だということを忘れないで。

【来世宿（未来）女宿のヴィジョン】

来世宿・女宿の影響から、古くから日本に根付いている食文化、宗教、生活習慣、伝統、国民性など、自国の文化を発信しながら、異文化との共栄共存を目指すことに。その分野での裏方、黒幕的な人物とのご縁もあります。そして、それらの文化のたすきを、未来の子供達にしっかりとつなぎます。

行政、インフラ、地域整備といった、地図に載るような行動で、未来は開花します。一歩一歩階段を上るように、時間をかけてコツコツと、未来の願望、そして大きな野心を胸に、夢に向かって前進して。

【恋愛・結婚運】

暖かみがあり、穏やかな性格なので、異性からはモテます。一つ一つの恋愛をとても大切にします。多少のトラブルでは別れたりせず、永続的な愛を育むでしょう。

安定した恋愛を本能的に求める傾向が強く、恋に対してなぜか防衛本能が働いてしまいます。守りに入る原因は、傷つくことを恐れたり、自分が本気になってしまうと、なかなかあとに引けなくなることを、心のどこかで感じているからかもしれません。また、恋愛への執着心は人一倍激しく、独占欲も旺盛です。

結婚相手の肩書きや収入には、こだわりを持っています。ひたむきに生涯を通して愛することができるので、幸せで安定した家庭が築けるでしょう。気力と体力に恵まれているので、家庭と仕事の両立も可能です。しかし、夫や子供をかまいすぎてしまう傾向もあるでしょう。

【仕事・金運】

原典に「法合多財産」とあり、お金やモノにとりわけ関心があるあなたは、オーセンティックでラグジュアリーな世界観を持っています。

本物の贅沢を身にまとい「楽しく愉快に暮らしたい」という欲求が人一倍に強いでしょう。

五感が発達していて、肉体感覚にも優れ、極めて現実的なセンスを武器に世の中を渡っていきます。大地との関わりがとても強く、土地のローカル性を基盤に活動するでしょう。

手柄に対して執着しやすく、自分の決心を翻すことはありません。ただ、他の人の忠告に耳を貸さない閉鎖的な面が仇となることも。人の意見を取り入れて、もっと柔軟に取り組んで。そうすれば、持ち前の強運エネルギーは実利的なよい方向へ進みます。

芸術、美術関係全般に適性があります。また、資格が必要な専門職、お金に関与する仕事、職人的な資質も強いので、生涯を通して徹底的に何かに打ち込み、極める生き方がベストです。

　お金の管理に関してはピカイチの才能があり、増財運に恵まれています。ときには財布の紐を緩めて、友人や家族とゆったりした交流の時間を分け合ってみて。そうすれば、財運はさらに上向きに。

【畢宿（額）の開運のツボ】

　人体の中では「額」に当たります。あなたは、気力、体力に恵まれ、生命力溢れる強靭な肉体の持ち主で、長時間働いても疲れを感じない、タフなタイプ。基本的に病気知らずですが、頭痛や脳出血、脳梗塞など脳の病気や額の怪我には注意を。

　また、自分の健康を過信しやすく、ワーカホリックになる懸念も。無理を重ねた結果、精神と肉体のバランスを崩すケースが多いので、くれぐれも過信は禁物です。

　そんなあなたの開運のツボは、神庭（しんてい）。顔の正中線上（真ん中）髪の生え際の位置にあり、顔や目を動かす神経や筋肉と血管が通るポイント。「神」は精神を司る脳を、「庭」は額のことを指します。このツボを押すことで、頭の熱が取れ、不安感が和らぎ、精神が安定します。

【畢宿の日本の花】

●蓮（はす）

　奈良時代に観蓮会が催されていた記録があり、古くから日本人に親しまれている花です。早朝に開花し、昼には閉じる花。そして、蓮は泥に出て泥に染まらず、清らかな心と神聖を意味します。

　そんな蓮のエネルギーに導かれ、麗しい豊かさがもたらされるでしょう。

【畢宿の日本の色】

●若草色（わかくさいろ）

　若葉が萌え出るような、鮮やかな黄緑。平安時代の貴族が愛した代表的な色の一つで、春の装束として選ばれることが多かった色です。

　身につければ、瑞々しい若さを手にすることに。

觜宿

ししゅく

合理的な面と保守的な面を持つ

觜宿のプロフィール

宿曜経	觜宿
和名	とろきぼし
七福神	恵比寿天・弁財天
十二神将	安底羅大将・頞儞羅大将
本地仏	観音菩薩・如意輪観音
日本の神	月読命（ツクヨミノミコト）

【觜宿の宿曜経原典】

法合有名聞景行 美容貌心肚鎮浄 愛服薬必得力 心口隠密挙動不輕躁 為人好法用愛禮儀

【原典の意味】

「法合有名聞景行」とは、功徳の高い名声運を表し、「美容貌心肚鎮浄」は、汚れがなく容姿端麗。「愛服薬必得力」は、妙薬を得て健康になる。ここまでの意味は、美容と妙薬を示唆し、病気を治療することも、食事をすることも、生命を養い美しく健康を保つためには必要不可欠で、源は同じだという考えであり、つまり医食同源を示唆しています。

「心口隠密挙動不輕躁」は、疑り深い面があり、本音と建前を上手に使いこなす。「為人好法用愛禮儀」は、知的好奇心旺盛、信念を貫き通す固い意志、道理をわきまえている、という意味。

どんな人でも、本音と建前を使い分けて生きていますす。それも人間の正体だということを、觜宿の原典から伺い知ることができます。ただ、使い分けることは必要でも、本音で信念を貫き通すことこそ大切なのだと、觜宿の原典は教えてくれています。

【日本の神様　ツクヨミノミコト】

ツクヨミは、イザナギが黄泉の国から逃げてきて阿波岐原で禊をしたときに、姉のアマテラス、弟のスサノオとともに生まれた、三貴子の一神です。

ツクヨミのエピソードの一つをご紹介します。あるとき、ツクヨミはアマテラスの使いで、食物神のウケモチを訪ねます。喜んで迎えたウケモチは口から吐き出したさまざまな食物でもてなしたため、それを見たツクヨミは激怒し、いきなりウケモチを斬り殺します。その行為がアマテラスの怒りを買い、この事件をきっかけに、太陽と月は不仲に。永久に昼と夜とに分かれて住むようになりました。

この話には続きがあり、ウケモチの亡骸から作物が生まれ、アマテラスは大いに喜び、人間たちの食べ物に定めました。つまり、この事件の恩恵として、おしゃべり好きで、知的な会話で人を魅了するあなたは、性格に二面性があり、クールで合理的な面と、実直で保守的な面を持っています。

「心口隠密挙動不軽躁」とあり、その場に応じて、要領よく適切な応対ができ、礼儀正しくて誰に対しても気取らずに接します。

ただ、ときに頑固さが表に出て、愚鈍な振る舞いをすることも。基本的に慎重で思慮深く、細やかな神経の持ち主なので、無謀な行動に走ることはなく、自分にとって損な選択をすることもないでしょう。

表向きは穏やかに見えますが、とても負けず嫌いで、人に注目されたいという意識が人一倍強いです。「法合有名聞景行」とあるように、人から見られたり話題の的になることに喜びを感じる、目立ちたがり屋の本質を持っています。相手を理屈で追い詰めたり、自分が気になるところを、とことん突っついて指摘する一面もあります。

【性格】

私たちは食物をありがたくいただけているのです。

【日本の神様が祀られている神社】

出羽三山・月山神社は、山岳信仰の聖地、羽黒山、月山、湯殿山の三山を祀る神社です。海抜１９８４ｍの月山は、世界でも珍しい半円形の火山で、頂上の「おむろ」に月山神社があり、ツクヨミが祀られています。

古来より、朝廷を始め庶民の信仰が篤く、水を司る農業神として、そして航海漁撈の神として信仰を集めています。山内の杉木立の中に建つ五重塔は、三間五層の優美な姿で、国宝に指定されています。

月山八合目弥陀ヶ原は、初夏には一面お花畑となることから、あたかも神々の御田を見るような美しさです。

神社ガイド

出羽三山・月山神社（山形県鶴岡市羽黒町手向字手向7）

賀蘇山神社（栃木県鹿沼市入粟野７１３）

月読神社（京都府京都市西京区松室山添町15）

【現世宿（現在）觜宿のミッション】

とても賢く、抜け目のないあなた。幅広い知識を武器に、最新のトレンドを収集し、発信することが、今生に課せられたミッションです。

とくに、ファンド系の事柄に関してはとても秀逸で、小さな力で大きなものを動かすことが可能な仕組みである、レバレッジをかける能力に長けています。洞察力と持ち前のアイデアを武器に、商才を発揮します。

世間体を気にする方で、やや権威主義的な面もありますが、あなたの鑑識眼と、本物を見分ける先見の明は抜群なので、その能力を持って大きな悲願を達成することになるでしょう。

【前世宿（過去）角宿の宿題】

前世宿である角宿の影響から、ファッション、美容、健康などの、快楽に関与するものは、どれも有効に活用できます。

インフルエンサーとしての活躍も期待大。でも、ただ流行っているものや見た目だけではなく、本物の価値と心地よさを提供することが、前世から引き継がれた宿題です。

また、リーガルに関係する、コンサルタント的な役割もあります。あなたの助言は確かなものがあるので、困っている人にカウンセリングをしたり、解決策を指南したり、幅広い人脈とネットワークを活用したりしながら、カルマに取り組みましょう。

【来世宿（未来）虚宿のヴィジョン】

来世宿・虚宿の影響から、突飛なことや風変わりなこと、または最先端な事柄は、どれも有効です。「個人の場」、「社会の場」その両方をバランスよく動かしていくような未来です。

今まで組織の一員として活動してきた人は、個人活動へ。個人活動をしてきた人は、組織作りに勤しむことになるでしょう。そして、その働きを通して、個人の確立、さらに社会的ステータスを手にすることになります。
交友を通して、有益な情報がもたらされるでしょう。何かに迷ったときは、信頼できる友人の意見に耳を傾けてみることが得策です。

【恋愛・結婚運】

恋の策略をめぐらす、駆け引き上手。「美容貌心肚鎮浄」とあり、愛想よく話題も豊富で、多くの異性に愛されます。押したり引いたり、恋のテクニックも巧み。自分にとって損な相手を選択することはありません。ときには悪知恵を働かせて相手の心を引っ掻き回し、狙った異性は必ずロックオンする策士です。

恋愛に対しても好奇心旺盛ですが、理性がブレーキをかけてしまうときもあり、その反面、今の恋愛にマンネリを感じると、つい他の異性に目移りしてしまうところも。

長年の交際を経て結婚するケースが多く、結婚すると家庭に愛情を注ぎ、良妻賢母ぶりを発揮。

また、家庭を持つことで真の安らぎを得て、生活や仕事が安定して、財運もさらに上向きに。

【仕事・金運】

臨機応変に、さまざまなことができるタイプ。推理力、分析力に長け、何事も器用にやってゆけるのが一番の強みです。ただし、あれもこれもと手をつけて、どれも途中で投げ出してしまう危険も。自分の得ばかり考えたり、手軽な方法ばかりに頼るのはダメです。損得勘定を極力おさえて、他人と自分の幸せがリンクしているかを、日頃から考えましょう。

集団やコミュニティーを仕切る力、戦略的に行動できる力、それがあなたのセールスポイント。ただ、あまり奇をてらう行動に出すぎると、行動が空回りして戦略が台無しに。目的を果たすためには、慎重になることを忘れずに。

先物取引や金融、物流に関与する仕事に向いています。マスコミ、出版、広告関係も吉。また、創造力の必要なクリエイター、技術職全般も有益に。感性を光らせるためには、何かひとつ技術を磨いて、身につける努力が必要です。

知慮深く要領がよく、お金に関しても、非常に敏感で高い計算能力があります。巧みな弁舌と頭脳プレーでお金を稼ぎます。蓄財運にも恵まれているので、お金がお金を呼び、大きな財を成すでしょう。

【觜宿（眉）の開運のツボ】

人体では「眉」に当たります。眉間にシワを寄せて、考え過ぎてしまいます。緊張症、アレルギー性の鼻炎や喘息、ポリープなどに注意が必要です。

また、偏頭痛に悩まされる人も多く、高血圧、大腸の病気や、顔面のケガにも注意を。病気をすると長引く傾向があるので、日頃の健康管理が大切です。

そんなあなたの開運のツボは、攅竹（さんちく）です。眉の内側の生え際、少し凹んでいる所にあるツボ。視界を明るくする作用などから、別名「始光」「明光」とも言います。

顔面神経支配の表情筋があるこのツボを押すと、外から侵入する邪気を発散、除去し熱を外に出せます。視力を高めるなど、目の疾患の治療にも適します。

【觜宿の日本の花】

◉紅花（べにばな）

古くから染料や薬用として利用され、化粧品の原料としても用いられたことから「美しい装い」という意味があります。身を包むように咲く美しい花です。

この花のエネルギーを取り込むことで、特別な人、愛する人へのお目通りが叶うことになるでしょう。

【觜宿の日本の色】

◉樺色（かばいろ）

赤みを帯びた茶色を指し、樺の木の樹皮や落ち葉の色に似た暖かみのある茶色です。秋によく見られる落ち着いた色合いで、自然の風合いや温もりを感じさせる色として親しまれ、和服にも使われます。

この色を味方につけて、愛と知恵を持って真実の道を歩みましょう。

参宿

さんしゅく

抜け目なく自由奔放に生きる

参宿のプロフィール

宿曜経	参宿
和名	からすきぼし
七福神	恵比寿天
十二神将	頞儞羅大将
本地仏	如意輪観音
日本の神	須佐之男命（スサノオノミコト）

【参宿の宿曜経原典】

法合猛悪梗戾瞋好合口舌毒害心硬臨事不怯

【原典の意味】

「法合猛悪梗戾瞋好」は、瞋を嗜む意味。「瞋」とは仏教でいう「三毒」、貪欲（むさぼる）、瞋恚（怒り）、愚痴（無知）を含む、仏教において人が克服すべき、代表的な煩悩です。参宿の怒りとは、次の「合口舌毒害」とあり、言動や計画などに丁寧さ、慎重さが足りず粗雑、乱暴な物言い、そして、ヒリヒリと舌を刺すような毒舌で現れます。

また、参宿の毒舌は、目上の人に毒を吐く、「心硬臨事不怯」の、媚びない、怯まない、引き下がらない心に通じています。そして、言ってはいけないことは決して言わずに毒を吐きます。つまり、コミュニケーション能力と要領のよさはピカイチなので、人を笑わせる毒とも言ってよいでしょう。誰もが思っていても言えないことを代弁して毒を吐く、参謀役、代弁者のような働きとなるケースもあります。

【日本の神様　スサノオノミコト】

スサノオは、イザナギの禊によって生まれた三貴子の一神で、荒ぶる神様として知られています。

スサノオは最初、神の住む高天原の秩序を破壊する乱暴者として登場し、そのせいでアマテラスは岩戸に閉じこもってしまいます。その結果、怒った高天原の神々により、償いとして髭と手足の爪を切られ、高天原から追放されます。

高天原を追われたスサノオは、その後、出雲に降り、今までの乱暴者から弱き者を助ける英雄へと変貌します。その有名なエピソードのひとつが、ヤマタノオロチ退治です。

このように、神話の伝えるスサノオの姿はさまざまで、殺害まで犯す蛮行に及んだり、英雄になったりと複雑な性格を表しています。

それゆえに、変化に富んだ謎の多い神といわれ、同時に、人間的で俗っぽい雰囲気を感じさせます。

【日本の神様が祀られている神社】

島根半島の西端に位置する日御碕神社は、下の宮と上の宮の上下二社からなり、出雲国風土記にも記される、とても歴史ある神社です。

伊勢神宮が「日の本の昼を守る」のに対し、日御碕神社は「日の本の夜を守る」神社として、位置付けられています。

境内は朱色の楼門が鮮やかに映え、松林を背景に荘厳な雰囲気です。その楼門をくぐり、右手の小高いところの「神の宮」（上の宮）に、スサノオが祀られています（下の宮の祭神はアマテラス）。

近くの経島はウミネコの繁殖地としても有名で、経島のバックに日が沈む風景は、とても美しく神々しさが漂います。

神社ガイド

日御碕神社（島根県出雲市大社町日御碕４５５）

八坂神社（京都府京都市東山区祇園町北側６２５）

津島神社（愛知県津島市神明町１）

【性格】

好奇心旺盛で新しいものが大好きなあなたは、大胆な行動力とシャープな知性が魅力。行きたいところがあれば、どこにでも出かけ、何をするにもスピーディーで大胆です。

「合口舌毒害」とあり、言いたいことがあれば、遠慮せずに口に出す、毒舌なところがあるので、周りの人にとっては、刺激的な存在です。状況に応じてコロコロと変化する立ち居振る舞いは、よく言えばフレキシブル、悪く言えば軽薄です。

どちらにせよ抜け目なく、そして何事にも縛られず自由奔放に生きることを美徳としています。

ハッタリや、ウケ狙いといったケレン味たっぷりですが、愛嬌があるので、不思議に周囲からは憎まれない得な性格かも。ただ、偏った情報に過信してしまう傾向が強く、最短最速を行くキリギリスのように、煩わしいことを後回しにして、楽しいことを優先してしまう懸念があります。

【現世宿（現在）参宿のミッション】

今生のあなたのミッションは、同時にいくつものことをこなせるマルチな能力を発揮することです。賑やかで刺激的な場所が好きなので、パイレーツのようにいろんな冒険を楽しみます。

身近なところから始まった冒険は、やがて世界を股にかけてゆくことに。どこか見知らぬ土地にひとり放り出されても「郷に入っては郷に従え」と、ちゃんと生き抜いてゆきます。とにかく興味のあることは何でも首を突っ込んでみてOK。周囲から「節操のない人」と言われても、怯むことはないのです。

【前世宿（過去）亢宿の宿題】

前世宿・亢宿の影響から、リーガル全般の宿題があります。法律に伴う問題解決やリスク管理など、重要な役割。これらのことに関与した資格取得は有効です。公平性を掲げ、それぞれの状況に合わせて、臨機応変に全員が同じ機会を確保できるようにする働きかけが、あなたにとってのカルマとなるでしょう。また、相手の相談に乗って問題解決へと導く、コンサルティング的な役割も。

美しいものや芸術、ファッションに関心が湧いてくる場合もあるでしょう。マナーやセンスを磨いて、社交性を発揮して。

【来世宿（未来）危宿のヴィジョン】

来世宿・危宿の影響から、仲間と共に理想や夢を実現させる未来です。窮地に追い込まれても仲間たちに助けられたり、応援されたりしながら、ステージを上げてゆきます。もしかしてその仲間は、ＬＧＢＴＱなどの多様な性を持つ人たちかもしれません。

多種多様な知識や人脈を持つことが最強の武器となり、それらの知識や人脈から斬新でリベラルなアイデアを得ることに。そのアイデアや考えに感銘した同志たちがあなたを支援し、いつかは活動のリーダー的存在になる暗示です。先人の知恵を学ぶことも忘れずに取り組んで。

【恋愛・結婚運】

巧みな話術で相手の心をぐいぐい引き寄せます。情報通で物知りなので、デートの話題も事欠きません。つねに新鮮な恋を求めるので、その飽きっぽさが災いして、恋の浮名を流すことも。また、恋に刺激を求めるので、三角関係や寝取り寝取られの修羅場は多くなりがちです。

周囲から一目置かれているような尊敬できる異性や、知的な刺激を与えてくれるような異性との恋が期待できます。

結婚しても、主導権は自分が握って放しません。いくつになっても活動的で明るいので、笑いの絶えない賑やかな家庭を築けます。しかし、夫婦にとって大事なことでも相談せずに勝手に進めていくため、口喧嘩が絶えないのは否めないでしょう。

【仕事・金運】

人と人をつなぐファシリテーション能力に優れ、いろいろな情報をいち早くキャッチする、敏感なアンテナのような能力はズバ抜けています。「心硬臨事不怯」とあり、ラジカルな意見や考えが持ち味なので、ときに過激に、さらに急進的に事を進めます。それによって、お互いが喜ぶウィンウィンの状況をつくり出すことができるでしょう。

持ち前の情報収集能力により、ありとあらゆることをリサーチし、関連する知識を整理することができます。マスコミやＩＴ関係、ツーリストなど、情報化社会を自由に飛び回るような仕事で成功する可能性大です。ただ、好奇心旺盛なゆえに、あちこち手を出した結果、虻蜂取らずの結果になる危険性も。

また、思考力に優れているので、教師、調査、出版関係、ライター、通訳、経営コンサルタントなどの知的労働にも向いています。

流行に敏感なので、流行りのブランドのリユースで財を築く可能性大。その時々で有利な方法を見つけては、着実にお金を増やしていくので、財テク上手とも言えるでしょう。

大胆な豪快さが売りのあなたですが、お金に関しては多少控えめに、そして慎重な扱いを心がけることでより運気も上がっていくでしょう。

【参宿(目、耳、頬)の開運のツボ】

人体の中では、顔の右側の「目」、「耳」、「頬」に当たります。目や耳、鼻などのアレルギーには注意を。体力には恵まれているのですが、視界や音に関する情報への気配りを怠って、交通事故に遭う懸念があります。車やバイクに乗るときは、十分に気を配るようにして。

また、肝臓や膀胱に疾患が出たり、体重の増加による足のケガや、関節部分が弱いことから膝痛などの関節痛にも悩まされたりしがち。

そんなあなたの開運のツボは、四白（しはく）です。眼窩下孔部（目の下の骨、瞳から真下に降りた骨の淵にある孔）の位置にあり、四白の四は「四方、周囲に広まる」こと。白は「明るい」の意味です。このツボを押すと、邪気を払い、目を明るくするほか、血流をよくするため、目の疾患にもよく効きます。

【参宿の日本の花】

◉山丹花(さんたんか)

新しい始まりや喜びを象徴することから、祝賀行事で使用される花です。「丹」が赤色を表す漢字なので、「山に咲く赤い花」がその名前の由来とも言われています。

この花のエネルギーは、あなたに熱き思いと喜び、そして、ポジティブな思考を与えてくれるでしょう。

【参宿の日本の色】

◉若芽色(わかめいろ)

新しい芽が出たばかりの、若々しい黄緑色のことです。早春を思わせる明るくて柔らかい緑色で、新鮮さや自然の生命力を象徴する色とされています。

壁にぶつかったとき、そして感謝と喜びを持って人生を進むとき、この色はあなたに勇気と希望を与えてくれるでしょう。

井宿

せいしゅく

知的でシャープな頭脳を持つ

井宿のプロフィール

宿曜経	井宿
和名	ちちりぼし
七福神	恵比寿天・寿老人
十二神将	頞儞羅大将・珊底羅大将
本地仏	如意輪観音・虚空蔵菩薩
日本の神	天照大御神（アマテラスオオミカミ）

【井宿の宿曜経原典】

法合錢財或有或無 情愛聲名作人利官 縱有官厄還得解脱 受性饒亦多男女 高古義有急難 若論景行稍似純直

【原典の意味】

「情愛聲名作人利官」は、国や地方公共団体の公務に従事、官職に通じる名声運です。続く「縱有官厄還得解脱」は、災難を被っても切り抜けて、必ず建て戻す能力を意味します。井宿は、追い詰められたり、災難やトラブルに見舞われることがありますが、地獄で仏に会うかのように、万事休すのタイミングで思いがけない援助を受けるのが特徴です。

「受性饒亦多男女 高古義有急難」は、精神、肉体共に病気に注意の意味。とくに夫婦、家庭のいざこざや、仕事面ではお家騒動的なことが原因で、病んでしまうこともあります。

「若論景行稍似純直」は、とても純粋な心と知恵を意味します。純粋がゆえに怒りを表せなかったり、使命感が強すぎたりして、心身を病むことにつながります。ただ、病や災難を通して、多くの学びと気づきを得ることは、言うまでもありません。

【日本の神様　アマテラスオオミカミ】

アマテラスは、イザナギが黄泉の国からの脱出後、阿波岐原で全身を清め、最後に左目を清めたときに生まれた神様。日本の総氏神とも言われます。「天照」とは「天に輝く太陽」を意味する太陽神・女神であり、同時に日本の皇室の祖神としても祀られています。アマテラスの天岩戸隠れの神話は、太陽の死と再生、生命力の衰退と復活を意味します。

女神であるアマテラスには、男性的な力強い性格も秘められていて、スサノオとのいざこざの際は、警戒し武装して対峙しました。そのときの姿は、髪を角髪という男性の髪型に結い直し、五百もの曲玉の飾りを左右の手や髪に身につけていたとか。弓矢を大量に備え、地面を蹴散らかしてスサノオを威嚇しました。この勇ましい姿は男性の武神そのものであり、女神から男性的な武神の変身は、古代における武力や軍事力の象徴を示唆しています。

【日本の神様が祀られている神社】

伊勢神宮は、昔からお伊勢さんとして親しまれる、私たち国民の心の拠り所です。アマテラスをお祀りする皇大神宮（内宮）と、衣食住をはじめ産業の守り神である豊受大御神をお祀りする豊受大神宮（外宮）をはじめ、14所の別宮、43所の摂社、24所の末社、42所の所管社があり、これら125の宮社全てをふくめて「神宮」といいます。

約2000年前、三種の神器の一つである八咫鏡をご神体として伊勢の地に祀りました。その八咫鏡を国家の守護神として崇める伊勢信仰は、今も昔も全国の神社の本宗として、特別な崇敬を集めています。

神社ガイド

伊勢の神宮・内宮

その他、全国の神明社、皇大神社

【井宿の性格】

知的でシャープな頭脳を持つあなたは、何事も常識に基づいて判断し、無駄がありません。人と話すことが大好きで、話し方も流暢。頭の回転も早く豊富な知識で、誰に対しても軽やかにコミュニケーションをとることができます。

一を聞いて十を知る、とてもクレバーな知恵も備わっています。少しゴタクを並べたり、鳴物入りにアピールしたりするなど、かなりのやり手。絶妙な駆け引きを自然にできる策士なところもあります。

表向きは、クールで感情に流されることのないタイプに見えますが、一皮剥けば繊細で情動的といった、自ら進んで他人に尽くすことができる、心優しい一面を持ち合わせています。

クールと優しさという相反する性質を持つ、いわゆるツンデレタイプ。自分の気持ちと実際やっていることが、一致していないという面が、ときおり顔を出すようです。

【現世宿（現在）井宿のミッション】

仲間意識が強いあなたは、どんな人をも自分のテリトリーに引き込んでしまう、不思議な魅力を持っています。説得力のある、持ち前のコミュニケーション能力と、包容力ある優しさで、まるで家族のように周囲を包み込みます。

あなたの今生のテーマは、ズバリ「シェア」です。人と共存、分け合う意識を持つことが大事。シェアリングで得た情報や知識は、かけがえのない財産となるでしょう。ただ、「受性饒亦多男女 高古義有急難」とあり、人間関係では、選ぶ相手を間違えないようにすることが、何より大事です。

【前世宿（過去）氐宿の宿題】

前世宿・氐宿の影響から、何事も深く、徹底的に掘り下げる資質を引き継いでいます。とにかく人一倍真剣に悩み考えて取り組むので、失敗したときの失望感と挫折感は強烈です。

でも、不思議とこの失望の後に、新たな人生に気づくカルマが用意されています。それは、人が抱えている闇の部分やタブーと向き合い、魂を癒すヒーリング能力を磨くこと。美しい世界、芸術分野にも意識が向かいますが、表面的な美よりも、その裏に潜む美の本質、インナービューティーに取り組んで。

【来世宿（未来）室宿のヴィジョン】

来世宿・室宿の影響から、超自然的なもの、スピリチュアルな世界を学び、それを現実の生活や仕事に落とし込んでいくことが未来の課題となります。それは、精神的な幸せと経済的な幸せのバランスが伴った世界です。

また、社会の常識を鵜呑みにせず、それを覆すような発想の転換をすることも、あなたの未来の大事なテーマ。世界の環境の変化や、人々の感情を敏感に察知し、スピリチュアルとリアルを掛け合わせて有益なトレンドを発信すれば、まだ誰も見たことのない偉業を成し遂げることになるでしょう。

【恋愛・結婚運】

あなたは、人前ではツンツンしてクールな態度をとっても、二人きりになるとデレデレして、甘く好意的な態度をとる魔性の持ち主。一体どちらが本当なのか尻尾を出さない、猫かぶりな面があります。

恋の場面では、どうしても自分自身に仮面をつけてしまいがち。でも本心は「若論景行稍似純直」とあり、とても純粋。ムラムラする性への衝動も高く、恋の対象が移り変わることは否めないでしょう。

生活力が旺盛で、家族思いです。何よりも家族を中心と考え、しっかりと家庭を守ります。本来はとても献身的で尽くす人なので、家族にとって住み心地のよい住空間を通し、幸せな家庭を築くでしょう。

【仕事・金運】

「情愛聲名作人利官」とあり、大きな団体、企業など、公の関わりの中で、名声を得る運を持っています。

また、移動の多い人生です。人脈のネットワーク、情報交換、シェアリングを通して運が拓けていきます。マーケティング、トレンド、専門性を身につけることも大切です。

刻一刻と動いている状況を把握しながら、それに適応したアイデアを出す仕事において、適性を発揮します。一見まったく性格の異なる、誰かと誰かを結び付ける能力があります。

ただ、コンディションが良好のときは、論理的に議論でき決断も速いけれども、調子が悪いときは、感情的に議論し、ぐずぐずと遅疑逡巡してしまう面もあるのです。

フリーランスで活動するなど、自由な環境を選ぶことも大切。大企業の歯車の一つになるよりも有効です。緻密なデータや情報を扱う仕事や、外交手腕が必要とされる仕事もOK。また、生活に密着した、服飾、食品、住宅、飲食、インテリア、サービス業全般は、大成功の暗示です。

物質運や所有運に恵まれているので、さして意図しなくても、自然と手元にお金が集まります。わりのいい投資、貯蓄先を見つけるなどして、適切な方法を選んで資産を増やしましょう。

【井宿（左目、頬、耳）の開運のツボ】

人体の中では「左目、頬、耳」に当たります。とくに耳はポイントで、他人の意見に耳を傾けることで開運にもつながります。

神経質な性格が仇となり、ストレスが溜まりやすく、それが原因のアレルギー性のぜんそくや鼻炎、風邪、肺炎、喘息、肝臓病など、さまざまな部分に疾患として表れやすいです。

そんなあなたの開運のツボは、下関（げかん）です。頬骨と顎の骨の間の窪み、口を開けたときに盛り上がり、閉じると凹むポイントです。耳介神経、下顎神経など、耳や顎を動かす神経が通る場所です。このツボを押すことで、風の邪気を分散させ熱を治め、また、竅（目、耳、鼻、口、尿道、肛門）の通りをよくします。意識をはっきりさせる効果もあり、顎の関節痛や、関節運動障害にも効果的です。

【井宿の日本の花】

◉沈丁花（じんちょうげ）

早春に芳香を放つ、月のような乳白色の花です。栄光、永遠、普遍を象徴します。

沈丁花のエネルギーを取り入れることで、これまで気づかなかった、新しいヒントやアイデアを得ることになるでしょう。

また、甘い香りに誘われて、大切な思い出と感謝の気持ちを蘇らせてくれます。

【井宿の日本の色】

◉金糸雀色（かなりあいろ）

カナリアという鳥の羽の色に由来した、鮮やかな明るい黄色のことです。新しい始まりや生命力を象徴した色でもあります。

この色を身につけることで、あなたの内に眠る無限の可能性に気づくことになるでしょう。思いつく限りの想像力を使って、人生を楽しんで。

鬼宿

きしゅく

男女問わず母性的で情緒的

鬼宿のプロフィール

宿曜経	鬼宿
和名	たまのおぼし
七福神	寿老人
十二神将	珊底羅大将
本地仏	虚空蔵菩薩
日本の神	弥都波能売神（ミツハノメノカミ）

【鬼宿の宿曜経原典】

法合分相端政無邪僻足心力 合多聞有妻妾豊饒財寶能検校處分又足親

【原典の意味】

「法合分相端政無邪僻足心力」は、邪心がなく純粋無垢で、自分が正しいと思う道に突き進み、偽りのない真心をもって誠心誠意に、一筋に進むことを意味します。「合多聞有妻妾豊饒財寶」は、多聞、大所帯、多産、財運吉の形容。続いて「能検校處分又足親」は、一家、一族、団体の責任を担い、やり遂げる、ということを暗示しています。

鬼宿は、一見、貧乏くじと思えるようなことでも、その責めを引き受ける寛容さが特徴。そして、人が嫌がることを、自ら進んで買って出るような慈悲深さがあります。そんな人や世の中のためになる善行を示すことから、子宝に恵まれ、大所帯を養うだけの財力にも恵まれることを示唆しています。

「多聞」とは、正しい教えを多く聞き、それを心にとどめること。その正しい教えとは、仏教の目指す苦のない悟りの境地であり、また、煩悩を消し去り、安らかな心をもって生きることこそ「涅槃寂静」の境地に到達できるという教えです。

【日本の神様　ミツハノメノカミ】

古事記では、イザナミがカグツチを生んで負った火傷の苦しみのあまり漏らした尿から生まれた神が、ミツハノメとされています。神名には「水が走る」「水が這う」という意味があり、川や田に水を引く水路や生活用水など、水全般を支配する神様です。

古来、今日でいう縦穴を掘った井戸というものはなく、自然の湧き水や、川の水を引いてきて堰き止めて、生活用水として利用してきたことを伺い知ることができます。また、民俗信仰の井戸神（水神）とも結びつき、民間では井戸神と同一神と考えられる一面もあります。

井戸端は女性が集まる場所になり、また水は生命の源であり、生命力を蘇らせる力を持つことから、いつしか井戸神は子供をともなう母神となり、子授け・安産の神として信仰されるようになりました。

【日本の神様が祀られている神社】

天武天皇創建（675年）の丹生川上神社中社に、ミツハノメが祀られています。神武天皇が、戦勝祈願した地という伝承がある神社です。天武朝以降、たびたび行われた吉野行幸の離宮後地説もあり、歴史の重みを感じる神社です。

本殿は江戸時代文政十二年（1829年）の建築で、東吉野村の文化財に、また、瑞垣内にある灯篭は鎌倉時代の弘長四年（1264年）銘で、国の重要文化財に指定されています。四季折々の自然に彩られた丹生川上神社は、魂の給水所のように、参拝に来られる人たちの心を優しく癒してくれます。

神社ガイド

丹生川上神社中社（奈良県吉野郡東吉野村小968）

金蛇水神社（宮城県岩沼市三色吉水神7）

金立神社（佐賀県佐賀市金立町大字金立2467）

【鬼宿の性格】

「法合分相端政無邪僻足心力」とあり、とてもピュアで家庭的で、実に優しい性格です。男女問わず母性的で情緒的。心と心のつながりを求める傾向があり、他の人では気が付かないような相手の心の痛みに敏感に反応し、ときにおせっかいだと思えるほどに、相手をきちんとケアすることができる人です。

ただ、自分の仲間や家族、自分が気に入っている人には、とても献身的に尽くし守ろうとしますが、気に入らない人には、そっけなく接する排他的な面があります。

豊かなインスピレーションと包容力も十分備わっているので、その場の状況に合わせて人を和ませることが得意でしょう。そして、過去からのつながりをとても大切にしているので、昔のことを鮮明に思い出すことができます。

よく言えば従順ですが、人に依存しやすく移り気なので、一貫した自主性に欠ける面があります。

【現世宿（現在）鬼宿のミッション】

親しみやすく愛情深いあなたは、とても共感能力が高い人です。原典に「能検校處分又足親」とあるように、つねに家族や仲間、団体という一つの「愛の塊」に意識が向かっています。その愛の塊のルールに従って動き、献身的に働きます。

あなたの今生のテーマは「衣・食・住」です。目線をつねに、日常生活に向けるとよいでしょう。おさんどん、インテリア、お料理、居心地のよい空間、生活雑貨など、そういった日々繰り返し使うものを、そのままビジネスなどで、実用的にグレードアップさせることが課題です。

【前世宿（過去）房宿の宿題】

前世宿・房宿の影響から、徹底して何かのテーマを掘り下げたり、専門的な技術を習得したり、よりプロフェッショナルな世界に身を投じるなど、その経験を通して、社会の裏側を見ることになりそう。

各分野で最高の権力を持つ人物との接見も予想されます。それを機に、根回しや裏工作という、かなりディープな世界に足を踏み入れる可能性も。そんな秘密の関係を通じて、何かを譲り受けたり、託されたりすることになるでしょう。

調査、保健、医療、秘密保持に関与することは、過去から引き継がれた宿題となるので、取り組んで。

【来世宿（未来）壁宿のヴィジョン】

来世宿・壁宿の影響から、内観を通して内なる旅へと向かう暗示があります。あなたにとって家族の時間は大事ですが、ひとりの時間もそれと同じくらい大事。ときには禅や瞑想を取り入れてみましょう。

夢の中で、未来のヴィジョンを読み取ることもあるかもしれないので、日々の日記とは別に夢日記を書くのもオススメ。そうやって、人々の共有している集合的無意識からのメッセージを受け取りながら、絵を描いたり、詩を書いたり、音楽を奏でたりなど、ポエティックな世界へと誘われるでしょう。

【恋愛・結婚運】

甲斐甲斐しく献身的なので、多くの人に好かれます。相手に必要とされれば、かなり無理な要求でも応えようとするのは、恋人から感謝されたり、喜ばれたりすることで心が満たされるから。

ただ、気分や感情が目まぐるしく変化し、相手のことを深く考え過ぎて、過剰に世話を焼いたり、束縛したりなど、情に溺れて理性的な判断ができなくなることも。いったん不信感、不安というスイッチが入ると、疑いの感情は止まりません。

「合多聞有妻妾豊饒財寶」とあり、家庭運にとても恵まれていて、子沢山の賑やかな家庭を築きます。ただ家族への過干渉、制約を強いることは程々に。

【仕事・金運】

面倒見のよさが抜群で、いつも周りから頼りにされます。とても活動的に仕事をこなしますが、気分屋な面が災いして仕事が続かなかったり、あれこれと思い悩み、負の連鎖を自らつくることも。

精神医療やセラピストのような仕事に適しています。犬や猫など、動物の気持ちがわかるという不思議な力を持つ人も多いので、動物関連の仕事は◎。

保育、育成、養成、教育、料理、インテリア関連にも向いていて、宗教や形而上学の分野に興味を持つ場合も。他には、マネージメント、人事担当、カウンセリング業、慈善事業などに従事すると、あなたのよい面が大いに活かされるでしょう。

あまり物事を心配しすぎるのはよくありません。取り越し苦労は、才能を台なしにしてしまうだけです。自分がとるべき行動を、きちんと頭の中で組み立て行動を起こせば、自分の真価を発揮できます。

お金に関しては、金は天下の回り物だからと、わりと気ままに使ってしまう傾向もあるようです。あなたの人のよさにつけ込んでくる人もいるので、美味しい話には用心して。

【鬼宿（鼻、骨）の開運のツボ】

人体の中では「鼻」「骨」を示します。疲れがたまると、鼻炎や骨折という症状として表れることがあるので注意して。

過労や睡眠不足よる神経性の胃腸炎の心配もあり、心臓疾患につながる場合も。一度病気を患うと、リカバリーに時間を要するので、定期的な診断を心がけましょう。

そんなあなたの開運のツボは、迎香（げいこう）です。鼻の穴の脇にあるポイントで、別名「衝陽（しょうよう）と言います。このツボを押すことで、体内の熱を冷ますことができ、鼻の通りをよくします。花粉症に効果的なツボです。

また、水回りの汚れは、家族の健康にも影響します。キッチンやトイレ、バスルームなどの水回りを、日々入念にお掃除することも、健康管理の一つとして取り入れて。

【鬼宿の日本の花】

◉梅（うめ）

約1500年前、中国から薬用目的で伝えられた花です。忠実、忍耐、そして気品を表します。梅の字は、木と毎で成り立ち、毎は、氏族の中で多くの子供を育てた母の象徴です。

毎年、豊富に実をつける梅の花のエネルギーを取り入れることで、盤石な家族の幸福へと導かれるでしょう。

【鬼宿の日本の色】

◉梅紫（うめむらさき）

濃い紫色の一種で、梅の花のような紫がかった紅色をしています。深みがありながらも暖かみを感じさせる色で、上品で落ち着いた印象を与えるため、格式のある場や正装に適しています。

この色を身につければ、持ち前のインスピレーションに導かれて、ギフトを受け取ることになるでしょう。

柳宿

りゅうしゅく

共感能力が高く、相手の立場に立てる

柳宿のプロフィール

宿曜経	柳宿
和名	ぬりこぼし
七福神	寿老人
十二神将	珊底羅大将
本地仏	虚空蔵菩薩
日本の神	高龗神（タカオカミノカミ）・暗龗神（クラオカミノカミ）

【柳宿の宿曜経原典】

法合軟眼饒睡性霊 梗戻嗜瞋不伏人欺 又好布施亦好解脱 耽著情事難得心腹

【原典の意味】

はじめの「法合軟眼饒睡性霊」は、霊感を示し、寝ぼけ眼のような虚ろな眼差し、つまり、変性意識（トランス）状態と解釈してもいいでしょう。目覚めてはいるけれど、日常的な意識とは異なった意識状態のことを変性意識といい、霊感は、この状態のときに大いに発揮されます。

続いて、「梗戻嗜瞋不伏人欺」は、内在する激しい怒り、瞋（しん）を嗜む意味。「又好布施亦好解脱」は、施しと解脱。「瞋」とは仏教でいう「三毒」、貪欲（むさぼる）、瞋恚（怒り）、愚痴（無知）を含む、仏教において人が克服すべき、代表的な煩悩で、柳宿はとても感情的になりやすいことを表しています。

柳宿の施しは「心施」に通じ、和と善の心で、深い供養を行い、そして仏の教えに導かれ、やがて解脱することを伺い知ることができます。終わりの「耽著情事難得心腹」は、いろんな物事に耽るマニアックな面を現しています。

【日本の神様　タカオカミノカミ・クラオカミノカミ】

タカオカミ・クラオカミは、イザナギがヒノカグツチを切ったときに流れた血から生まれた神様です。この二柱は、同一神ともいわれており、降雨・止雨をつかさどる龍神で、一説にはタカオカミは「山上の龍神」、クラオカミは「谷底の龍神」といわれています。山に降った雨は、やがて谷をつたって川となり野を潤すことから、二神を合わせて源流の神となります。

龍は新羅万物、天気、運気など、さまざまな流れを生み出します。日本には、民俗信仰の無名の神様を含めると、数多くの雨乞いの神様がいますが、そのなかでも代表的な神様がこのタカオカミで、本来の性質は水の女神です。

雨水を司るということは、農業や自然の恵みと深く結びついていること。古来より、豊作や水源守護などの祭りや儀式は、日本各地で行われています。

【日本の神様が祀られている神社】

京都を流れる鴨川の水源地にあたる貴船神社。本宮の本殿前の石垣から御神水が湧き出しており、その山水は弱アルカリ性で、ミネラルやカルシウム分がたっぷり含まれる名水です。

「きふね」は古くから気の生ずる根源として「氣生根」と記され、御神気に触れることで氣が満ちるとされてきました。本宮にタカオカミ、奥宮にクラオカミが祀られています。

和泉式部が夫の愛を取り戻したなどの逸話が残る縁結びの神様としても有名で、おみくじは、この御神水にひたせば文字が浮かび上がる、水占みくじとなっています。

神社ガイド

貴船神社（京都府京都市左京区鞍馬貴船町180）

丹生川上神社上社・下社（奈良県吉野郡）

※その他、全国の貴船神社

【性格】

共感能力が高く、相手の立場に立って理解しようとする優しい人。気の利いた心配りをしながら、人を和ませることが得意です。一度興味を持ったことには病的なほどに執着する一方で、一貫性に欠けるところがあります。興味がなくなると、あっさり次へシフトしてしまう気分屋な面が目立つようです。

また、思い込みの激しさや、情に流されやすい面が災いして、周囲が見えなくなってしまうことも。表向きは気立てのよい甘い雰囲気を漂わせていますが、原典に「梗戻嗜瞋不伏人欺」とあるように、内にやり場のない怒りを抱えています。

その怒りの矛先は、家族や仲間という近しい人に向けられます。その原因は言うまでもなく、家族や仲間への思いが強すぎるから。その結果、束縛や執着というネガティブな面が顔を出してしまうのです。

【現世宿（現在）柳宿のミッション】

あなたは、自分のルーツや遺伝などに興味を持っているはず。また、生まれた土地や同級生、幼馴染を心の拠り所にしています。「又好布施亦好解脱」とあるように、ご先祖様に関する資料などを調べてみると、今生の生き方の参考になるでしょう。

そんなあなたのミッションは、地元を盛り上げるために、地域住民の発展や活性化に取り組むこと。防災をはじめ、次世代の子供達のための安全な街づくりを担う活動は、先頭に立ってやるべきです。また、どうぶつ基金が推進する活動には、積極的に参加しましょう。

【前世宿（過去）心宿の宿題】

前世宿・心宿の影響から、メディカル全般、ホスピスに関与する未来の暗示が。代替医療に取り組むのはどれも有効。セミナーに参加したり、資格取得を目指したりして学んでみましょう。とくに、マクロビオティックやパレオダイエット、デトックスなどの食事療法を促す活動は、カルマの一つです。

また、生きる上で大切な、知育、徳育、体育の基礎となる「食育」にトライするのもいいでしょう。大人になってからも食育は大事。健全な食べ物の知識で、バランスのよい食事を実践して。

【来世宿（未来）奎宿のヴィジョン】

来世宿・奎宿の影響から、芸術分野に向かう暗示があります。あなたの場合、それは、怒りや苦しみを芸術に昇華することを示唆しています。

生きていると、自発的、多発的、偶発的を問わず、大小いろいろなことが身の回りで起こります。そんな日々感じる怒りや苦悩を芸術に昇華することが、あなたの未来です。それは産みの苦しみのようなものかもしれません。

けれども、怒りや苦悩を抱いたとしても、必ず優しさが勝るのです。創作活動は奉仕活動でもあると信じて、未来を描いてください。

【恋愛・結婚運】

初対面の印象が抜群なあなたは、セックスアピールもあるので異性にモテます。好きな相手に対しては、力の限り献身的に尽くし、自分と同じくらい深い愛情を相手にも求めます。

長く一緒に過ごした仲間や仕事相手といった、共通点の多い異性や同級生や幼なじみなど、ごく身近なところで恋を育む傾向があります。二人の関係の中で、共通の友人や知人が多いほど、恋愛は長続きします。

家族同様の付き合いになり、気が付けばパートナーの友人や後輩のよき相談役、励まし役になっていて、慕われていることも多いはず。ただ、その優しげな包容力も、息苦しい束縛へと転じてしまうこともあるのです。

結婚しても、多岐にわたる活動で忙しくしているので、専業主婦・専業主夫に納まるタイプではないようです。

【仕事・金運】

愛嬌のあるあなたは、しなやかな対応が得意で、駆け引きを必要とする場面では、持ち前の能力を遺憾なく発揮することができるでしょう。

ただ、同情と気配りを上手に使い分けることが必要不可欠です。また、何でも幅広く手を出すより、専門的なスキルを身に付けること。「好きこそものの上手なれ」と言うように、好きなことこそ物事を上達させる最高の条件と心得てください。

世の中の流れに敏感に反応し、流行をキャッチするのがとても早いので、人気商売や、大衆の女性を対象とする仕事で成功します。とくに衣食住など生活に密着した業種、服飾、食品、住宅、飲食、サービス業全般が吉です。

あなたが発言したことは、よくも悪くもあっという間に広がります。それが、思わぬ事態を招くことにもなりかねません。逆に他人への褒め言葉は、自らの高評価につながるので、実践してみましょう。

人や環境を守り保護する、慈善事業、地域のボランティア活動にも精力的に参加しましょう。

持って生まれた不思議なツキの力も合わさって、金運に恵まれます。さしたる苦労なく、手元にお金が入ってくる傾向があるようです。

【柳宿(歯)の開運のツボ】

人体の中では「歯」を示します。暴飲暴食に注意で、摂取しすぎたカロリーは、高血圧、動脈硬化、高脂血症、心臓病といった成人病の原因となる危険性があります。女性は、子宮や卵巣を始めとする生殖器系の病気の心配も。また、消化器系や肝臓の病気、糖尿病などにも注意を払って。

そんなあなたの開運のツボは、大迎（だいげい）。顔面部、下顎角（エラ）の前方、噛み締めてぽこっと出るところの前側、顔面動脈上のポイント。表情筋、咬筋を動かすときに栄養になる動脈、静脈が通る場所で、別名は髄孔（ずいこう）です。このツボを押すことで、風の邪気を分散させ、冷えなどの邪気が除去されます。また、体内の熱を冷まし、口周りの麻痺、食いしばりの改善に効果があります。

【柳宿の日本の花】

◉竜胆(りんどう)

野山に自生し、根は薬として利用されます。竜胆の「胆」は苦さを表しています。正義、勝利を意味し、人の悲しみに寄り添う柳宿の花です。

この花のエネルギーを取り入れることで、創造力が強化されモチベーションが上がります。また、健康運にも恵まれます。

【柳宿の日本の色】

◉濃藍(こいあい)

藍染の中でも最も濃く、暗い藍色のこと。落ち着いた印象を与えます。日本古来から存在する色で、伝統的な染織技術や織物で使われてきました。

この色は、武士が好んで着用する色としても知られていて、何かを勝ち取りたいときに効果的です。

星宿

せいしゅく

自信家でプライドが高い

星宿のプロフィール

宿曜経	星宿
和名	ほとほりぼし
七福神	布袋尊
十二神将	因陀羅大将
本地仏	地蔵菩薩
日本の神	伊邪那岐神（イザナギノカミ）・伊邪那美神（イザナミノカミ）

【星宿の宿曜経原典】

法台愛諍競不能自押捺嗜瞋怒 父母生存不能孝養 死後方崇祭饗追念 亦足奴婢畜乗資産 有名聞善知識 亦多悪知識 一生之間好祈神廟

【原典の意味】

「法台愛諍競不能自押捺嗜瞋怒」は、激しく競い合うこと、怒りと掌握、反発、そして瞋（しん）を嗜む意味です。「瞋」とは仏教でいう「三毒」、貪欲（むさぼる）、瞋恚（怒り）、愚痴（無知）を含む、仏教において人が克服すべき、代表的な煩悩です。星宿の怒りとは、強い競争心から周囲との争いを引き起こす暗示です。

「父母生存不能孝養」は、親孝行に疎いこと。「死後方崇祭饗追念 亦足奴婢畜乗資産」は、供物をして先祖の霊に祈ることを意味します。そして「有名聞善知識亦多悪知識」は、豊富な知識、清濁合わせ呑む強さを表しています。

「一生之間好祈神廟」は、生涯を通して神事をすることを示唆し、星宿の神事は、修験道のような修行、荒業に通じます。そこからは、どんな障害にも打ち勝つだけのエネルギーが、星宿には十分備わっていると、伺い知ることができます。

【日本の神様　イザナギノカミ・イザナミノカミ】

イザナギ・イザナミは、神話で最初に登場する夫婦の神様です。神世七代の最後に高天原に現れ、天津神の意思に従って、国生み・神生みを行います。

まず二神が最初に始めたのが国生みで、矛を使い地にオノゴロ島を作り、そこに宮殿を建て結婚します。そして、日本列島となる大八島などの島々を生み出します。続いて神生みでは、山、川、草、木、水門、穀物など多くの神を、さらに文化神を生み出し、地上の神々の世界を創り上げました。

神生みの最後に火の神カグツチを生んだことで、イザナミは火傷を負い亡くなり、黄泉の国に去ります。そこでイザナミは、それまでの創成母神の姿から一変して、人間の死を司る禍々しい黄津（よもつ）大神に変身します。

イザナミは、神様でありながら一番最初に死を体験し、それにより、黄泉の国、つまり死の世界がはじまることとなったのです。

【日本の神様が祀られている神社】

古くから「お多賀さん」の名で親しまれる、滋賀県の多賀大社。鎌倉時代から江戸時代にかけては、武家や民衆にも信仰が広まり、多賀大社の分祀社は全国239社を数えます。

春のしだれ桜、秋の紅葉、そして、近辺には彦根城や湖東三山、琵琶湖などの名所にも恵まれ、年間約170万人の参拝者を迎えています。

豊臣秀吉の厚い信仰でも有名で、神社を囲む清流、太閤橋、緑豊かな木々など、厳かな雰囲気が魅力。境内には、本殿右に能舞台、左に絵馬殿が立ち、また、神社から少し離れた杉坂山には、杉坂峠の杉と呼ばれる御神木があります。

神社ガイド

多賀大社（滋賀県犬上郡多賀町多賀604）
伊奘諾神社（兵庫県淡路市多賀740）
江田神社（宮崎県宮崎市阿波岐原町産母127）

【性格】

善にも悪にも強く、心の中に天使と悪魔が同居しているあなたは、自信家でプライドが高い人。無邪気な子供のように、きわめて粗暴な態度をとる一方で、実に立派な行いをする、清濁併せ呑むタイプです。規制の概念に翻弄されることなく、逆に反発する強さがあります。

原典に「法台愛諍競不能自押捺嗜瞋怒」とあるように、普段は実現できないようなことや、到底叶わない願望をイメージすることが得意で、現実では抑えている意識や憧れを、クリエーションを通して表現します。生活が困窮していたり、満たされないジレンマを感じているときほど、それは生き生きと発揮されます。そのための努力は惜しみません。

時間がかかっても夢を実現させる粘りと芯の強さがありますが、尊大な態度で反感を買うことも多いので、ときには弱者の立場に立つことも必要です。

【現世宿（現在）星宿のミッション】

ハイエンドな世界を好み、野心もかなりのもの。「有名聞善知識亦多悪知識」とあり、汲めども尽きぬ知恵の泉を武器に、ワンランク上を目指すことが、あなたに課せられた今生のミッションです。実際に、強い競争心と高潔なプライドが原動力となり、地位や栄光、確固たる名声を手中におさめる人生です。

平凡で、その他大勢になることに耐えられないはず。人前で自分をアピールし、クリエーションすることを忘れてしまっては、人生が台無しになります。

【前世宿（過去）尾宿の宿題】

前世宿・尾宿の影響から、国家や人種を超えて、異国の人や文化を理解できる素養が備わっています。また、哲学や宗教は、インスピレーションと栄光をもたらす鍵になるでしょう。名誉を求めて遠い地へ旅立つことは、あなたにとってのカルマです。引越や海外旅行が、運命の転機をもたらすことも。

あなたの場合、環境を変えた方が最短最速で目標を叶えることに。そうすれば、あっと驚くような手柄を立てて、故郷に錦を飾ることになるでしょう。広い世界への憧れを胸に、見果てぬ夢を追いかけて。

【来世宿（未来）婁宿のヴィジョン】

来世宿・婁宿の影響から、ファイターのように何かに挑戦し続ける、そして、勇気を持って戦い続ける未来です。それは、自由を勝ち取るための戦いかもしれません。あるいは、古い体制を打ち壊し、新しくするような働きです。そんなあなたを見て、周囲は励まされることに。

強い競争意識から、チャンスの奪い合いをしたり、ライバルとトラブルになったり、何かと波乱がある未来ですが、都合が悪くても自分に有利なように仕向け、窮地をチャンスに変えることができます。

【恋愛・結婚運】

メロドラマのような、ドラマティックな恋愛を求めています。ただ、たくさんの恋の訪れがあっても、高いハードルに阻まれて苦労することが多いでしょう。激情の愛に身を焦がす傾向があり、あくまでも自分の中の衝動に従うため、恋のトラブルも多いようです。

振られたらカッコ悪い、というプライドが、恋の場面でも働いてしまうので、相手も自分のことが好きだと確信できるまでは、行動に移さないところがあります。

デートで大枚をはたいたり、ファッションにお金をかけたりしがちです。表向きは派手な恋愛となりますが、意外にお付き合いした人数は少ないかもしれません。

結婚しても仕事を持つ人が多く、うまく両立できるでしょう。意外にも家庭的なところがあり、家事も上手にこなします。

【仕事・金運】

原典に「一生之間好祈神廟」とあるように、あなたにとって仕事とは神事のようなもの。仕事とは本来、神に仕え人に仕えるために、神から与えられた召命であり、全ての仕事は尊く、意味があります。そんなふうに仕事に取り組むあなたの姿勢は、多くの信頼を集めるでしょう。

クリエイティブな才能があり、本物志向で凝り性です。自信家なので、人に追従することはなく、人の意見にもあまり耳を貸しません。出世を目指せば、大変なエリート志向になります。派手な仕事や生活をしているようで案外、地道な努力も惜しまないので、周囲からの人望が厚いです。

しかし、支配的な行動がすぎたり、権力を振りかざすばかりでは、人がついてこなくなるので注意が必要です。

ショービジネスやエンタメ、芸能、監修、プロデュース業。学問、政治、研究職も吉。土地や山にとても縁があるので、建築や不動産関連は大吉です。

安定的した配当、利益を得る運を持っているので、不動産投資のアドバンテージは高いです。「死後方崇祭饗追念 亦足奴婢畜乗資産」とあり、ご先祖様の供養を欠かさなければ、仕事運も金運も盤石です。

【星宿（首・うなじ）の開運のツボ】

人体では「首」と「うなじ」に当たります。仕事に対しては徹底して取り組み、最後までやり遂げるだけのプライドの高さと、バイタリティーも持ち合わせているため、ワーカホリックに陥りやすい傾向があります。

過労による首のこり、疲労による不注意からの骨折、ストレスから来る高血圧や、暴飲暴食が原因の動脈硬化・血行障害などの生活習慣病に注意が必要。

そんなあなたの開運のツボは、天柱（てんちゅう）。首の後ろ、髪の生え際、僧帽筋の外側にある窪みのポイント。天柱は、天（頭部）を支える柱のような首のことです。このツボを押すことで、風の邪気を分散させます。熱やのぼせも治り、頭や目をスッキリさせる効果大。首肩こりの解消にも吉。

【星宿の日本の花】

◉金蓮花（きんれんか）

独自の香りと、鮮やかな色合いが魅力です。花と葉は、食用として利用され、抗菌効果もあります。困難に打ち勝ち勝利するという意味があり、ポジティブな星宿の陽気さと魅力を引き出してくれます。この花のエネルギーを取り込めば、鬼に金棒です。

【星宿の日本の色】

◉金茶（きんちゃ）

茶色に金色がかった色で、日本の伝統色の一つです。深みのある黄褐色とも表現され、金属の金のような輝きを持つ茶色という色で、高級感があり格式高い場面で好まれます。

この色を身につければ、目標に対するやる気も倍増すること間違いなしです。

張宿

ちょうしゅく

明るく情熱的な選ばれしエリート

張宿のプロフィール

宿曜経	張宿
和名	ちりこぼし
七福神	布袋尊
十二神将	因陀羅大将
本地仏	地蔵菩薩
日本の神	天火明命（アメノホアカリノミコト）

【張宿の宿曜経原典】

法合足妻妾多男女 出語人意 甚得入愛 少資財智策亦不多業 合得人財

【原典の意味】

冒頭の「出語人意 甚得入愛」は、巧みな語彙力、周囲から愛され賞賛されるという意味。張宿の話す言葉は、広がりや深みがあり、創造性に富んでいます。何より、自分の考えを的確に伝えることができます。その上、人を楽しませる言葉の使い方を心得ていて、初対面でも強烈な印象を残します。

また、相手の話をどんどん引き出すことができ、意向や意思、希望など表裏なく本音で話します。そんなところが周囲から愛され、賞賛を受ける要因となります。

終わりの「少資財智策 亦不多業 合得人財」は、人徳と知恵からもたらされる財力を意味します。天徳、地徳とともに、三徳の「人徳」に恵まれ、その器の大きい寛容さで、多くの人から慕われることを示唆しています。また、周囲を明るく照らし、愉快な気分にすることは、張宿の喜びでもあります。そんな強力な人気運が、財力の源となります。

【日本の神様　アメノホアカリノミコト】

アメノホアカリは、太陽を神格化した神様です。アマテラスが高天原の最高神とされる以前は、各地の有力氏族が、それぞれ独自の日の神を崇拝していました。アメノホアカリもその一柱で、現在の中部地方の尾張氏が、祖神として崇拝していました。

アメノホアカリは謎が多く、古事記や日本書紀、風土記で立ち位置が異なります。その中の、播磨風土記のエピソードを紹介します。

昔、父神のオオナムチと息子のアメノホアカリは旅に出ます。その道中、息子の剛直な性格に耐えかねた父は、息子を騙して水汲みに行かせ、置き去りにして船を出します。騙されたことを知った息子は激怒し、もの凄い風と波を起こし、父の乗った船を沈没させます。このエピソードからも、激しい性格と凄まじい霊力を持った神様だとわかります。

【日本の神様が祀られている神社】

真清田神社は、一宮市の地名のごとく、尾張の国で最初に参拝する由緒正しい「一の宮」です。尾張氏は、大和朝廷の軍事や祭祀を担っていた物部氏と関わりが深く、中央政治にも影響がありました。アメノホアカリは、そうした有力氏族が崇敬した神だったこともあり、皇祖神・天照大神の孫として神話の系譜に名を連ねました。

創建当時この地域は、木曽川の水田地帯で、その清く澄んだ水田の様子から、真清田と名付けられ、また、戦国時代は、織田信長や豊臣秀吉からも崇敬を受け、社殿の造営や寄進が行われました。

神社ガイド

真清田神社（愛知県一宮市真清田１－２－１）
飛騨一宮水無神社（岐阜県高山市一之宮町５３２３）
籠神社（京都府宮津市字大垣４３０）

【張宿の性格】

人生を楽しみたいという気持ちが強く、明るく情熱的な性格です。「少資財智策 亦不多業 合得人財」とあり、どこにいても人気と話題をさらう花形スターであり、才気に溢れ、何をしてもキラッと光るものがある、選ばれしエリートです。

何よりもドラマティックな生き方を好む傾向が強く、その大胆で率直な振る舞いは、まるで竹を割ったようです。人生の主役は自分である、ということをよく理解していて、どんなときでも堂々と、自分を主張します。

褒められたり、人から持ち上げられると俄然頑張りますが、人を支配したいという気持ちが強く、ときおり顔をのぞかせる無神経で暴君な振る舞いから、周囲を巻き込む騒動を引き起こしてしまうことも。

また、見栄っ張りで、好き嫌いが激しく、おまけに頑固。独立心も旺盛で、人の真似はしたくない、という気持ちも人一倍強いので、人には従いません。

【現世宿（現在）張宿のミッション】

メラメラと燃え上がる創造的な力を、しっかりと表現することが、今生で課せられたミッションです。原典に「出語人意 甚得入愛」とあるように、誰にも真似できないような素晴らしい語彙力と表現力で、大いに才能を発揮しましょう。

それを見つけるには、まずはあなたの好きなこと、楽しいことを創作してみることです。そんなふうに行動に移せば、その自覚した使命感は、多くの人を照らし、導くことになるでしょう。

別の言い方をすれば、夢を夢で終わらせないことが、あなたの本当の生き方なのです。

【前世宿（過去）箕宿の宿題】

前世宿・箕宿の影響から、宗教や思想といった、根源的な問いに対する答えを探求することがカルマです。哲学を説いた歴史上の偉人の伝記などから多くを学び、壮大な夢へ挑戦しましょう。

平凡であることも素敵だけど、それに胡座をかいてはいけません。ときにアウトローに、他の人には到底到達できない秘技や奥義などを学び、チャレンジすることで、あなたのカルマは浄化されます。そうして身につけた知識や体験談を、多くの人たちに理解してもらうために、何かの会を主催したり、SNSなどで表現するのも得策です。

【来世宿（未来）胃宿のヴィジョン】

来世宿・胃宿の影響から、一流の走者のように、第一線で活躍する未来です。従来にない新事業を起こす暗示があるので、物おじせずに自立、自営、起業を目指し、やりたいことにチャレンジしましょう。

ただ、ワンマンで横暴な一面が顔を出す暗示もあります。そのため、他人の思惑に気づかなかったり、猪突猛進の振る舞いが過ぎたり、ふと気づくとあなたに対しておべっかばかり言う、追従者しか残っていなかったということも。それを避けるためには、弱者に対する理解をもっと深めることが大切です。

【恋愛・結婚運】

華やかでゴージャスなあなたは、少し浮世離れしたようなドラマティックな恋愛を好みます。つねに人の輪の中心にいて、何かと注目されるので、異性からはモテます。

ただ、意外と初対面のメンバーに対しては無口になりがちで、馴染むまでに時間を要します。そんな態度が、周囲から高飛車だと誤解されることもあるでしょう。

恋人ができると、周囲に見せびらかしたくなる無邪気なところがあります。ただそれは逆に言うと、人から羨ましいと思われる相手でないと嫌だということ。容姿やステータスに難があると、付き合うまでには至らないことが多いかも。

結婚相手の身分や肩書きなどを重視する傾向が強いようです。なかなか理想が高いことになります。自立心も旺盛なので「結婚しなくても生きていける」と、どこかで思っています。

【仕事・金運】

羨望と人気を集める華やかな業界で活躍する暗示。人々の注目を集めるにふさわしい振る舞いやプライドは、まるで栄華を極める王侯貴族のようです。とにかく、人々の中心で、注目を浴びるでしょう。

創造性と権力といった、一見、相反するような能力を武器に世の中を渡っていきます。自分が望むものをちゃんと自覚していて、自分の欲求に対しても正直に行動します。

また、芸術や言葉によって物事をアピールする能力に恵まれています。文芸やコンポーザー、デザインなど、創作性を活かせる仕事に才能を発揮します。また、プレゼンテーションに優れ、人前でも物怖じしないため、芸能人や講演家も吉。

また、監督業やプロデューサーのような、全体をまとめる統括的な役割で人生の目的を遂行します。注目され、賞賛を浴びる場所を手に入れることで、より輝く運命を持っています。

ダントツの人気運を誇るので、ＳＮＳやユーチューブで収益化すれば、かなりの収入を見込めるでしょう。ただ、自分の都合を優先したり、露骨な力技で強引に事を進めたりするのは避けるべき。なるべく譲歩した方が、仕事運も金運もスムーズに。

【張宿（右肩）の開運のツボ】

人体では「右肩」に当たります。人に隙を見せず、いつも気分が張りつめているので、頑固な肩こりに悩まされることも。体力を過信する傾向があり、その頑張りすぎるところが災いして動脈硬化、高血圧、くも膜下出血、血行障害による心臓病などを患う恐れがあります。定期的なメンテナンスと診断を心がけましょう。

そんなあなたの開運のツボは、天宗（てんそう）。肩甲骨の真ん中あたりの窪みのポイント。天宗の「宗」は「集まる、衆」の意味で、上部で気血の集まるところです。古代中国で「天宗」とは「日、月、星」を指します。このツボを押すことで、風の邪気や湿気を取り除き、筋肉と関節の働きがよくなります。肩こり、五十肩、肩関節炎の治療穴です。

【張宿の日本の花】

◉向日葵（ひまわり）

太陽と夏を象徴する代表的な花。憧れ、あなたを見つめる、光輝、という意味があり、広く愛される張宿に相応しい花です。

この花のエネルギーを取り入れることで、大いに実力を出し切ることができるでしょう。

【張宿の日本の色】

◉藤黄（とうおう）

明るい黄色の一種です。伝統的な日本の色の一つで藤の花の黄色い部分に由来して名付けられました。自然や花を連想させる爽やかな色で、春の訪れを感じさせる明るい印象を与えてくれます。

大勢の人の前で腕前を披露するときは、この色を身につけてチャレンジして。

翼宿

よくしゅく

妥協を許さない完全主義者

翼宿のプロフィール

宿曜経	翼宿
和名	たすきぼし
七福神	布袋尊・恵比寿天
十二神将	因陀羅大将・波夷羅大将
本地仏	地蔵菩薩・文殊菩薩
日本の神	天忍穂耳命（アメノオシホミミノミコト）

【翼宿の宿曜経原典】

法合愛騎乗鞍馬駕馭車牛 布施喫用觸處遊従 為人穏口語 受性愛音楽

【原典の意味】

原典の冒頭に「法合愛騎乗鞍馬駕馭車牛」とあります。これは「馬を操る」「制御する」に通じます。つまり、目的や状況に応じて拍車をかけたり、逆に歯止めをかけたりと、人や物事を意のままにコントロールするという意味。

次に「布施喫用觸處遊従」は人に施したり、もてなしたり、楽しませたりする意。最後に「為人穏口語 受性愛音楽」とあり、語り口が穏やかでかつ独特、人生において音楽との関わりが色濃く反映されます。

音楽とは文字通り「音」による芸術です。音の強弱、長短、高低、音色、和音などを緻密に組み合わせ、喜怒哀楽など、人の理性や感情に訴えるものです。また、古くは天上の神々の「楽」や、それを模した法会（集会）を「楽」といいます。

このようなことをまとめると、翼宿は「楽」を通して人を楽しませたり、手厚くもてなすことを意味していると言えるのです。

【日本の神様　アメノオシホミミノミコト】

翼宿は、日本の神では「アメノオシホミミ」にあたり、誓約（うけい）と関係が深いのが特徴。誓約とは、あらかじめ決めたとおりの結果が出るかどうかを、吉凶を通して判断する占いのこと。神様同士が、ものごとの白黒をつける手段として、誓約の儀式を用います。

高天原から追放されたスサノオが、姉のアマテラスに別れを告げようと訪ねた際、その行為を疑われます。そこで誓約が行われました。それはお互いの身につけているものを交換して、神々を産むという方法です。この誓約によって、アマテラスの身につけていたものから五柱の男神が生まれます。その最初に生じた神がアメノオシホミミであり、「天忍穂耳」

と書きます。正しくは「正勝吾勝勝速日天忍穂耳命」。意味は「勝つ喜び」「速やかな勝利栄光」「神威」「稲穂がたくさん実る」です。

【日本の神様が祀られている神社】

アメノオシホミミが祀られている有名な神社は、英彦山神宮（奉幣殿）。修験道の道場として栄えた英彦山神宮は、福岡県田川郡の英彦山に位置します。

英彦山は北岳・中岳・南岳の３つ峰で構成され、一番高い標高は南岳の１１９９メートル。中央の中岳の山頂から山腹にかけて上津宮・中津宮・下津宮があり、言うまでもなくこの場所は、翼宿にとっての最強のパワースポットであり、壮大な山の生命力に満ちた聖地です。農業生産、鉱山、工場の安全の守護神、そして勝運の神様として崇敬されています。

神社ガイド

英彦山神宮（福岡県田川郡添田町英彦山１）

阿賀神社（滋賀県東近江市小脇町２２４７）

多久頭魂神社（長崎県対馬市厳原町豆酘）

【性格】

「法合愛騎乗鞍馬駕馭車牛」とあり、細やかな観察眼を武器に、何かをセーブしたり、巧みにコントロールしたりするなど、妥協を許さない完全主義者です。物事を納得するまでやり抜く粘り強さがあり、どこかしら凡人離れした毅然たる風格があります。何事も正確に、そして迅速にこなしていく、クレバーな高い能力も秀逸です。

「為人穏口語 受性愛音楽」とあり、旅行や乗り物、音楽や映画といったエンターテイメントが大好き。

攻めと守り、その両方の能力に長け、アメノオシホミミは「勝つ喜び」ということから、勝敗を分ける場面では惜しみなくリーダーシップを発揮します。

ただ、葛藤も生じやすく、注目を集めたいという欲求と、穏やかな日常を望む気持ちがぶつかることもあります。物事の細部にばかり気をとられて、取るに足らない小さなことで、クヨクヨしてしまうこともあるでしょう。

【現世宿（現在）翼宿のミッション】

現世でのあなたは、清廉潔白で高い理想と使命を抱きながら、完全無欠を目指すアーティスト。緻密な分析力と情報収集能力、そして表現力を持って、人生を切り開いてゆきます。

危機管理能力が高く、些細な変化も見逃さないので、失敗も未然に防ぐことができます。

あなたの人生のスケールは世界規模です。誰もが息を呑むような、その表現力で多くの人たちを魅了し、絶大な権力を手にする運命です。日本にいながら自国の文化を海外にアピールしたり、または、海外に出て活躍したりするミッションが待っています。

【前世宿（過去）斗宿の宿題】

前世宿・斗宿の影響から社会規範、規則やルール、さらに伝統を重んじながら「地域、そしてお国のために働く」課題があります。斗宿の導きから、類まれなインスピレーションを得ることも。

目的を達成するためには自分の直感を信じることが大切です。さらに外堀を埋めるように、その周りにある問題を先に片付けることも必須。瞬発力と忍耐力、その両方を鍛えましょう。

ただ、不遜な態度に注意。人を見下したり、火山が爆発したように怒りや不満をストレートに口に出して、人を傷つけてしまうこともあります。

【来世宿（未来）昴宿のヴィジョン】

来世宿・昴宿のヴィジョンは、優美や耽美といった「美」です。「美しくあること」それが来世（未来）の青写真です。また、職人的な働きかけと、五感を意識することも大事。とくに味覚を活かした「食」に関与するワークを実践しましょう。

何であれ美意識を高く持ち、美の権化を全うすることに意識を向けて。大胆にして繊細、快楽主義で人たらし。そんな性質が顔を出すこともありそう。

未来に向け、本質を見分けながら、組織を束ね統率する女帝や君主のようなヴィジョンを思い描いて。

【恋愛・結婚運】

人を喜ばせることに長けているので、異性にモテるタイプです。「平凡でも幸せならいい」という、小市民的な恋は論外。熱く、激しく、魂を揺さぶられるような恋を求めます。

その反面、恋愛も大事だけれど、仕事や経済的なことはそれ以上に大事と思う傾向があります。精神的にも物質的にも、ステータスが高くて豊かな異性に惹かれるのです。

恋愛に対して、照れや気恥ずかしさが働いてしまうことがあり、なかなか関係が発展しないことも。自分から積極的にアプローチすることが、恋愛成就の秘訣となります。

結婚すると子供の面倒見もよく、入念な家族計画をもとに、幸福な家庭を築くでしょう。パートナーや子供によい環境を与えることを美徳としているので、家族のために一生懸命に働くことは言うまでもありません。

【仕事・金運】

表向きは明るく喜びに満ちていて、豊かな表現力で周囲を明るく照らしますが、実は心の中の様子は、少しばかり異なります。原典に「駕馭車牛」とあるように、いざ自分の意見を述べる場面では、相手の感情や思惑を気にしないで思ったままを口にして、人を思いのままにコントロールします。その歯に着せぬ発言は、ときに周囲を驚かせます。そこにはしっかりとした裏付けがあり、普段から人を細かく分析し、本質を突くからこそ、道理に基づきながら、相手を説き伏せることができるのです。

海外と関わりがある業種や語学関係、移動を司る仕事に縁があります。几帳面で、整理能力は抜群なので知識の収集、プランニングや分析力を要求される、教育、出版、看護師、衛生、秘書なども◎。指導的立場、または自分なりのやり方が通せる自由業、広報、販売促進業、ショービジネスやエンターテイナーで名声を得ることも。

お金のことは割合に無頓着で、収入よりも自分がどれだけ成長できるか、どれだけ達成感が得られるかに注力します。将来が有望な投資先に、長期的に資金を投じることで、リターンも大きくなります。

【翼宿（左肩）の開運のツボ】

翼宿は人体では「左肩」に当たります。不慮の事故による肩の脱臼などに注意が必要で、神経質で強がりなせいか、肩に力が入って肩こりに悩まされることも多いでしょう。

無理を重ねると、疲労や精神的なストレスが元になって動脈硬化、高血圧、血行障害からくる心臓病を患いやすくなる他、肝臓、すい臓、胃腸などにポリープや腫瘍ができてしまう危険もあります。

そんなあなたの開運のツボは、膏肓（こうこう）。全身の水の巡りを司る膀胱経のツボです。

このツボは「心臓と横隔膜の間の最も深いところ」を意味し、肩を体幹に引きつける肩甲骨周りの神経と筋肉、血管が通るポイント。このツボを押すことで、首から腰にかけての痛みが改善、喘息や肩こりが改善されます。

【翼宿の日本の花】

◉水仙（すいせん）

冬から早春にかけて咲く花。冬の寒さに耐え美しい花を咲かせます。自己愛、尊敬、希望、再生の意味があり、翼宿の生命力を象徴する花です。

この花のエネルギーを取り入れることで、仕事の効率が上がったり、席次の順位がアップしたり、やる気も倍増するでしょう。

【翼宿の日本の色】

◉縹色（はなだいろ）

青と紫の中間のような淡い藍色です。落ち着いた色合いで品があり、格式高い印象を与える色です。

この色を身に付けることで、持ち前の第六感が活性化され、本質を見る洞察力が強まり開運へと導かれるでしょう。

軫宿

しんしゅく

リアリストにして実用主義者

軫宿のプロフィール

宿曜経	軫宿
和名	みつかけぼし
七福神	恵比寿天
十二神将	波夷羅大将
本地仏	文殊菩薩
日本の神	石長比売（イワナガヒメ）

【軫宿の宿曜経原典】

法合有諸寶物業 合遊歷州縣 稟姓嫉妬為人少病 能立功徳兼愛車乗

【原典の意味】

はじめの「法合有諸寶物業」の意味は、自然の産出物に関与する宝物、そして優れた資質です。次の「合遊歴州縣」は、目的を持って行脚に勤しみ、全国津々浦々の旅（移動）を好むことを表しています。

「稟姓嫉妬為人少病」とは、自己肯定感が低く、僻み、嫉妬、否定的の意味で、些細なことばかり気に病んで大局を見失うこと。言うまでもなく嫉妬とは、注意を固定する意味で、狭い世界から目が離せなくなったり、自分の見えている範囲での優劣に固着したりすることを示唆しています。

終わりの「能立功徳兼愛車乗」は、機能的な道具や品物、車に縁があるという形容。また、重い責任や義務を担い、人様のお役に立つために尽力する。つまり、社会貢献と功徳を表していて、この意味は、重圧が伴う仕事や立場でこそ、本当の自分の可能性を伸ばしてゆけることを示しています。

【日本の神様　イワナガヒメ】

永久不変の岩の精霊として知られる、イワナガヒメは、コノハナノサクヤヒメの姉神です。イワナガヒメは、岩のように堅固で長く変わらないことを象徴する女神です。

古事記によれば、妹のコノハナノサクヤヒメがニニギに求婚されたとき、父神のオオヤマツミは姉のイワナガヒメを一緒に差し上げました。しかし、ニニギは姉を断り、送り返します。二人の愛娘を送った父神の願いは、永久不変と繁栄、そして天孫の繁栄を願ってのこと。それなのに、容姿に劣ることを理由に、姉のイワナガヒメだけを返したニニギの行動に、神の御子の寿命は華やかに栄えても、儚く短く散り落ちてしまうだろうと、父神は嘆き悲しみました。せっかくの好意が無となったエピソードです。

【日本の神様が祀られている神社】

イワナガヒメが祀られている大将軍神社は、桓武天皇と関わりの深い神社です。

大将軍神とは、陰陽道や道教の信仰に登場する、方位を司る星神です。この神の方位を犯すと、禍々しい災いが生じるとして、古来より非常に恐れられてきました。

日本書紀でのイワナガヒメの神名に「磐」の字が当てられている理由は、つねに青々としていて、めでたい常磐木を示唆しているからで、そこには生命長久の観念がこめられています。

そんな「磐」を彷彿とさせる大将軍神社は、本殿のまわりを樹木が感応するようにとり囲んでいる、霊験あらたかな鎮守の森のようです。

神社ガイド

大将軍神社（京都府京都市北区西加茂角社町１２９）
銀鏡神社（宮崎県西都市銀鏡４９２）
磐長姫神社（兵庫県尼崎市武庫之荘西２－46－23）

【性格】

現実的な視点で物事に取り組むリアリストであり、原典に「能立功徳兼愛車乗」とあるように、「役立つことが最も大事」とする実用主義者です。曖昧なことを嫌う傾向が強く、細かいチェック、そして気配りができるので、周囲から一目置かれます。感情の表し方もとても細やかで、つねに周囲に目を配る観察眼に抜きん出ています。思慮分別もあり奉仕の精神も強いので、誰よりも清く正しく、人の規範となる人生を歩んでいけるでしょう。

ただ、何度も考えて、細かく思いをめぐらす思慮深い面が仇となり、ときに重箱の隅をつつくように、取るに足らないところばかりに意識が向いてしまい、結果的に疲労困憊することに。

また、実際に見聞きした実体験に基づいたことしか信じない一面があり、そんな潔癖症で完璧を求める性質は、相手を批判したり、ときには自己否定となって表れます。

【現世宿（現在）軫宿のミッション】

あなたの今生の使命は、何事も徹底的に調べ、分析することです。整合性を美徳としているので「なぜこうなのか」という理由も明確です。

「○○をしなくてはならない」といった義務感と、責任を果たすことに尽力し、言いつけやルールを守り、筋道を通します。周囲から頼られると、しっかりとそれに応えようとするので、つい自分を後回しにして人を優先することも。

紙とペン、便箋などに実際に言語をしたためる作業を通して開眼したり、「合遊歴州縣」とあるように、移動を通して大きな気づきを得ます。

【あなたの前世宿（過去）女宿の宿題】

前世宿・女宿の影響から、社会基盤の維持に大きく貢献するカルマがあります。それは、経済の発展や人々の利益に貢献することを意味します。

伝統や組織、明確な序列が必要なセクターで活躍します。祭祀的な事柄、国家的な儀式、また一矢伝承のように世襲制の関わりが課題になることも。

つまり、先人から受け継いだ歴史・文化遺産を守り、後世へとバトンを渡すことが、人生の宿題となります。明晰さ、信頼、忠義を信念に掲げて勤しむことで、社会そして世界に貢献できるでしょう。

【来世宿（未来）畢宿のヴィジョン】

来世宿・畢宿の影響から、経済的な才覚で大きな富を築く、未来の暗示があります。それにはまず、経済の勉強が必須。そうやって経済の仕組みをより理解し、経済発展の重要さを知ることになるでしょう。

また、身につけた技術でモノを創り出すエンジニア的資質もあるので、スキルアップ、品質管理と生産効率の向上を目指して、ハイエンドなビジョンを描きましょう。とくに芸術活動の支援、美容コスメなど「美」に関与することは有効です。

総じて抜かりなく、織り目正しい、人の規範となる人生を歩んでいけるでしょう。

【恋愛・結婚運】

健全に、そして、ピュアな付き合いをしたいという欲求が強く、そんな恋愛観からプラトニックな恋愛にハマるケースもあります。その一方で、タガが外れると、自由奔放に恋を楽しむという側面もあるのです。

基本的に、知的な関係を好み、ダラダラとした付き合いや、なし崩し的な関係は合いません。一緒に同じ課題に取り組んだり、互いの違いを尊重できるなど、尊敬できる相手選びが大切になります。

細かい気遣いをしつつ、相手を立てながらじっくりと話を聞くので、あなたと一緒にいると、相手は心地よい安心感に包まれることに。

結婚は、早婚より晩婚の方が吉。結婚しても、魅力は失われないので、相手を飽きさせることはないでしょう。ただ、自分が結婚生活に飽きてしまわないように、適度な刺激を生活の中に取り入れることが大切です。

【仕事・金運】

処理能力が高く、とても手先が器用です。多岐に渡る活動も期待でき、全国を飛び回る移動の多い仕事には夢中に取り組みます、

やりたいことも多いタイプですが、スケジュールと金銭管理、コスパ、タイパにも抜け目がなく、しっかりと計画を立てて遂行します。

どんな環境でもそれなりに人気者となり、臨機応変に人と交わることができますが、野望に燃えるタイプではありません。

批判精神が旺盛で、他人の欠点や弱点がやたらと目に付いてしまいがち。過剰な道徳、倫理観はあなたを苦しめ、その結果、がんじがらめの窮屈な人生になってしまうので、その点は注意が必要です。

実用的な分析能力を活かせる仕事、知識の収集やプランニングを要求されるような職業や、健康やコミュニケーションに関連した業種、文学、経理、通信、情報、システムエンジニア、出版、交通、旅行

関係は吉。とくに編集能力に長けているので、エディターとして大成する可能性大。

几帳面に収支管理をして、不要な出費を抑えたり、ちょっと利率のよい積み立てを見つけてはタイミングよく貯蓄したりと、資産運用の才覚があります。

【軫宿（掌）の開運のツボ】

人体では「掌（てのひら）」と「手先」に当たるため、指先のケガや肌荒れには注意が必要です。

知らない間にたまった疲れやストレスから免疫力が落ちてしまいがち。風邪やウイルス性の感染症、神経性胃炎、腸内のポリープ、女性は子宮筋腫などの婦人病全般などに注意しましょう。

そんなあなたの開運のツボは、関衝（かんしょう）。薬指の爪の生え際外側の位置にあり、関は「関連、連絡」、衝は「かなめ、要所」の意味。心を守る心包経と、消化吸収の小腸経に関連するツボです。

このツボを押すことで、偏頭痛、頭痛が改善し、意識もはっきりしてきます。指先のツボは、自律神経を整え、また九竅（目、耳、鼻、口、尿道、肛門）の通りをよくし、邪気を体外に出す効果も大。

【軫宿の日本の花】

◉鈴蘭（すずらん）

君影草とも呼ばれるすずらんは、幸運の象徴とされ、広く親しまれている花。細やかな心配りと繊細を表します。清楚で可憐な見た目と香りは、あなたにピッタリです。

すずらんのエネルギーを取り入れることで、自己肯定感が強まり、天からのあふれる愛に気づくことに。

【軫宿の日本の色】

◉櫨染（はじぞめ）

黄褐色～赤褐色の、自然で落ち着いた色合いが特徴。暖かみのある、赤みの深い黄色のことです。

櫨（はじ）という植物から採れる染料で染めた色です。この色を取り入れることで、平安時代の貴族のような、高貴な魅力を得ることになるでしょう。

角宿

かくしゅく

美的感覚が鋭く、とても華やか

角宿のプロフィール

宿曜経	角宿
和名	すぼし
七福神	恵比寿天・弁財天
十二神将	波夷羅大将・摩虎羅大将
本地仏	文殊菩薩・大威徳明王
日本の神	少名毘古那神（スクナビコナノカミ）

【角宿の宿曜経原典】

法合善経営饒六畜 所作事多合 又手巧所作人情 只合有二男

【原典の意味】

「法合善経営饒六畜」は、経営手腕に長け、実務とバランス感覚も抜群という意味。「六畜」は牛、馬、羊、鶏、犬、猪の指し、富の代名詞です。この意味は、利益をもたらすために何が必要かを予想し、売り上げと経費の差異、その確認と微調整に長けていることを示唆しています。つまり、かなりの敏腕、何事もそつなくこなすやり手で、しかも細かい。

続く「所作事多合」は、多種多様にいつも動き回り、忙しい。「又手巧所作人情 只合有二男」は、手先が器用で、処世術に優れていることを表しています。

総じて、角宿は世あたり上手で、周囲をよく観察し、相手が何を必要としているのか、そして、その場の空気を臨機応変に読むことを暗示しています。さらに、何でも用意周到に緻密な計画を立てるなど、巧みに状況をコントロールし、自分の思い通りに動かそうとする策士な面も示しています。

【日本の神様　スクナビコナノカミ】

スクナビコナは、カミムスビの手指の隙間からこぼれ落ちた、とても小さな神様です。海の彼方の常世の国からやってきて、オオクニヌシと一緒に国づくりをします。スクナビコナは、古くから医薬神として知られています。

一寸法師（御伽草子）のルーツになった神様で、その性格は明るく、いたずら者でユーモラス。小さくても能力は無限大で、豊かな技術と知識があり、いくつもの困難を持ち前の知恵を働かせ、見事に克服してみせます。

多くの仕事をやり終えたスクナビコナは、最後に淡島で粟の茎にのぼり、その弾力で弾き飛ばされるようにして、常世の国に帰ったといわれています。海からやって来て海へと去って行く物語のパターンからは、他界から豊穣や富、技術や文化、そして医療の知識を運んでくる来訪神と重なる性格を伺い知ることができます。

【日本の神様が祀られている神社】

茨城県ひたちなか市磯崎町に位置する、酒列磯前神社にはスクナビコナが祀られています。この神社は、縁結びや宝くじ高額当選を求めて全国から参拝者が殺到する、人気のパワースポットです。海を望む鳥居、そして神社周辺は「椿山」と呼ばれており、約300mある参道の両側には、椿などの木々が覆い、幸運の亀の石像も魅力の一つです。

前述の通り、スクナビコナとオオクニヌシは、一緒に国づくりをした経緯があり、この神社に限らずこの二神の組み合わせを祀る神社は多く見られます。

神社ガイド

酒列磯前神社(茨城県ひたちなか市磯崎町4607－2)
温泉神社（福島県いわき市常磐湯本町三函322）
少彦名神社(大阪府大阪市中央区道修町2－1－8)

【性格】

美的感覚が鋭く、とても華やかな人。二面性があり、何かに熱中していても自分を見失うことはなく、建設的に現状をよりよくしようとします。「又手巧所作人情只合有二男」とあり、緻密で頭の回転が早く、器用。また、空想的なものをしりぞけて、現実に即したものを重視する、生粋のリアリストです。

コミュニケーション能力に長け、周囲の意見や状況にうまく合わせる絶妙なバランス感覚が魅力。新しい知識や経験を得るために、社交性を発揮します。

ただ、だれからもよく見られたいと愛想よく振舞ったり、天邪鬼な態度で周囲を困惑させたり、少しつかみどころがないようです。

ときに、仕切り屋、完璧主義が災いして、こうるさく小言が連発したり、細かく追求をしたり、辛辣なダメ出しをしたりなど、ついつい口を挟んでしまいがちになります。人の気持ちを汲み取るのは、苦手かもしれません。

【現世宿（現在）角宿のミッション】

あなたは、芸術や音楽を愛し、ファッションや食へのこだわりも人並み以上でしょう。礼儀や装い方、細やかなホスピタリティー、手紙の書き方など、優れた教養を武器に、人生を器用に渡ってゆきます。形やスタイル、実益にうるさいところもありますが、平和をこよなく愛する常識人です。

分析、調査能力にも長けていて、人々の間の仲介役を務める、カウンセラー、コンサルタント的な働きかけが課題となります。法務や財務、労務などの分野に携わる士業的な生業において、能力を発揮することもあるでしょう。

【前世宿（過去）虚宿の宿題】

前世宿・虚宿の影響から、物事の本質と向き合い続けるカルマです。どっしりと構え、一度決めたことは貫き通す一方で、臨機応変に判断し困難な課題を回避する柔軟さを引き継いでいます。構造化や仕組み化に取り組み、長く続くモノづくりに勤しんで。

またその一方で、未来を予測する先見性とつねに新しいアイディアを活用し、果敢にチャレンジすることも必要。受け継がれてきたよき伝統は守り続ける。しかし、悪しき風習には躊躇なくメスを入れる。より有益な住みよい社会にするのです。

【来世宿（未来）觜宿のヴィジョン】

来世宿・觜宿の影響から、価値のあるモノのコレクション、そして新しいビジネスやトレンド商品を生み出す暗示です。その才覚でマネーゲームを楽しみながら、富を手にします。

持ち前のコミュニケーション能力で、自分の考えやアイデアを周囲の人に理解してもらいましょう。大勢の人々が集まるコミュニティーを持つことで、変化に溢れ、賑やかで楽しい未来を築けます。

それは目まぐるしい刺激に富んだ世界です。変化の多い環境の中でこそ才覚を発揮することができ、生き生きとした未来となるのです。

【恋愛・結婚運】

恋愛に対しては、快楽主義に走る傾向があります。相手といることで得られる悦びや心地よさや、楽しく遊ぶことが大好きです。自分好みの異性に粉をふりかけ、誘ってくれるように仕向けるような駆け引きも上手。恋愛の上級者でもあります。

相手を束縛することが得意でも、自分が束縛されるのは耐えられないというご都合主義な面も、ときに顔を出します。

相手との釣り合いをつねに意識しているので、容姿や社会的立場を優先することも多いようです。感情よりも理性や現実が勝るため、愛のぬかるみにハマることは、ほとんどありません。

結婚運・パートナー運はよく、早婚の方がよい配偶者に恵まれるでしょう。

結婚すると良妻賢母になりますが、対等な関係を美徳としているので、夫に対して、やや尽くす精神には欠けるようです。

【仕事・金運】

つじつまが合っている状態にするという、整合性を取る能力に長けています。自由業やサービス業もいいですが、独立して働くよりも、組織の中での活躍の方が、居心地がいいかもしれません。

原典に「所作事多合」とあるので、いつも動き回る外交の才も授かっています。旅行、貿易関係も適職。何もしないでいると力を持て余してしまうので、勉強、趣味、仕事など、好きなことなら何でもＯＫなので、いつも活動的に過ごすことが大事です。

都会的な生活を好み、美意識が高いので、美容、健康、アパレル、ファッション業界、芸能分野も◎。また、法の下で判断を下すような役割も。幅広い人脈とネットワークで人生を切り開くでしょう。

お金に関してはシビアですが、意外に見栄っ張りな面があるので、いざ快楽のスイッチが入ると、豪遊してしまうところも否めません。

先取りセンスがあるので、巷で話題の金融商品に注目してみて。リスクを予想しながら、うまくいけば額を増やし、マズイと思ったら即座に撤退すれば、結果的にプラス傾向に。センスとフットワークのよさを最大限に発揮することが金運アップの秘訣です。

【角宿(頤・あご)の開運のツボ】

人体では「頤(あご)」に当たります。頤(おとがい)は「下あご」という意味なので、頭や顔にまつわるケガに注意が必要です。

生まれつき免疫力が弱く細菌やウイルスへの耐性が低いため、風邪を引きやすく、また、胃炎に悩まされることも。腸も患いやすく、デスクワークや立ち仕事では腰痛に悩まされます。

そんなあなたの開運のツボは、廉泉(れんせん)。喉仏の上にある舌骨(ぜっこつ)上方の窪み、正中線上にある場所。別名は本地(ほんち)、舌本(ぜっぽん)。「廉」は稜線や部屋の角などを表します。このツボを押すと、喉や舌の動き、発音がスムーズに。お酒の飲み過ぎには注意を。

【角宿の日本の花】

◉撫子(なでしこ)

日本の代表的な花の一つで、古くから女性の美しさと慎ましさを表します。日本各地に自生し、開花時期が旧暦7月7日頃のため、七夕の花とも。無邪気、純愛を形容し、清楚でいてどこか強さを兼ね備えた花です。

この花を取り入れることで、大いなる喜びとギフトを手にすることに。

【角宿の日本の色】

◉撫子色(なでしこいろ)

ナデシコの花のような淡い紫がかった薄い紅色が特徴。ナデシコの花のピンクがかった優しい色合いが、撫子色として表現されています。平安時代の襲(かさね)の色目にも使われています。

この花のエネルギーに導かれ、さらなる祝福、そして成長と学びの機会を授かるでしょう。

亢宿

こうしゅく

とても社交的でノーブル

亢宿のプロフィール

宿曜経	亢宿
和名	あみぼし
七福神	弁財天
十二神将	摩虎羅大将
本地仏	大威徳明王
日本の神	志那都比古神（シナツヒコノカミ）※男女一対の神とも

【亢宿の宿曜経原典】

法合統領頭首辯口詞能経営饒財物 浄潔装束愛喫用造功徳足心力益家風

【原典の意味】

「法合統領頭首辯口詞能経営饒財物」は、物事を統括する頭首を示し、経営センス抜群という意味。個人と社会は、互いに関連を持ちながら統合へと変化することが理想です。つまりこのくだりから、亢宿のバランスと調整力を伺い知ることができます。

「浄潔装束愛喫用」は、清潔感があり、立ち居振る舞いが優雅、という意味。亢宿は、人と組織、コミュニティにおいて、尊厳を守るためにはどうすればよいのか、そして、リーダーとしてどう振る舞えばよいのかを、しっかりと理解しています。それは、決して暴力的ではなく、品位と平和を重んじる振る舞いとして表れます。

「造功徳足心力益家風」は、功徳に勤しむ、大業を成し遂げることを示唆しています。また、個人や団体が、よりよい社会のために行動することを指します。維新の大業のように、何かに抗う変革を暗示しているのです。

【日本の神様　シナツヒコノカミ】

シナツヒコは、イザナギとイザナミの間に生まれた風の神様。日本書紀では、イザナミが朝霧を吹き払った息から生まれたとされ、脅威と恩恵を合わせ持つ風の根源の神です。

古来、風は神の息から起きると考えられていました。風は稲作には欠かせない重要な恵みですが、台風などの風水害は、家屋や作物をなぎ倒すため、大変な脅威でもあります。また、冷夏をもたらしたり、疫病を運んできたりする魔風は、今日でも恐れられています。これを鎮めるために、風の神が祀られるようになりました。

古代の日本人は、ときに猛威を振るう自然神を祀ることで、その恩恵と加護を受け、災害を統御する守護神へと転化させてきたのです。シナツヒコは、航海安全の神、風邪を治す神としても知られています。

【日本の神様が祀られている神社】

奈良県生駒郡三郷町に位置する龍田大社は「風の神様」として、古くから多くの人々に親しまれています。その歴史はとても古く、今から約2100年前。「日本書紀」には天武天皇によって、廣瀬の水の神と共に、風の神として国家的に祀られたことが記されており、平安時代には4月と7月に「龍田風神祭」が行われていました。

また、奈良と大阪の境に位置するこの場所は、古代に、大和川に沿って行き来する場所として、多くの和歌に詠まれました。「万葉集」などでは大和を「発った」という掛詞で詠まれることも。

神社ガイド

龍田大社（奈良県生駒郡三郷町立野南1－29－1）
阿蘇神社・風宮（熊本県阿蘇市一の宮町）
諏訪大社（長野県諏訪市中洲宮山）

【性格】

あなたは、とても社交的でノーブルな魅力漂う人。都会的なセンスに満ち、人付き合いのツボを心得ています。「浄潔装束愛喫用」とあり、首尾一貫した論理のもとに行動する公平性を美徳とし、バランス感覚に長けています。

感情的にならず、何ごとも客観的に見ることができ、つねに相手の立場を理解しようとします。

ただ、表向きは品行方正に見えますが、内面は反骨精神旺盛で、アグレッシブな内弁慶の外仏タイプです。正義感が強く、礼儀を重んじるので、偽りや不正を、断固として許せないところがあります。

絶えず人の目を意識しているので、知らず知らずにストレスを溜め込んでしまうことも。また、ときに中途半端な態度が原因で、相手から無理な要求をされるなど、いわゆるトラブルメーカー的な人を引き寄せて、面倒な状況をつくってしまうこともあるので、自分自身を防御する術を持つべきです。

【現世宿（現在）亢宿のミッション】

あなたの今生のテーマのひとつは「真実と正義」。その真実と正義を探究するために邁進するでしょう。また「法合統領頭首辯口詞能経営饒財物」とあり、物事をバランスする能力に長け、それに加えて有益な情報を提案する能力も秀逸。人に何かを伝えたり、わかりやすく教えたりすることも上手です。あなたから働きかけなくても、有益な情報はなぜか向こうからやって来る運を持っています。

「美」への関心も人並み以上。美容やアート全般、宝飾品など、美しくトレンドに乗ったものを提供する役割もあります。

【前世宿（過去）危宿の宿題】

前世宿・危宿の影響から、古い慣習やマンネリ化した世界を刷新する役割があります。つねに時代の先駆けとなる前衛的な世界でこそ、あなたのカルマは浄化されます。

それはときに、コンサバティブで封建的な古い世界をぶっ壊して新しくする、少々荒っぽい働きになることも。また、科学が関与するような進歩的なソリューションが、あなたに課せられたカルマです。

そのためには、大きな組織や社会に迎合することなく、自由に活動する環境を手に入れることが大事。最先端な技術を身につけ、ＩＴ関連の勉強を。

【来世宿（未来）参宿のヴィジョン】

来世宿・参宿の影響から、たくさんの情報、トレンドを取り入れ、話題になるようなことをどんどん発信してゆく未来です。それは、情報を動かすだけで成立する、周囲から見ると手練手管な暮らしぶりに見えるかも。

でも、次々とトレンドを発信する賑やかな世界でこそ、あなたの才能は開花し、人々がうらやましがるような環境を手にすることになります。たとえば、マッチングやオンラインサロンの主催など、理想的な集団をつくることになるかも。

とにかくいろいろ試してみてみましょう。ダメなら途中で方向転換してＯＫ。

【恋愛・結婚運】

あなたからアプローチをする必要はありません。とくに何もしなくても、相手から近づいて来るパターンが多いでしょう。恋愛に関しても、あくまでも相手とフェアな関係でいたいと願っていますが、押しに弱いので、つい相手に主導権を握られてしまうことになります。

ただ、ときに相手を天秤にかけたり、または、厄介な異性から好かれたり、面倒なことになることも。

二人の仲が壊れないよう、無難なことしか言いません。上部だけの付き合いや、小ざかしい恋の駆け引きも上手です。もう少し、相手の気持ちや感情に寄り添ってあげることが必要かも。

結婚という形式に縛られたくないという気持ちが強いので、フランス婚や結婚しても共働きで子供を持たないディンクスカップルは性に合っています。

【仕事・金運】

「造功徳足心力益家風」とあり、社会の風潮や世の中の動向をしっかりと見据えながら、大業を成し遂げる能力があります。

法律を伴うリーガル全般に強く、リスク管理などを担う重要な役割があります。つまり、役に立つ知識をたくさん持っていることが、あなたの最大の武器となるでしょう。

公平性を掲げて活動すれば、多くの支持や協力、支援を得てリーダーシップを発揮することに。ただ、偏った正義感や自己弁護、エクスキューズがすぎると悪循環となるので注意しましょう。

規制や法に関与した仕事、コンサルやカウンセリング業、補佐、調整、交渉、相談役として働く場合はとても有利です。また、美しいものに関与するセクターとして、ファッション、美容業界にも適しています。マッチングやウエディング関係も◎。

金銭の収支バランスがよく、モラルを重んじます。

財運はわりとよい方なので、自分の手元で全て止めてしまわず、人のためにも使ってみる心がけをすれば、運気がさらにアップします。

美術品や彫刻、写真、現代アートなど、芸術作品を財産の一部として所有すれば、後にその価格が上昇し、利益を得る可能性もあります。

【亢宿（胸）の開運のツボ】

人体では「胸」に当たります。免疫力が弱く細菌やウイルスへの耐性があまりないことから、風邪を引きやすい体質です。疲労により肝機能が低下するとさらに体力が落ちて、心臓や肺の疾患を発症することも。また、善玉菌の減少から大腸の病気や痔になりやすい傾向もあり、内臓の不調から腰痛に悩まされることも多いようです。

そんなあなたの開運のツボは、日月（じつげつ）。乳頭（むね）中央の直下、第七肋間の交点にあるポイントで、別名「神光（じんこう）」「胆募（たんぼ）」・中正（偏らず、公正）を意味します。

日と月は、足すと「明」になり、明らかにする、正しい、を意味するツボです。このツボを押すと、月経が整い、目の疾患に効きます。また、上った気を下げ、胆（決断力など）を整えます。

【亢宿の日本の花】

◉菫（すみれ）

春を代表し、気品と風格を持ち合わせる花です。五枚の花びらの花弁は、左右対称でとても美しく、可憐なだけでなく力強さを感じさせてくれる花です。

この花のエネルギーを取り入れることで、穏やかな気持ちを保つことができ、対人関係もスムーズに。

【亢宿の日本の色】

◉菫色（すみれいろ）

菫の花が由来した色名で、青みがかった濃い紫色。菫の花は古くから詩歌に詠まれ、美しさや愛らしさの象徴とされてきました。

この色は、優雅で落ち着いた印象を与えます。

氏宿

ていしゅく

エネルギッシュで愛嬌豊か

氏宿のプロフィール

宿曜経	氏宿
和名	ともぼし
七福神	弁財天・毘沙門天
十二神将	摩虎羅大将・真達羅大将
本地仏	大威徳明王・普賢菩薩
日本の神	天手力男神（アメノタヂカラオノカミ）

【氐宿の宿曜経原典】

法合有分相好供養天佛 心性解事受性良善 承君王優寵 富饒財物利智足家口

【原典の意味】

はじめの「法合有分相好供養天佛」は、信仰心が厚く容姿端麗。次の「心性解事受性良善」は、人を見抜く先見の明、平和主義者を意味します。

氐宿の信仰心は、単に形式として神様や仏様の前で手を合わせたり、困ったときの神頼みだったりというう、そんな浅いものではありません。仏教の「回向文」のように、日々の善い行いが、この世の中のありとあらゆる存在全ての平和への功徳となる、深い慈しみから来る信仰心です。

そうした、自ら勤め励む道を絶え間なく進んでいくからこそ、続く「承君王優寵」の、有力者からの引き立て、寵愛を受けるのです。また、人を見抜く先見の明と共に、美しいものを見分ける能力、審美眼にも通じています。

終わりの「富饒財物利智足家口」は、一家を養う度量があり、抜かりなく利益を増やす、という意味。言うまでもなく財運は大吉です。

【日本の神様　アメノタヂカラオノカミ】

神名には「高天原で最も力が強い男」という意味があり、アメノタヂカラオは、天岩戸神話で岩戸を開き、アマテラスの手を引いて導き出した神様です。その際、アマテラスがもう一度中に入らないようにと、その岩戸を放り投げたのが、長野県にある戸隠山になったと言われています。

アメノタヂカラオは、長野県の戸隠山信仰と、富山県の立山信仰と深く関係しています。戸隠と立山は山岳修験の霊場としても名が高く、地獄と浄土の境と考えられています。天岩戸を引き開けた話と、神霊の宿る場所である異界と境界線を重ね合わせると、この神は異界との境界にあって、この世に幸福の光をもたらす神であるとも言えます。

神話では怪力のイメージを持つ神様ですが、スポーツの守護神として信仰され、また、各地に伝わる神楽のなかにも登場します。

【日本の神様が祀られている神社】

アメノタヂカラオが祀られている戸隠神社は、霊山戸隠山のふもとにあり、奥社・中社・宝光社・九頭龍社・火之御子社の五社からなります。歴史は古く、生命にとって欠かすことのできない「水」信仰の始まりである神社とも。

神仏習合の顕光寺が創建され、修験道とも習合したことで、日本全国に名を馳せます。この霊場は、修験道を中心に、中世から近世、広く庶民の信仰を集めてきました。神仏分離令以降は、仏教的なものは一掃され、神社神道として歩むことになりました。

神社ガイド

戸隠神社・奥社（長野県長野市戸隠3690）

伊勢の神宮・内宮

湯島天満宮（東京都文京区湯島3－30－1）

【氐宿の性格】

エネルギッシュで愛嬌豊かなあなたは、底知れぬ強い信念があり、身体的にもとてもタフな人。原典に「心性解事受性良善」とあり、人を見る目は確か。自分に求められることを察する能力もあり、虎視眈々といろいろな勢力と結託しながら、着実に実権をつかんでいく、かなりのやり手です。

また、怖いもの知らずの面があり、人が足を踏み入れるのを躊躇するような闇の世界や、超自然的な世界に興味が向かいます。人一倍欲望が強く、ちょっとやそっとのことでは満足できません。

裏切られた相手に対しては、必ずお礼参りをする復讐心も旺盛なタイプで、執念深くとことん追求します。目的のためなら手段を選ばない狡猾な面もあります。何か一度こだわると、そのこだわりをなかなか捨てることができない性分で、それは優れた持続力として表れるときもあれば、あきらめの悪さとして表れることもあるでしょう。

【現世宿（現在）氏宿のミッション】

氏宿生まれの人は、人生に一度はどん底を見る宿命があります。それを乗り越えることで、有益な気づきを得て、強靭なパワーを手にするのも事実です。そして、その経験を機に陰の指導者、フィクサーとして君臨することもあります。

とくにSNSでの活動、リーガル全般、「美」に関与することや、セレブレティーな人とのつながりで、大きく人生が動きだすことになるでしょう。持ち前の審美眼を信じ、視野を広げましょう。物欲も強く、大きな野心を内に秘めているので、必ずや目標を達成するでしょう。

【前世宿（過去）室宿の宿題】

前世宿・室宿の影響から、精神面と現実面において、社会的な価値観や常識の中に収まらない感性を引き継いでいます。その感性は、目に見えないものの力を信じる力に通じています。

現実面では、イノベーションやテクノロジーに関与する技能、知識を身につけること。後にそれが、大きな夢の実現をコンプリートすることに。

サイエンスの分野、あるいは数字の分野などでの研究は、過去からの宿題のひとつ。その高度な研究成果は、人々の生活に役立つものになるでしょう。

【来世宿（未来）井宿のヴィジョン】

来世宿・井宿の影響から、人を育成する力を秘めています。その育てたい対象に出会ったとき、あなたの未来は開花します。

家族を第一に考えることも必須。守るべきものが有るのと無いのでは、未来は大きく変化します。家族ぐるみの人間関係を築けば運気はさらに上昇します。また、弱い立場の人を放っておけないという衝動に駆られることもあるでしょう。そんな献身と愛の力で、人と共存し分かち合う未来を築きます。そのシェアしたモノや情報は、後にかけがえのない財産となるでしょう。

【恋愛・結婚運】

かなりの確率で相手を落とす、恋の達人です。表向きにはわかりませんが、リスキーな恋に陥りやすく、嫉妬心と独占欲も渦巻いています。

相手と深い一体感を得たいという気持ちが人一倍に強いので、セックスの重要度は高め。たいして好きではない人にも愛想よく振舞い、誤解を招くこともしばしば。遊びの恋も好きだけど、本質的には深い愛を求めるタイプなので、ひとたび誰かを愛したら、それこそ一生かけて愛を貫こうとします。

自分を高めてくれる相手と結婚する傾向が強く、自分にとってのメリットを重視します。結婚相手によって、あなたの生き方が180度変わってくるので、情熱だけで突っ走るのは御法度です。

【仕事・金運】

洞察力があり、とくに美しい世界、芸術分野に精通していますが、表面的な美よりも、その裏に潜む美の本質に意識が向かっています。

不思議なインスピレーションにも長けているので、人が抱えている闇の部分やタブーと向き合い、魂を癒すヒーリング能力があります。精神医療やカウンセラー、各種コンサルタントの業種にも向いていて、独特の審美眼と判断力を武器に活躍するでしょう。「富饒財物利智足家口」とあり、権力者や有力者といった大きな力を持つ人物との出会いをきっかけに、運命の車輪が回りはじめることも。

また、コツコツと研究を重ねる調査や分析のような仕事も適職です。さらに、物事を公平にジャッジする能力に優れていて、法のもとで判断を下すような業種にも有効。補佐、調整、交渉、相談役として働くのも吉。大きな権力を得る宿命なので、その使い方をマスターし、建設的な目的のために使って。

基本的にバランス感覚がありますが、お金のことには目の色が変わるかも。直感に優れているので短期間にハイリターンを狙えます。ただ、経済危機などが原因で、大きく目減りするリスクも覚悟して。

【氐宿（みぞおち）の開運のツボ】

人体の中では「みぞおち」（胸の下部、お腹の近く）に当たります。丈夫な体質ですが、過信して無理をすることがあります。

下痢や便秘、胃潰瘍やポリープなど、お腹の病気全般をはじめ、過労とストレスが原因で、心臓病や脳溢血などの病気につながってしまう恐れもあります。女性の場合は、子宮筋腫や子宮内膜症など婦人科系の病に注意しましょう。

そんなあなたの開運のツボは、幽門（ゆうもん）。みぞおちの真ん中（胸骨の下）から親指半分外側の腹直筋上にあるポイント。

幽門の幽は、隠れ潜む事を意味し、また、消化器系の7つの重要な門（唇、歯、胃の上下の門など）の1つで「胃の下の門」の事を示します。

このツボを押すことで、上った気を下げ、消化不良やストレスなどからくる胃の不調を改善し、喉の調子を整えます。

【氐宿の日本の花】

◉菊（きく）

古来より不老長寿の象徴とされてきた花です。信頼、高貴、高尚の意味を持ちます。中国から奈良時代に薬用として伝わり、平安時代には貴族の間で愛好されました。

菊の花のエネルギーにより、あなたの邪気は取り祓われ、繁栄へと導かれて、溌剌とした人生となるでしょう。

【氐宿の日本の色】

◉納戸色（なんどいろ）

藍染めの一つで、深い青緑色をした日本の伝統色です。落ち着いた暗い青色に、少し緑が混ざった色合いです。江戸城内の納戸の垂れ幕やふろしきに用いられることに由来しています。

イライラや不安抱えているときは、この色でエネルギーを満たし、バランスを取りましょう。

房宿

ぼうしゅく

高貴な気品漂う慧眼の持ち主

房宿のプロフィール

宿曜経	房宿
和名	そいぼし
七福神	毘沙門天
十二神将	真達羅大将
本地仏	普賢菩薩
日本の神	宗像三神（ムナカタサンシン）

【房宿の宿曜経原典】

法合有威徳足男女饒銭財 合快活紹本族栄家風

【原典の意味】

「法合有威徳足男女饒銭財」は、威厳と才覚に恵まれる、豊穣、財運の相で、尊く厳かで、権威を維持する力を意味します。房宿の威厳とは、人権を尊重して平等に扱うこと。そして、人間の尊厳を保障する命の尊さを示します。また、房宿の才覚は、安全対策など人の生命と健康に直結する、さまざまな問題に取り組むことで発揮されます。

「合快活紹本族栄家風」は、一族を統括し繁栄へと導く意味で、一族を養うだけの財力にも恵まれることを示唆しています。そして、その財力は人から感謝されたり、世の中のためになるようなことをしたり、社会貢献に準じて得ることを含みます。

また、血縁関係からの業務・精神・地位などを引き継いで行う役目を担い、財産を相続する運も示しています。いずれにせよ房宿の場合、血のつながりのある親族との縁は、切っても切れないことを伺い知ることができます。

【日本の神様　ムナカタサンシン】

古事記によると、ムナカタサンシンはアマテラスとスサノオが高天原で誓約をした際、アマテラスがスサノオの剣を噛み砕いて吹き出した霧の中から生まれました。タギリヒメ・イチキシマヒメ・タギツヒメの三女神で、日本を代表する海の神様です。

海は豊かな恵みをもたらす一方で、人や船も呑み込む凶暴性を秘めています。そのため、海辺に暮らす古代の人々は、海に対して強い恐れと崇敬の念を持ち、海を司る神霊を鎮めるために、それを祀って安全と恵みを祈願しました。宗像三神も、そうした海の神秘的な力の神格化です。

宗像三神の中でもとりわけ美人とされていたイチキシマヒメは、神仏習合により弁財天と結びつき、七福神としても有名です。古事記の造化三神、住吉三神など、三柱のセットは多く見られます。

【日本の神様が祀られている神社】

「神を斎（いつ）き祀（まつ）る島」という語源のように、古くから島そのものが神として信仰されていたという厳島（宮島）。宮島にある嚴島神社は、日本で唯一、潮の満ち引きのある場所に建つ神社です。宮島は、日本を代表する景勝地、日本三景の一つで、風光明媚な絶景で有名です。

宗像三神を祀る御本社を中心とする左右の廻廊でつながる客神社、天神社、能舞台などが、背景に広がる美しい自然と見事に調和し、その神秘的な建築美は、訪れる人々を魅了しています。

そんな、古式ゆかしき嚴島神社は、1996年、世界遺産に登録されました。

神社ガイド

厳島神社（広島県廿日市市宮島町1－1）
宗像大社（福岡県宗像市田島2331）
竹生島神社（滋賀県長浜市早崎町1665）

【房宿の性格】

あなたは、物事の本質を見抜く鋭い直感力と洞察力に長け、「法合有威徳足男女饒銭財」とあり、どこか高貴な気品漂う慧眼の持ち主です。豊かな情緒性があり、美貌にも恵まれている人が多いので、周囲から羨望の眼差しを受けることも少なくないはず。

頭も切れるので、どんな場面でも人目を引く存在ですが、ただ、そんな誇り高いところが周囲からは、お高く止まっているように見えるかもしれません。

慎重に相手を観察したり、分析したりする面があり、他人の感情や心の機微を敏感に察知しながら、人の心を読み取ることが得意です。

打ち込める対象を見つけると、並外れた集中力を発揮し、冷静に物事をとらえながら、深く徹底的に探求します。

何事も粘り強く最後までやり通しますが、執念深さと復讐心、攻撃性を内に秘めています。一度された嫌な扱いは一生忘れません。

【現世宿（現在）房宿のミッション】

強い目的意識を持つあなたは、自分が今生で何を成し遂げるべきかについて、または「私は何のために生まれたのか」ということについて、真剣に悩み考えます。一瞬たりとも現世での時間を無駄にしたくないと、強迫観念にも似た強い思いがあります。

しかし、そうした真剣に悩み考えることこそが、あなたの生き方です。「生きる意味」といった真理の探求に勤しみましょう。宗教や哲学、心理学を通して、さまざまな事を学ぶことになるでしょう。それは異世界の旅であり、知的冒険に満ちた世界です。

【前世宿（過去）壁宿の宿題】

前世宿・壁宿の影響から、豊かな慈悲の精神と信仰心がとても強いでしょう。神仏を信じ尊び、その教えにそって勤めを果たすことが、あなたに課せられたカルマです。

宗教絵画に触れてみるのも得策です。神社仏閣や教会には、天井や壁に極彩色のレリーフやステンドグラスなど、至るところに神聖なシンボリズムや、神仏を示す持ち物であるアトリビュートが描かれています。そんな厳かな芸術を探究してみるのも得策。また、スピリチュアル、各セラピーなどの講座に参加してみる、または開催してみるのも◎。

【来世宿（未来）鬼宿のヴィジョン】

来世宿・鬼宿の影響から、人を育て養成する課題があります。サポートに尽力すれば、あなたの未来の扉は開くことに。とくに、子供の情操教育への関与はオススメです。

初めての場所なのに「来たことがある」と感じたり、初めて会う人だけど「どこかで会った気がする」と思うのは、何らかのサインなので、決して見過ごさないように。そんなデジャブを現実的に落とし込む手法として、その場所で何かを営んだり、その人と一緒に何かに取り組んだりしてみると、とんとん拍子に物事が進展してゆきます。

とても妖艶な魅力と色気があり、フェロモン過多です。相手を見つめるだけで、瞬時に自分にロックオンさせるという、卓越した恋の仕掛け人です。

【恋愛・結婚運】

恋愛に関しては、とてもパワフルで衝動的。性的魅力を感じない異性には見向きもしません。

ただ、衝動のままにアプローチしてしまうと、相手は引いてしまうかも。そんな破壊的なパワーは、オールオアナッシング。極端に走りがちです。一度愛した人には、どっぷりとハマってしまいますが、あることをきっかけに、突然、人が変わったように冷めてしまうかも。そのきっかけは、とても小さいことかもしれません。

玉の輿運があるので、結婚運は大吉です。周囲の環境や経済的な条件が揃った上で、ゴールインするでしょう。

親戚付き合いも上手にこなすので、家庭運は盤石でしょう。

【仕事・金運】

エリート意識が強く、物事の判断も的確です。負けず嫌いなので、何かに集中しはじめると自分でも予想しなかった力を発揮します。学問や専門技術、医療全般、思想、心理学など、特定の分野に関して深い関心を持ち、人々が抱えるダークな闇をよく理解しています。実力者や権力者からの影響で、政治、経済活動にも興味を向けるところもあり、一度握った権力は手放しません。

一度や二度、裏切られたとしても、時間を要するかもしれませんが、人を信じ続けることが何よりも大事。なぜならあなたの人生は、他者との深い関わりなくしてはあり得ないからです。

信頼関係によって、他人の資産や権利を管理、集積するようなコンサルタント業全般、その他プロ意識が強いので専門分野で成功します。他には調査、分析、各種祭事、葬儀、保健分野も有効。

原典に「法合有威徳足男女饒錢財」とあるように、

金運はすこぶるよいです。小さい頃からお金に苦労することのない、素晴らしい環境での生活に恵まれることが多く、努力なしでもお金が入ってきます。いざというときのために、相続財産や遺産分与などの勉強をしておくことも懸命です。

【房宿（右肘）の開運のツボ】

人体の中では「右ひじ」に当たるので、腱鞘炎など「ひじ」に関わる病気に気をつけて。強迫観念に囚われやすく、些細なことで思い詰めがち。それが強烈なストレスとなって体に負担をかけ、肝機能障害、腎臓病を引き起こす要因となる暗示。また、胃腸病、高血圧、糖尿病などの成人病も患いやすく、女性の場合、子宮筋腫など婦人科系の疾患にも注意。

そんなあなたの開運のツボは、少海（しょうかい）。肘前内側、肘関節の小指側、上腕骨内側上顆（内側に出っ張っている骨の内側、シワの先）のポイント。のぼせや、血脈の漏れに対応するツボでもあり、心の気が多く集まる場所です。このツボを押すと、心が解放され、精神が安定します。血脈や気の流れも整います。

【房宿の日本の花】

●牡丹（ぼたん）

花の女王と呼ばれ、繁栄、富喜を象徴します。美しさの中にも恥じらいを感じさせる魅力があります。牡丹の花のエネルギーと共鳴することで、何事も積極的に、そして前向きに取り組むことができるでしょう。また、大いなるひらめきを得ることも。

【房宿の日本の色】

●暗紅色（あんこうしょく）

深くて暗い紅色、または黒味がちの紅色を指します。ブルゴーニュ地方で生産される赤ワインの色に似ています。落ち着いた雰囲気を持ち、成熟した印象を与える色として広く好まれます。

この色は、あなたの心を満たし、さらに喜びの波動を、周囲に与えることになるでしょう。

心宿

しんしゅく

ミステリアスで洞察力に優れる

心宿のプロフィール

宿曜経	心宿
和名	なかごぼし
七福神	毘沙門天
十二神将	真達羅大将
本地仏	普賢菩薩
日本の神	建御雷神（タケミカヅチノカミ）

【心宿の宿曜経原典】

法合處族衆得愛敬 承事君王多蒙禮 侍摧悪奬善運命得所

【原典の意味】

はじめの「法合處族衆得愛敬」は、大衆からの支持、敬愛を受けるという意味ですが、大衆の機嫌取りというわけではなく、直接大衆に訴えかけて、心を鷲づかみにすることを示唆しています。また、大衆層の不満の受け皿として、尽力することを暗示しています。

続く「承事君王多蒙禮」は、目上からの引き立てと寵愛、目下からの尊敬を意味し、このくだりは、目上のものを煽動し、目下のものを従わせるような、強力なカリスマ的指導者として君臨することを伺い知ることができます。

終わりの「侍摧悪奬善運命得所」は、悪事を憎み、善を好むという意味です。権利、所有、尊厳、などの侵害を許さない、不可侵的な働きです。

また、どちらかといえば保守的で、平和な社会形成を阻害する、あらゆる行為に対しても反発します。

【日本の神様　タケミカヅチノカミ】

剣の切っ先の上にあぐらをかいた佇まいで知られるタケミカヅチは、イザナギがヒノカグツチの首を斬り落としたときに流れ出した血から生まれた剣の神様です。

国譲りに最後まで反対していたタケミナカタを力比べで完全に屈服させ、オオクニヌシに地上統治権の譲渡を承諾させました。

また神武東征神話では、熊野の悪神の毒気によりカムヤマトイワレビコ（神武天皇）率いる兵士たちが次々と疫病にかかり壊滅状態に陥ってしまったところ、高天原から自分（タケミカヅチ）の身代わりとして剣を下し、命の危機を救ったとされています。

神名のミカヅチは、厳雷（イカヅチ）とも御雷（ミカヅチ）とも解釈されており、神話の中でも、落雷を連想させる話が登場します。剣と雷が結びつくのは、雷光が天を切り裂くように見えるからでしょう。

【日本の神様が祀られている神社】

茨城県の最強のパワースポット、鹿島神宮は、日本建国・武道の神様である「武甕槌大神」を御祭神とする、神武天皇元年創祀の由緒ある神社。本殿をはじめ4棟の社殿は、1619年、徳川二代将軍秀忠により奉納されました。

奥宮にタケミカヅチが祀られており、心機一転しいことに挑む人に「前に進む力」と「積極的に道を切り開いていく勇気」を授けます。霊験あらたかな広い境内には、600種類以上の植物が自生し、取り囲むように高い木々が。シイやタブ、モミなどの樹木が、立派に空へ向かって伸びています。

神社ガイド

鹿島神宮（茨城県鹿嶋市宮中2306－1）
春日大社（奈良県奈良市春日野町160）
塩竈神社（宮城県塩竈市一森山1－1）

【性格】

人を惹きつけるミステリアスな魅力を持つあなたは、洞察力に優れ、物事の深い部分まで見通す力を持っています。猜疑心が強く、用心深いので、安易に人を信用しません。よって、本音を見せる人はごく限られています。

そして、内面は情念が渦巻いていて、情熱的です。人にすきを見せないため、表向きはクールで、とっつきにくい印象を与えることもあります。

一度興味を持ったことには、病的なほどに執着する徹底主義者で、さらに緻密な努力家です。ただ、言い換えると執念深く、あきらめの悪い、思い込みの激しいタイプといえるでしょう。

滅多なことでは怒りを表に出しませんが、我慢の臨界点を超えたときは、焦燥感に苛まれ、ヒステリックになるなど、感情が凄まじく湧き出て、周囲から誤解を招きやすいことも。ときおり出てしまうその激しさを、どうコントロールするかが課題です。

【現世宿（現在）心宿のミッション】

「侍摧悪奨善運命得所」と記されているように、あなたの行為、そして業績は、誰からも尊敬される憧れの存在です。誰もがその魅力に魅せられるはず。

あなたの今生の課題は、命を守り治癒する活動です。代替医療や統合医療などを通じて、適切な治療アプローチを身につけるとよいでしょう。とくに、4000年以上前に発祥したインドの伝統的な医療体系、アーユルベーダはオススメです。体内のバランスや自然とのバランスを回復する、ハーブやスパイスの勉強をしてみては。

または、各種再生プロジェクトもよいでしょう。

【前世宿（過去）奎宿の宿題】

前世宿・奎宿の影響から、スピリチュアル、そして芸術活動をする課題があります。また、古代から綿々と引き継がれてきた、遺跡や古墳など、芸術的遺産に携わることも有効です。さらに、森鷗外、泉鏡花、樋口一葉などのロマン主義の作品に触れ、ポエティックな感性を育むことで、普遍的で神秘的な人間の営みを感じることになるでしょう。

とにかく、目には見えない精神的なものや霊的なもの、神聖な世界観と真摯に向き合い、それに伴う文化、芸術活動に力を注ぐことが、あなたの過去から引き継がれた宿題です。

【来世宿（未来）柳宿のヴィジョン】

来世宿・柳宿の影響から、大切な仲間や家族、または郷土のために、自分を犠牲にしてでも役立つ貢献がしたい、という欲求が芽生えるかもしれません。近隣の助け合いと、思いやりの心を育てる地域活動への支援は、率先して行いましょう。

ときに、人と人を結びつける縁結び的な役割を担うこともあります。お祭りやイベントなど、各種祭事の先導役として担ぎ出されることも増えるかも。いずれにせよ、あなたの未来は親しい仲間や家族に囲まれた、愛に溢れた世界へと導かれるでしょう。

【恋愛・結婚運】

肌と肌の触れ合い、そして、心の深い結びつきをとても大事にしています。愛する人がどんな窮地に立たされようと、一緒に立ち向かう献身的な面もあります。

自分の意思を通すためなら、押したり引いたり変幻自在に、場合によっては、したたかにも振る舞うことができます。

意外な異性と密かな関係になることも。ただ、その一途な愛情は、激しい思い込みにすり替わってしまうことが多いでしょう。人に傷つけられたら決して忘れず、復讐心に燃えます。

運命的な相手と出会うことができる結婚運です。早婚の方が吉です。

結婚しても、昼の顔と夜の顔を演じ分けることができるので、相手を飽きさせません。ただ、愛するがゆえに、パートナーに対して不信感や嫉妬心が働いてしまうでしょう。

【仕事・金運】

信念が強いので、たとえピンチやアクシデントに遭遇しても、決してあきらめることなく、やり遂げる粘り強さがあります。

あなたは表面的なことよりも、その裏に潜む物事に強く心を引かれます。それを掘り下げ、知恵に変えることが、大事なテーマです。また、後世に何かを託したり、残したりする役割もあります。

生死とも縁が深いので、保険や医療関係の世界で能力を発揮するケースが濃厚。ご先祖さまからの因縁も強いため、跡取りや相続人として人生を歩む場合も。他人の財産を管理、運用する能力があるので、ファンド関係や不動産関係も適職。

「法合處族衆得愛敬」とあるように、大衆からの絶大な支持を得る運を持っているので、インフルエンサーのような、人気度が収入に結びつく世界に意識を向けてみて。ただ、徹底主義はあなたの美徳ですが、一つのことに執着し過ぎるのはNGです。そんなときは建設的な思考に切り替えて。

　所有権や遺産を引き継ぐ運を持っています。また、金融市場を鋭く見通す力を持っているので、お金に関しても直感的に判断するのが上手。リターンをかぎ分ける能力も秀逸です。

【心宿（左ひじ）の開運のツボ】

　人体の中では「左ひじ」に当たります。そのため腱鞘炎など「ひじ」に関係するトラブルに注意して。知らず知らずのうちに疲れがたまって、膀胱炎など泌尿器の疾患として現れることがあります。女性の場合、子宮周りの病気など婦人科系の疾患として現れることも。

　そんなあなたの開運のツボは、曲沢（きょくたく）。肘全面、肘を曲げたときに中央に出る腱の内側の窪みのポイント。心包経の合土穴で、のぼせや血脈の漏れを主治します。心包経は、心を包む膜で、内外の邪から守り、心の喜楽の意志を伝達します。このツボを押すことで、熱の邪気が除去され、上った気を下げて、吐き気を止めることができます。のぼせを治める、痙攣を止めるなど、心臓の動悸や腕の痛み、胸の苦しさも取り除きます。

【心宿の日本の花】

◉花水木（ハナミズキ）

　美しい花と葉の色の変化が魅力的。感謝と、永続性を意味する花です。「私の想いを受けとってほしい」と願う、あなたの心の囁きを代弁してくれる花でもあります。

　花水木のエネルギーを取り入れることで、うちなる平安を取り戻すことができるでしょう。

【心宿の日本の色】

◉葡萄色（えびいろ）

　葡萄の実のような赤紫色で、深みのある紫が特徴。平安時代の人々に親しまれた高貴な色の一つ。

　この色を身につけることで、周囲に穏やかで上品な印象を与えられるでしょう。

尾宿

びしゅく

競争心、闘争心が旺盛

尾宿のプロフィール

宿曜経	尾宿
和名	あしたればし
七福神	福禄寿
十二神将	招住羅大将
本地仏	大日如来
日本の神	火雷神（ホノイカヅチノカミ）

【尾宿の宿曜経原典】

法合足衣食多庫蔵 性慳澁志悪戻諍競 合得外財力性愛花薬

【原典の意味】

はじめの「性慳澁志悪戻諍競」は、衣食に恵まれる意味。資格や技術を身につけて、安定した稼ぎを得ることを表しています。つまり、生涯を通して食うに困らないことを指します。

続いて「性慳澁志悪戻諍競」は、邪険な態度を示し、態度や言葉がとげとげしていて不親切なさま。口のきき方や動作に愛敬がなく、ぞんざいな態度といった、無作法を示します。

終わりの「合得外財力性愛花薬」は、良薬と花、財運を意味します。この「良薬」の意味は、「良薬は口に苦し」のように、心から相手のことを思って忠告したり、または、自らが受けた注意を素直に正したり、といったことに通じ、他人からの苦言やいさめの言葉こそ、成長につながることを暗示します。

また、「花」は「盛者必衰」に通じ、この世は無常で、花が満開に咲き誇る世も、必ず衰えるときがくることを示唆しています。

【日本の神様　ホノイカヅチノカミ】

ホノイカヅチは、別名を八の雷神といい、黄泉の国の支配者となったイザナミの腐乱した身体から生じた神々です。古事記によれば、頭に大雷神、胸に火雷神、腹に黒雷神、女陰に析雷神、左手に若雷神、右手に土雷神、左足に鳴雷神、右足に伏雷神が生まれました。これらの神々は、雷の起こすさまざまな現象から連想されたものです。

天を割くような閃光と大きな雷鳴は、まさに神業。雷の語源は「神が鳴る」で、古くから恐ろしいものの代名詞です。また秋に鳴る雷を稲妻と呼ぶように、雷の後には大地を潤す雨が降り豊作をもたらす、ありがたい神の恩恵とされてきました。

人々は、単にその猛威を避けるという願いだけでなく、作物の育成を助ける大事な神として「神が鳴る」脅威のエネルギーを崇め祀るようになりました。

【日本の神様が祀られている神社】

奈良県の忍海郡の古社、葛木坐火雷神社は、古代王朝の笛師をつとめた笛吹連がこの地に居住、天香山命を自家の祖神として祀ったのがはじまりです。

境内には、古来占いに用いたウワミズザクラがあり、平安朝の末頃より宮中に献納していたと伝わります。笛、音楽の神様としても知られ、正月にはフルートや尺八など奉納演奏が行われます。

本殿には、横穴式石室に家形石棺を安置した径25mの円墳があり、笛吹連の祖建多折命の墓であるとも言われ、その笛吹連の子孫が代々宮司を務める、由緒正しい神社です。

神社ガイド

葛木坐火雷神社（奈良県葛城市笛吹448）
火雷神社（群馬県佐波郡玉村町大字下之宮甲524）
角宮神社（京都府長岡京市井ノ内南内畑35）

【性格】

冒険心がとても旺盛なあなたは、物事に対してたじろぐことなく邁進するタイプ。精神性がとても深く、縁の下の力持ちのように、人には見えないところで力を尽くします。

「性慳澁志悪戻諍競」とあり、思ったことや感じたことをストレートに表現し、人やモノを乱暴に扱ったり、ドラスティックな言動で周囲を驚かせます。

競争心、闘争心も旺盛で、人に頭を下げるのは苦手。期待を膨らませながら、自分の可能性を信じているので、どんなに厳しい状況であっても難なく乗り越えていく、たくましさを持ち合わせています。

ただ、つねに新しい刺激を求め、興味の対象もコロコロと変わりがち。ときに、些細なことでも、大袈裟に、つい尾ヒレをつけてしまうので、収拾がつかない状態になってしまうことも。変化と刺激を求めて暴走したり、人との衝突を繰り返してしまうこともあるでしょう。

【現世宿（現在）尾宿のミッション】

あなたは、エキゾチックやフォークロアという異文化に対して興味を持っているはず。人種や文化の違いを超えて、誰とでも仲よくできる人です。貿易商のように、珍しい品々を買い付けに海外に赴くのもよいでしょう。

また、神仏の教えを広める伝道者、あるいは文化を広めるための教育者、重要な役割を命じられた異国への使者など、いずれにせよ、何かを教え広めるのがミッションです。「性慳澁志悪戻諍競」とあり、世界各国で通用する資格を取得し、周知に勤しめば、やがて難攻不落の城を築くことに。

【前世宿（過去）婁宿の宿題】

前世宿・婁宿の影響から、自立、自営、起業する課題があります。あなたは、規則で縛った環境は大の苦手です。むしろ「規則は破られるために作られている」と考えているところもあるようです。そのため、周囲から不評を買うこともありますが、社会貢献を軸にあなたのエネルギーを有効活用すれば、一目置かれる存在になるでしょう。

また、気持ちがほとばしるような闘志を燃やし、勝者を目指すことも大事な宿題。スポーツやコンテストなど通して、何かの世界で一番になる、という意気込みを忘れずに邁進して。

【来世宿（未来）星宿のヴィジョン】

来世宿・星宿の影響から、高価な物、一流の人物に囲まれた未来です。単に贅沢な世界に憧れるだけでなく、それにふさわしい経済力、その一流の暮らしにふさわしい自分になるために、才能や魅力に磨きをかけて、自分自身への投資を怠らないように。

有名になって人々の話題を集めたいという欲求があるなら、四の五の言わず、素直に行動すべき。とくに、創造性と表現力、オリジナリティーに磨きをかければ、とんとん拍子に物事が発展し、輝かしい未来となるでしょう。

【恋愛・結婚運】

好きな相手に対しては猛烈にアプローチして、確実に射止めます。ただ、束縛を嫌い、付き合っているときでも自由に行動したいという気持ちが強いので、恋は長続きしないでしょう。また、相手を追いかけているときは熱中しますが、恋が成就すると興味を失ってしまうという側面もあります。

モラルを逸したひと夏のアバンチュールや、かりそめの恋を楽しむところがあるので、不倫や略奪愛もいとわないかもしれません。

身勝手で強引な恋をしがちで、何かとお騒がせなスキャンダルも多いようですが、不思議と恨みを買わないところがあるようです。

結婚すると、良妻賢母ぶりを発揮しますが、子育てが終わると、独身のときのような遊び癖が再燃するかもしれません。

家族やパートナーに対しては、同じ目標に向かって進む、チームのような結束感を求めているようです。

【仕事・金運】

宇宙の成り立ちや星の世界、生命の不思議や人間の心理、異国の文化、さらに宗教や哲学、都市伝説など、とても興味の幅が広いのが特徴です。

原典に「合得外財力性愛花薬」とあり、ハーブ治療やアーユルベーダ、メンタルヘルスや慢性的な健康の問題に関与する周知活動は有効です。

難しい専門書を読みふけったり、早い時期から海外の文化に触れたり、生涯をかけて知識と教養を積み重ねていくので、教育分野での活動はめざましいものがあります。

ただ、精神性が強すぎるので、危険な宗教にハマってしまうこともあるようです。そうした荒唐無稽な怪しい世界に引っかかり、人生を狂わせてしまうこともあるので注意しましょう。

世界を股にかける冒険家、反射神経が試される操縦士やスポーツ関連全般、法律関係の仕事や講師、教授職、出版、広告、作家などにも向いています。

「法合足衣食多庫蔵」の衣食に恵まれる運を持っているので、お金に困ることは少ないでしょう。ただ、好きなことに対して情熱を注いでいれば、間違いなく金運上昇ですが、そうでない場合は、運気がくすぶってしまい、生活困窮にもなりがちに。

【尾宿(心)の開運のツボ】

人体の中では「心」に当たります。基本的には疲れ知らずですが、気がつけば脳溢血・脳血栓など脳に関わる疾患に。体質的に太りやすく、生活習慣病や高血圧から来る糖尿病、肺機能・肝機能障害など、生命の根幹に関わる疾患の危険性があります。また、交通事故に遭いやすい人が多い宿でもあります。

そんなあなたの開運のツボは、膻中(だんちゅう)。前胸部、正中線上、第4肋骨と同じ高さにあるポイント。胸骨裂孔がある場合があるので、10㎜以上鍼を刺さないことが肝心。心包経の募穴で、臓腑の気が多く集まるところです。

また、気の疾患を主治するツボです。このツボを押すことで、各臓器の活動が調整され、肺の気が巡り、スッキリして心が安定します。

【尾宿の日本の花】

◉菖蒲(あやめ)

武士の時代、勝負と菖蒲（しょうぶ）の語呂合わせで武士の精神を象徴。吉報、希望を意味し、いつも全力で、前向きに進む尾宿の花です。

この花のエネルギーを取り入れることで、鵜の目鷹の目のように、思いもよらぬ掘り出し物や、ラッキーを引き寄せることに。

【尾宿の日本の色】

◉鬱金色(うこんいろ)

鬱金草の根で染めた鮮やかな黄色。暖かみのある色合いで、和服や日本の伝統的な色彩として常用。鬱金は「金」を連想させます。縁起担ぎで、財布や風呂敷などの染色に人気です。縁起がよいので、この色を取り入れて、金運アップにつなげましょう。

箕宿

きしゅく

束縛を嫌い、自由奔放に生きる

箕宿のプロフィール

宿曜経	箕宿
和名	みぼし
七福神	福禄寿
十二神将	招住羅大将
本地仏	大日如来
日本の神	天菩比神（アメノホヒノカミ）

【箕宿の宿曜経原典】

法合遊渉江山経営利潤 為人耐辛苦 立性好淫逸婦人病愛酒

【原典の意味】

「法合遊渉江山経営利潤 為人耐辛苦」は、全国旅をしながら商才を発揮する意味。また、辛苦に耐え、俄然頑張る、逆境運を示します。箕宿は冒険的なので、往々にして逆境によくぶつかります。

ただ、持ち前のバイタリティーで、その逆境を跳ね除け、ときには取り込んで、逆転の発想力で成功へと導くことができる豪快さを表しています。どんなに悪い状況に置かれても、逆の見地から思いつきを得て、形勢逆転。思わぬ幸運を引き寄せます。

「性好淫逸婦人 病愛酒」は、度を超した欲望、女難、酒難の相で、倫理に背く背徳を示しています。日本のバブル期のように、一時的な加熱状態から欲望が度を越して、その反動で崩壊へと向かう懸念を示唆しています。そんな深刻な打撃を受けても、不死鳥のように蘇る人生が、箕宿の真骨頂です。

【日本の神様　アメノホヒノカミ】

アメノホヒは、アマテラスとスサノオが誓約をした際に、アマテラスの身につけていた八尺瓊勾玉から生まれた神様です。神名の「ホヒ」は、火を意味し「生命力が火のように燃え盛る秀でた稲穂」を表します（日本書紀では天穂日命と表記）。

古事記の国譲りでは、アマテラスがオオクニヌシに国を譲渡するように、交渉役として次々と使者の神を地上に派遣します。その最初の使者として登場するのが、アメノホヒです。しかし、アメノホヒはオオクニヌシに信服してしまい、自らの使命を忘れて地上に住みついて、三年経っても高天原には何の音沙汰もなし。

このエピソードからは、何とも不忠義なイメージですが、実は別の側面もあります。出雲国造神賀詞には、アマテラスから地上の悪神を鎮めることを命じられたことが記されていて、アメノホヒは見事に地上の乱れを平定したとも言われています。

【日本の神様が祀られている神社】

出雲の四大大神（出雲大神、熊野大神、佐太大神、能義大神）の一つである、能義神社。創建年代は不明ですが、その歴史は古く、出雲国風土記には野城社と記されています。古来の社殿は壮大な大社造でしたが、火災で消失し、毛利氏に代わって出雲を治めた堀尾氏によって再建されました。

現在の社殿も大社造で、千木は男千木。御神紋は二十亀甲に剣花菱で、古いながらも立派な神社です。近くには、アメノホヒのお墓と伝わる神代塚古墳があります。

神社ガイド

能義神社（島根県安来市能義町366）

出雲大社境内氏社（島根県出雲市大社町杵築東195）

鷲宮神社（埼玉県久喜市鷲宮1－6－1）

【性格】

競争心、闘争心が旺盛なあなたは、おおらかで細かいことにこだわらない人。好き嫌いが激しく正直なので「何か嫌だな」と思う気持ちは、必ず表に出てしまいます。ドラスティックな感性を持ち、何よりも束縛されることを嫌うので、自由奔放に生きることを美徳としています。

スケールの大きな一大ロマンを追いかけ、目標が決まると、なりふり構わず突進しますが、興味が無くなると飽きてしまうのも早いようです。また、喧嘩っ早く、何かとお騒がせなビックマウスなので、実現不可能なことに大風呂敷を広げてしまうことも。

原典に「法合遊渉江山経営利潤為人耐辛苦」とあるように、今の世界に甘んじない精神と、世界を広げていこうとする意欲に満ち溢れていて、高みを目指す向上心と商才はズバ抜けています。また、失敗を恐れず、たとえ失敗したとしても、それを肥やしにする強者です。

【現世宿（現在）箕宿のミッション】

心から尊敬するメンター、そして、よき教師を探し求めてください。高度な専門知識を学ぶことに、時間とエネルギーを費やしましょう。いずれそれは仕事に結びつくことに。もしくは、生涯の趣味になるかもしれません。

どちらにせよ、あなたが関心を持っていることを探究し、集中して勉強すれば、狭い世界を飛び出してワールドワイドに活躍することになるでしょう。旅を通して、新しいもの、物珍しいものを求める傾向があり、とくにシャーマニズムやフォークロアといった、民族的なものはどれも有効。

【前世宿（過去）胃宿の宿題】

前世宿・胃宿の影響から、今までにない発想を軸に、自ら事業を立ち上げることに。実際、独立した方が、のびのびと羽を伸ばして個性を発揮し、能力は開花します。あなたの魂を突き動かしているのは、開拓精神。現状に満足することなく、フロンティアスピリットを胸に、課題に取り組みましょう。

勝敗を決める、大会やコンペティション、コンテストやコンクールには積極的に参加して。何かの世界で一番になること、それがあなたの宿題ということを肝に銘じておきましょう。

【来世宿（未来）張宿のヴィジョン】

来世宿・張宿の影響から、自分の表現方法を磨く未来です。それはとても華やかな世界で、特別な役割や立場を担うことになるでしょう。あなたは、何事にも挑戦し続ける人です。しかも勇気があり、大胆な精神の持ち主なので、人が尻込みするような危険な挑戦にも決して背中を向けず、自分が欲しいものは必ずゲットします。

みんなを盛り上げるスター性を発揮し、面白いことや楽しいことに貪欲に邁進しましょう。表現力を発揮して創作活動に努めれば、周囲から注目され、大きな賞賛を得ることになるでしょう。

【恋愛・結婚運】

スピーディーで行動力も抜群。付き合うまでに時間はかかりません。ただ、去る者は追わずで、釣った魚には餌をあげないところがあります。煩わしいことを嫌い、繊細でつつましやかなことには無縁です。「性好淫逸婦人 病愛酒」とあり、恋の営みは難有りです。欲望に忠実で、快楽に耽るところがあり、略奪愛やアンモラルな恋愛という、韓流ドラマさながらの恋に身を投じることも。周囲の反感を買う恐れがあるので、行動する際は、相手の同意を得てからするように心がけましょう。

結婚すると、意外に相手を立てる気遣いをしますが、安定よりも刺激を優先します。家庭だけに収まるタイプではないでしょう。

【仕事・金運】

狭い世界を飛び出して、ワールドワイドに活躍する宿命があります。旅を通して、新しいもの、物珍しいものを求める傾向があり、実際、海外にいる方が、のびのびと羽を伸ばして個性を発揮します。

探究心も旺盛で、つねに新しい経験を求めていろいろなことにチャレンジしますが、ある程度先が見えてしまうと飽きてしまいます。手を広げすぎて収拾がつかなくなることも。ボーダレスな考えを美徳としているので、表現や手法にこだわることなく、そのときどきのやり方でこなす柔軟性もあります。

仕切り上手で商才にも恵まれているので、インセンティブ制や成果に応じて報酬が支払われる業種に向いています。また、フリーランス、自営、起業、独立採算制の業種に就くと、生き生きと本領を発揮します。マスコミ、外交、旅行、船舶、航空、出版関係、宗教、セミナーの運営、教育分野、人や物をプロデュースする仕事も吉。

お金に関しても楽観的で、出入りが激しいでしょう。ギャンブル運はよい方ですが、常識の範囲内で楽しみましょう。飲む、打つ、買う、の三拍子でお金のトラブルが生じがちなので注意して。

【箕宿(右脇)の開運のツボ】

人体では「右脇」に当たります。基本的には病気を寄せつけない体質ですが、筋肉痛やリュウマチなど、筋肉や関節の故障の懸念があります。

また、お酒の飲みすぎやタバコの吸いすぎから、肝機能障害、胃けいれん、肺気腫などにも注意が必要となります。太りやすい体質なので、肥満から起こる高血圧・高脂血症・糖尿病などにも気をつけましょう。

そんなあなたの開運のツボは、輒筋(ちょうきん)。側胸部、第4肋間脇の直下から1寸前(親指1本分)のポイント。輒筋の「輒（わきぎ）」は、馬車の両側の手すりや、馬車の車輪の骨組みを前鋸筋に見立てているから、という説があります。

このツボを押すことで、気の働きがよくなり、血流が改善されます。他にも呼吸困難や、喘息を改善する効果もあり、腰痛や背中の張りを緩めてくれるでしょう。

【箕宿の日本の花】

◉紫蘭(しらん)

ラン科の中でも丈夫な花です。その美しい花は、多くの和歌や俳句にも用いられ、変わらぬ愛、あなたを忘れないという意味を持ちます。

この花のエネルギーを取り入れることで、創造力が強化されモチベーションが上がり、やりがいのあるポジションを手にします。

【箕宿の日本の色】

◉青磁色(せいじいろ)

青みがかった、淡い緑色のことです。中国の、宋の時代に作られた、青磁器の色に由来しています。高雅で、落ち着いた印象を与える色として知られています。

この色を身に付けることで、持ち前の行動力とツキに恵まれ、トラブルも難なく回避し、本領を発揮できるでしょう。

斗宿

としゅく

野心満々にして、自由奔放

斗宿のプロフィール

宿曜経	斗宿
和名	ひしゃくぼし
七福神	福禄寿・大黒天
十二神将	招住羅大将・毘羯羅大将
本地仏	大日如来・釈迦如来
日本の神	邇邇芸命（ニニギノミコト）

【斗宿の宿曜経原典】

法合愛鞍馬山林 愛祈祷祀結交賢良 多技能足錢財

【原典の意味】

原典に「法合愛鞍馬山林」とあり、これは馬に鞍をつけ山林を馬と一緒に歩き回る姿、自然をこよなく愛す、という意味。

次に「愛祈祷祀結交賢良」とは、祈祷や祭事を好み、賢くて善良なこと。祈祷とは、神仏に事を告げて祈ること。また、その儀式や法要、修行による法力によって、さまざまな欲求を実現しようとする行為を指します。

最後の「多技能足錢財」とは、いろいろなことに手を広げますが、何をするにも優れた素質に恵まれているので、いつかは財産を多く有する意味。

斗宿の原典を総じてみると、祈祷や祭事、自然、森羅万象のように、永遠に価値の変わらないもの、後世にまで長く続くものに関与します。自由な精神で手を広げます。確かな鑑定眼があるので、結果的に大きな収益として還元され、賢く王道を行く正しいやり方で、最後の勝利者となるような人生です。

【日本の神様　ニニギノミコト】

斗宿の日本の神様は、アマテラスの孫であり、アメノオシホミミの息子、ニニギです。ニニギは、アマテラスから預かった三種の神器（鏡・剣・勾玉）を持って、オオクニヌシがととのえた葦原の中つ国に降り立ちます。誰もが知る古事記で有名な場面の一つ、天孫降臨です。三種の神器とは、別称「三種の神宝」とも言われ、天の岩屋で扉を開けるときに使った「八咫鏡」と「八尺瓊の勾玉」、スサノオがヤマタノオロチの尾から取り出した「草薙剣」を指します。歴代の天皇の子孫は三種の神器を皇位の印として、厳重に今に受け継いでいます。

ニニギとは、「稲を賑やかに育てる」という意味があり、稲作を地上にもたらした農業の神です。五穀豊穣や商売繁盛、国家安寧、殖産振興を司ります。

【性格】

「多技能足銭財」とあり、あなたにとって人生とは、まるで旅であり、そして冒険であるかのように、壮大な世界に思いを馳せます。そんな、自由奔放で、広い世界への憧れが強い反面、強い野望と戦略を胸に秘めています。

大それた望みを叶えるためなら手段を選ばず、目標達成に向けて、瞬発力と忍耐力、その両方を遺憾なく発揮します。責任感も強く、秩序やルールを守ろうとする面もあります。

精神的に奥深いものに関心があり、読書好き。スケールの大きな小説や偉人の自叙伝から多くを学びます。正々堂々と真正面から挑む戦士であり、勇者でもあるので、勝利を目指してフェアに戦います。

野心満々で社会的な上昇志向の強い自分。そして、バックパッカーのような伸び伸びとした奔放な自分。その二つの性質を交互に使い分けられるところが、あなたの強みです。

【日本の神様が祀られている神社】

ニニギが祀られている有名な神社は、宮崎県の高千穂神社です。縁結びのご利益があるとして有名な高千穂神社は、高千穂八十八社の総社となります。

境内には、樹齢約800年の「秩父杉」や、二本の杉の幹が一つになった「夫婦杉（めおとすぎ）」が鎮座しています。この夫婦杉の周りを、大好きな人と手をつないで3回廻ると、幸せになると言われています。

天孫降臨は始まりを意味するので、新しいことをスタートしたいとき、大きな仕事に着手するときに、参拝するのもいいでしょう。

神社ガイド

高千穂神社（宮崎県西臼杵郡高千穂町三田井1037）

霧島神宮（鹿児島県霧島市霧島田口2608－5）

箱根神社（神奈川県足柄下郡箱根町元箱根80－1）

【現世宿(現在)斗宿のミッション】

あなたは勇者であり賢者です。戦うことに価値を置き、その戦いは現実的なものであり、精神的なものでもあります。「愛祈祷祀結交賢良」とあるように、人間の存在や自然、宇宙の理といった、フィソロフィー的な活動、そして社会や歴史、宗教などのエディケーション的な活動に意識を向けましょう。

そんな広範な活動を通して、この世界の根源的な問いに対する答えを探求することに。より高い地位につくための努力を惜しまなければ、時の権力者として、または、教え広める者として、君臨することになるでしょう。

【前世宿(過去)昴宿の宿題】

前世宿・昴宿の影響から、美意識と共に経済的な才覚があります。開拓者、または、職人的な活動は吉。美しい芸術や文学、ラグジュアリーな世界観に触れることも大事です。

何か大切なモノを失うことで、それまでの人生観がガラッと変わることも。その経験がきっかけとなり、本当に得たかったものに気づいたり、才能が開花したり、目覚めるでしょう。

ものや金銭に執着することは、恥ずかしいことではありません。それを隠そうとするのはNG。どうせ執着するのなら、ハイクラスなモノに意識を向けることで、全て有効に働きます。

【来世宿(未来)翼宿のヴィジョン】

来世宿・翼宿の影響から、音楽、エンタメ全般、海外との関わりを通して、多くの人に影響を与える未来です。また、分析、解析をもとに、何かをマーケッティングする能力も内在しています。

その活動に勤しむことで、誰もが羨む輝かしい人生、人々の賞賛や喝采を浴びるような未来となるでしょう。しかし、煌びやかな未来だけに、強いコンプレックスや、失敗に対する恐れを克服する必要があります。

いずれにせよ煌びやかな未来を描くことで、それは大きな力づけとなり、そして、あなたを守ってくれる盾となるのです。

【恋愛・結婚運】

複数の相手にアプローチしたり、自分の直感を信じて非常に積極的にアタックする、ややリスキーな恋になりがちな面がありますが、基本的には大人の恋を楽しみます。

メリットがない相手とは長続きしません。常識的な面があるので、情念が渦巻くドロドロの恋愛関係は無縁かも。信頼している相手以外には自分の弱さを見せないため、つい躊躇して絶好のチャンスを逃してしまうことも。タガを締めるのではなく、ときにはタガを外すことが恋愛成就の秘訣です。

理想を捨て実利を優先するところがあり、結婚しても仕事を優先してしまいがちなので、そんなあなたを理解してくれる相手を選ぶことが大切です。束縛を嫌うので、生涯独身を通す人も。

【仕事・金運】

とても野心家な、社会の中で誰よりも早く認められたいという欲求が強く、そのために必要な修練や鍛錬、より高い地位につくための努力を惜しみません。

コツコツと研究を続ける学者タイプでもあり、技術を磨き、競うような世界では、類い稀な能力で才能を発揮します。宗教や哲学に関心があり、それを単に知識として持っているだけでなく、実際の仕事に活かすことが得意です。

広い視野を持つので、海外関連、教育関連全般の仕事も◎。医療関係、学術関係、音楽関係にも適しています。公務員、銀行、不動産、宗教に関連する業種も性に合っています。

どちらにせよ、ちっぽけな世界におさまるタイプではありません。大きな野望を叶え、社会に貢献する役割と使命を持っています。堅実な合理性を美徳としているので、打算的な行動を取ったり、実益ばかりを追い求めてしまうケースも。

計画的に貯蓄し、お金に関してもとても堅実です。

その反面、自分が求める理想や夢のために、惜しげもなく大枚をはたくなど、極端な行動に走る危険があるので注意が必要。一度熱くなると、闘争心が発動するので、ギャンブルや投資などは常識の範囲内にしておいて。

【斗宿(左脇)の開運のツボ】

人体の中では「左脇」に当たります。体は基本的に丈夫ですが、関節が硬い傾向があり、転んだ弾みに脇を打撲したり、骨折したりなど、注意が必要です。

不摂生による過食、便秘、下痢。また、ストレスによる胃炎や胃潰瘍など、胃腸の病気に要注意。また、チック症や強迫神経症などの症状が出ることも。

そんなあなたの開運のツボは、帯脈(たいみゃく)。帯を締める位置、おへその高さで身体の真横にあります。体を支える筋肉が多く通る肋骨や下腹部、腸に関与する神経と重要な血管が通る、身体中の経絡(流れ)を調整している場所です。このツボを押すことで、血液の流れが調整され、肝や腎の機能が整います。また、下腹部(下焦：腎、膀胱、小腸、大腸)の諸症状、疾患を改善する効果も。

【斗宿の日本の花】

●山百合(やまゆり)

日本の自然を象徴する美しい花であり、国内に広く分布し自生している百合です。その風格は、堂々としていて、どこか気品を感じる花です。

この花のエネルギーを取り入れれば、あなたを取り巻く人、全員が満足する「三方よし」を得ます。

【斗宿の日本の色】

●若竹色(わかたけいろ)

若竹のように爽やかな緑色のことです。春に芽吹いた竹の色を表しています。自然の美しさを感じさせる色として、多くの人々に親しまれています。

この色を取り入れることで、若竹のような若々しさを手にでき、何事も順風満帆に進むでしょう。

女宿

じょしゅく

道理を重んじ、分別がある

女宿のプロフィール

宿曜経	女宿
和名	うるきぼし
七福神	大黒天
十二神将	毘羯羅大将
本地仏	地蔵菩薩・文殊菩薩
日本の神	大山津見神（オオヤマツミノカミ）

【女宿の宿曜経原典】

法合足心力少病 好布施守法律 勤道業栄祖宗

【原典の意味】

冒頭の「法合足心力少病」は、病気知らずの強靭な身体の意。「病は気から」と、仏教用語の「身心一如」は同義語のようなもの。つまり、肉体と精神は一体のもので、分けることができません。それ即ち真理ということを示唆しています。

「好布施守法律」は、施しを好み、法律を守る。施しにもいろいろな種類がありますが、女宿の場合は、「法施」に通じ、人権の擁護、社会貢献として手を差し伸べる施しを形容。

「勤道業栄祖宗」とは、道業を勧め、祖宗を栄えさせるという意味。宿曜経を持ち帰った弘法大師空海は女宿生まれなので、この意味は、空海が成し遂げた偉業に他なりません。その功績は数知れず、日本全土への仏教の布教活動に尽力し、真言宗という宗派を開きました。

以上をまとめると、社会を見守り、みんなが安心して暮らせるように実益することを示しています。

【あなたの日本の神様　オオヤマツミノカミ】

オオヤマツミは、その名の通り、日本の全ての山を司る「大いなる山の神」です。別名を「ワタシ大神」といい、「ワタ」は海のことを指し、「シ」は司ることを指すことから、海の神という一面もあります。つまり、山と海の両方を司る、日本の自然崇拝の権化のような偉大な神です。

この神は、野の神であるカヤノヒメを妻とし、コノハナノサクヤヒメ、イワナガヒメをはじめとする、さまざまな神の父です。

コノハナノサクヤヒメが出産した際、天地の神々の宴で酒を振る舞ったことから、酒解神とも言われています。また、土や霧、谷、峠などの父神としても知られています。

地下や海底、山岳にトンネルを開ける大工事を行う際、鉱物資源の採掘、谷を塞ぐ発電ダムの工事など、山の精霊の怒りを鎮めるために、オオヤマツミを祀ることは慣例となっています。

【日本の神様が祀られている神社】

大山祇神社は、愛媛県今治市大三島町にあります。大山祇神社は大三島の西側に位置し、国指定天然記念物の楠群に覆われた、美しい境内に鎮座しています。渡航神としての神徳を兼ね、鉱山、林業、農業神として、人々の篤い信仰を集めています。

大三島は、瀬戸内海の中央、芸予諸島の中心をなす、瀬戸内海国立公園の中でもとりわけ美しい島です。全国の国宝、国の重要文化財の鎧をはじめとする、武具類の約8割が宝物館に保存展示されていることから、「国宝の島」と呼ばれています。

神社ガイド

大山祇神社（愛媛県今治市大三島町宮浦3327）
岩木山神社（青森県弘前市百沢寺沢27）
湯殿山神社（山形県十里山7 鶴岡市田麦俣六）

【性格】

「好布施守法律」とあり、つねに戦略を立て計画的に動きます。時間に厳しく、何事も省略したり、曖昧にしたりせず、ルールを守りながらフォーマットにそって行動します。気に入らないことがあっても冷静に対応したり、言いたいことをグッとこらえたり、大人の対応を心得ています。

道理を重んじ、分別のある立ち居振る舞いをしますが、情緒性に欠け、ときに冷酷な仕打ちをするサディストな面を隠し持っています。

伝統文化という格式をこよなく愛しているので、稚拙な話題や、紛い物には見向きもしません。何事も、はっきりとした証拠を見せないとはじまらないと、あなたは誰よりも知っているのです。

困難に耐えながら、コツコツとたゆまず自己研磨を重ねる性分なので、決断を下すまでに時間を要しますが、いったん心が決まると、神通力のようなパワーを発揮します。

【現世宿(現在)女宿のミッション】

あなたの今生に課せられたミッションは、「勤道業栄祖宗」とあるように、「お国のために貢献する」ことです。自分が住む町や学校、職場といった公共的なこと、歴史や伝統的なものに意識を向けましょう。現実的に土地や環境に根を張って、その土地の生産や流通、消費活動などに目を向けることも大事。神事のように土地や環境を守り発展させることが、あなたの生き甲斐となるでしょう。

ハイレベルで、エリート集団での活動も功を奏します。何事も広範囲に、そして着実にこなす、大器晩成の人生です。

【前世宿(過去)畢宿の宿題】

前世宿・畢宿の影響から、何事もプロフェッショナルに、そして、本物思考の職人など、各分野のエキスパートになる宿題があります。とくに五感に関与するものや、芸術、宝飾、装飾品、工芸品などに興味を持つのも有効。いずれにしても、これらのキーワードには「美」が介入することを忘れずに。

好きなモノ、得意なことなど、趣味からスタートしても大丈夫。趣味が実益となる運を前世宿・畢宿から引き継いでいるので、いずれ収益につながります。投資や株など、ファンド系の趣味を持つのも吉。

【来世宿(未来)軫宿のヴィジョン】

来世宿・軫宿の影響から、あなたの見える未来は、緻密で実際的な世界のはず。それは、細やかな気配りが必要なセクターです。または、モノに囲まれた世界から一転して、清潔で洗練されたミニマルな世界へと向かうかもしれません。

分析や調査という力を大いに発揮するポテンシャルがあるので、その鋭い観察眼を発揮して、手堅い成功を手にするでしょう。そんな鋭い知性こそが、あなたの未来の武器となるはず。

また、健康的でカラダによいものといった、ファーマーズの活動は、成就の可能性大です。

【恋愛・結婚運】

同じ土地に住む相手、同僚や上司など、価値観を共有できる相手の方がしっくりとくるでしょう。派手で見栄を張った付き合いや、軽いノリの関係には、あまり興味を持ちません。

恋愛には、安心感を求める傾向があります。そのため、恋の相手は年上や、尊敬できる人が多めとなります。

また、付き合い始めても、あからさまに周囲にはオープンにはしないという、閉鎖的なところもあるようです。

結婚を前提に付き合うケースも多く、じっくり時間をかけてゴールインします。ただ、厳しいルールで縛りがちで、相手を疲れさせてしまう傾向があります。ムードに乏しいので、恋を演出するサプライズや術を学ぶ必要があるかも。

相手の環境や条件にこだわり、結果的に婚期を逃して、生涯独身というケースも。

【仕事・金運】

仕事では、目的意識の高い仲間に恵まれるでしょう。人と人が結束すると、とてつもない強いパワーを生み出すことを、経験を通して知っています。

信念も強く、実利的な目標に対して邁進するので、何かしらの妨害に苛まれたとしても、挫折することは少ないでしょう。時間にも厳しく、テキストやカリキュラムを重視します。また、たやすく人を信用しないので、地位が高まるほどに周囲が敵ばかりだと感じることも。

将来設計は完璧で抜かりがありません。さらに、野心家なので、キャリア、社会的地位に対して大きな憧れがあります。屋台骨のしっかりした業種、大企業や公務員。政治家や官公庁など公共を司るセクター、技師、建築家、実業家、農業全般、不動産関係などの仕事は有効。

また、ローカルなもの、伝統的なものなどに縁が深いので、骨董品やアンティーク、各種名産品などを取り扱う業種も吉。

用途によって、使う時期と金額を的確に割り出して計画的に貯蓄し、日々の支出からちょっとずつやりくりして、金銭的な余裕を作っておくなど、お金に関してもとても堅実。公的な助成金などの運用、活用に優れています。

【女宿（肚）の開運のツボ】

人体の中では「肚（はら）」と「腸」に当たります。無理を繰り返して病気を慢性化させがち。日頃から体の声に耳を傾け、定期的に検診を受けましょう。

ストイックな性格が災いとなり、胃潰瘍や大腸ポリープなど胃腸病のほか、感染症など、免疫が弱ると起こりやすくなる症状にも注意。

女性の場合、冷え性やのぼせなどの血行障害や、子宮筋腫、子宮内膜症などにも注意を。

そんなあなたの開運のツボは、中脘（ちゅうかん）。みぞおちとおへその間、正中線上にあります。また、腑を司る胆、小腸、胃、大腸、膀胱、三焦をまとめている大事なポイント。このツボを押すと、腹痛や消化不良など腹部の疾患に効果大。

【女宿の日本の花】

●躑躅（つつじ）

躑は足踏みをする意味で、人が足を止めて見惚れてしまう美しさを表します。神社仏閣にも多く見られ、その美しい姿から慎ましさ、節度を意味します。

つつじは、あなたを映し出す鏡のようなもの。あなた自身をこの花に見出すことで、不思議な底力が湧いてくるはず。

【女宿の日本の色】

●深緋（こきあけ）

鮮やかで深い赤色のこと。日本茜によって染めた緋（あけ）より深く濃く染め上げたもの。高貴な色とされ、格式高い場面や重要な用途に使われます。

この色のエネルギーに導かれ、真実はつねにあなたの内側あると、気づくことになるでしょう。

虚宿

きょしゅく

二面性と、独特な個性が特徴

虚宿のプロフィール

宿曜経	虚宿
和名	とみてぼし
七福神	大黒天
十二神将	宮毘羅大将・毘羯羅大将
本地仏	釈迦如来・弥勒菩薩
日本の神	大国主神（オオクニヌシノカミ）

【虚宿の宿曜経原典】

法合足穀多貯積 長命富勝蒙君王寵愛 又好饗祷神廟終多快楽 不合辛苦

【原典の意味】

はじめに「法合足穀多貯積 長命富勝蒙君王寵愛」とあり、財運に恵まれ長寿。そして、絶大な権威を有し、さらに行使する働きの意味。そして、有力者からの多大な引き立てを示しています。

虚宿は、太極図のように陰と陽を意味します。神羅万物あらゆるものは、陰と陽のバランスにより成り立っていることを示唆しています。この陰と陽のエネルギーを持つのは27宿中、虚宿のみです。

そんな稀有な性質を示す虚宿は、白と黒の太極図のように、互いに対立しながらも相互に作用し合う二つの力に導かれ、独特で他に類を見ない、非常に際立つ人生となることを伺い知ることができます。

「又好饗祷神廟終多快楽 不合辛苦」は、神事を通じて、神仏からの喜びが伴っているさまを表しています。ただ、辛いことを避け、快楽や悦びに浸るという意味も含まれています。

【日本の神様　オオクニヌシノカミ】

オオクニヌシは、出雲大社に鎮座する、縁結びの神様です。スクナビコナと共に全国を巡り、国土の修理や保護、農業技術の指導、温泉の開発や病気治療、医薬の普及、禁厭（まじない）の法を制定するなど、数々の大業を果たしました。

その後、天孫降臨の際、国土をニニギに譲り、出雲大社の祭神となりました。そのときに造営されたという壮大な宮殿が、出雲大社の始まりと言われています。

オオクニヌシには、大物主神（オオモノヌシノカミ）、大己貴命（オオナムチノミコト）など、多くの別称があります。多様性と、その強力な霊的パワーは群を抜いています。

縁結びの神として信仰を集めるのは、美男というイメージと、たくさんの女神と結ばれた経緯、そして、大変な艶福家であるところから。漲る精力を伺い知ることができます。

【日本の神様が祀られている神社】

神々の国と呼ばれる出雲の地に建つ出雲大社は、神々が集い、古代より人々から仰ぎ尊ばれてきました。古代の本殿の高さは、現在の4倍、約96mあり、八雲山を背にした境内には幽玄な空気が漂い、数千年の歴史を持つ神殿が厳かに建っています。

大きなものが多くあり、御本殿や神楽殿、大注連縄、畳75畳分の国旗など、規格外のスケールです。

一般的な「二礼二拍手一礼」の参拝に対し、出雲大社では「二礼四拍手一礼」です。二回おじぎ、四回手を打ち、最後にもう一度おじぎをします。

神社ガイド

出雲大社（島根県出雲市大社町杵築東195）
大神神社（奈良県桜井市三輪1422）
氷川神社（埼玉県さいたま市大宮区高鼻町1-407）

【性格】

いつも理想と現実のギャップを感じていて、かなり複雑な感情の持ち主です。そして、かなりの変わり者。コインの表と裏のように、理性と感情を併せ持ち、空を突き刺すような独特な個性があるので、一度会ったら強烈な印象を残します。

「新しいものが大好き」だけど、「変わりたくない」といった、アンビバレントな面があり、太極図のように、物事の二つの側面を行ったり来たりする二面性も。自分の内側に潜む抑えきれないエネルギーを、何とか制御し取り繕う、そんなせめぎ合いが、あなたの中に内在しています。

そんなエキセントリックなあなたは、型にハマらずに我が道を貫きます。また、他人への無関心から、ちょっと冷淡に見られがち。自ら孤独の中に入り込むニヒリストの傾向があるので、人に煩わされずに自分の世界に浸っているときが、最も幸福な時間なのかもしれません。

【現世宿（現在）虚宿のミッション】

「法合足穀多貯積 長命富勝蒙君王寵愛」とあり、今生では、オリジナリティーに富んだ発想で、自らの影響力を行使する役割があります。先人からの知恵と、未来科学の両方を学びましょう。そして、それを実際に具現化し役立てることが、あなたのミッションとなるでしょう。

たとえば、医療分野なら、東洋医学と西洋医学の両方を研究すれば、新しい治療法が見つかるかもしれません。一見相反するような二つのテーマを統合させ、古いものを求めつつ、新しいものを知るような、温故知新の精神で邁進しましょう。

【前世宿（過去）觜宿の宿題】

前世宿・觜宿の影響から、自分にとって心地よい空間、そして価値のあるモノ創りに取り組むことになるでしょう。とくに美に関与する活動では、ポテンシャルを発揮するはず。また、いろんなものを見て、いろんな話を聞き、いろんな体験をしてみましょう。そうすることで知的好奇心に導かれ、さまざまな学びを得ることになるでしょう。

いつも動きまわるその一方で、ひとつのことにじっくり取り組むことも大事。その両方のバランスを取ることを心がけていれば、人より抜きん出た成功を手にすることに。

【来世宿（未来）角宿のヴィジョン】

来世宿・角宿の影響から、繊細で細やかな仕事を成し遂げる未来の暗示があります。知識の収集、数字や文章を通して分析能力を活かせるセクター、ウエルネスやファーマーズの活動も有効です。

誰も知らない知識を持っていることが、あなたの未来の武器になります。それをわかりやすく伝えるための勉強に力を入れましょう。また、交渉や話し合いが必要な場面では、率先して間を取り持ったり、仲裁したり、交渉力や高度なコミュニケーション能力を磨くことが、未来のヴィジョンとなります。

【恋愛・結婚運】

優しくしたり、突き放したり、感情に合わせて行動が目まぐるしく変化するので、相手は困惑するかもしれません。ベタベタした関係とは無縁で、友情がモチベーションとなって恋が始まるパターンです。

計算高く、相手のキャリアや素性にこだわる利己主義なところがあり、どこか冷めていて、現実的な考えのもと行動します。

相手との距離感をとても大事にしているので、我を忘れるほど、恋愛に夢中になるケースは少ないでしょう。

年の離れた相手、再婚の方が、幸せな家庭を築くことができるでしょう。利害関係が成立しているケースは別として、結婚相手を社会的地位やステータスだけで選んでしまうと、家庭内別居の暗示が濃厚となります。

早いうちに結婚しても試練だけが待っているので、晩婚の方が吉。

【仕事・金運】

保守派、リベラル派、その両方に対応でき、併用できるやり手です。ユーモアのセンスがあり、多様性を発揮するリーダーとして活躍します。また、社会や人、地域に貢献する役割があるため、本人は目立ちたくなくても、なぜか世間からの注目を集めてしまうことに。

フリーランス、技術者、科学者、デザイナー、ライター、カメラマン、教師、航空関係、建築関係も吉。野心家なので、実業家、政治家、官僚などの職務にも向いています。伝統的な分野も◎。細かいことにはこだわりませんが、自分の感情がコントロール不能になったり、多少乱暴に人を従わせるところがあるので、その点には注意しましょう。

「法合足穀多貯積」とあり、計画的にお金を動かすことを心得ています。大きな買い物でも、リストを作成して購入することが得意です。「お金は天下の回りもの」と、心のどこかで思っています。お金のことで悩んだり、ひねり出したりしなくても、目的に応じてあなたのもとにお金は集まってくるので、安心して。お金に関しても、既成概念にとらわれず独特のやり方で利殖できる能力があります。

【虚宿(腎臓)の開運のツボ】

人体の中では「腎臓」に当たり、膀胱炎、尿毒症、結石など、腎臓をはじめとする内臓全般の病気には十分気をつけて。また、暴飲暴食は、胃腸に負担が大きいので極力避けましょう。

ぜんそく、気管支炎、上気道炎など、咳を伴う呼吸器系の病気を患う心配があります。高血圧や脳溢血など、突発性の疾患にも注意が必要。体に何らかの違和感を覚えたら、早めに診察を心がけて。

そんなあなたの開運のツボは、照海(しょうかい)。足首の内側、くるぶしの下の窪みにある場所で、経の気が海のように集まる経穴です。このツボを押すと、眼の疾患に効果があります。陰を補い、腎を補います。普段からゆったりした心構えで、余裕を持つようにしましょう。

【虚宿の日本の花】

◉薊(あざみ)

名前の由来は、浅む。花を折ろうとすると棘が刺さるため、ときに人を遠ざけます。厳格、高潔を意味し、高い精神性を持つ花です。

思い込みや古い考えを手放したいとき、この花のエネルギーに触れてみましょう。そうすれば、新しい知恵やアイデアが湧き出てくるはず。

【虚宿の日本の色】

◉蝋色(ろういろ)

黒漆独特のツヤが深く美しい黒色で、漆工芸の塗技法である呂色塗に由来した色名です。落ち着いた雰囲気と高級感を漂わせ、シンプルながらも存在感を放ち、洗練された印象を与えます。

この色を取り入れることで、現実と夢の境界が溶け合うような、幻想的な感覚をもたらすことに。

危宿

きしゅく

大胆不敵で、好奇心旺盛

危宿のプロフィール

宿曜経	危宿
和名	うみやめぼし
七福神	大黒天
十二神将	宮毘羅大将
本地仏	弥勒菩薩
日本の神	思金神（オモイカネノカミ）

【危宿の宿曜経原典】

法合嗜酒耽淫 耐辛苦心膽硬 與人結交必不久長無終始 又能處分事務解藥性多嗔

【原典の意味】

「法合嗜酒耽淫」は、色情、酒に溺れるという意味。続く「耐辛苦心膽硬」は辛苦に耐える強情な心、という相反することが記され、このくだりからも危宿の奇想天外な面を伺い知ることができます。

「與人結交必不久長無終始」は、人との交わりは多いが長続きしない、という意味。これは、危宿のコミュニケーションはとても前衛的で未来的なので、古い付き合いや、痴情のもつれなどには意を介さないことを示しています。

「又能處分事務解藥性多嗔」は、物事を迅速に処理する能力、妙薬に詳しく情報通。何かのトラブルが発生したり、事態が込み入って収拾が付かない状況でも、瞬時に有効な解決策と、アイデアで対応することを含みます。

また、愚者一得のように、一見愚か者に見えても、ここぞというときには、役に立つようなアイデアと急進的な力を発揮します。

【日本の神様　オモイカネノカミ】

オモイカネは、タカミムスビの子で天岩戸神話や国譲り神話で活躍した知恵の神様です。別名のヤゴコロオモイカネのヤゴコロとは、いろいろな立場から考えるという意味で、カネは一人で二つ以上のことをこなす、という意味があり、多くの人間の知恵を一同に結集させることができる神様です。

天岩戸神話では、スサノオの乱暴に怒ったアマテラスが天岩戸に隠れてしまったときに、オモイカネは、思いもつかないようなアイデアと企画力で盛大な祭りを催し、見事にアマテラスを誘い出すことに成功します。その祭りで飾った鏡や玉串、アメノウズメが舞った踊りなどは、今日の儀式で使用する祭具や神楽の源流となりました。

さらに国譲り神話では、国土平定に知恵を働かせたのち、オモイカネはニニギに付き従い、アマテラスの命によって政事を請け負いました。

【日本の神様が祀られている神社】

八意思兼命（ヤゴコロオモイカネ）の「八」は「多くの」を表し、「意」は「思慮」を形容します。そんなヤゴコロオモイカネが祀られている秩父神社は、埼玉県秩父地方の総社で、創建は二千年前。

四柱の神々をお祀りする本殿は、埼玉県重要文化財です。徳川家康が再建した権現造りの本殿、幣殿、拝殿が並び、中でも左甚五郎作のつなぎの龍は有名です。

毎年12月に行われる「秩父夜祭」は、ユネスコ無形文化遺産で、京都の「祇園祭」、飛騨の「高山祭」とともに、日本三大曳山祭に数えられ、多くの観光客が訪れます。

神社ガイド

秩父神社（埼玉県秩父市番場町1－3）

戸隠神社・中社（長野県長野市戸隠中社3506）

気象神社（東京都杉並区高円寺南4－44－19）

【危宿の性格】

大胆不敵で好奇心旺盛、新しいものや変わったものが大好きです。規制の概念をぶち壊して新しくするような、豪快さがあります。平凡な生き方や月並みなやり方を嫌う傾向が強く、「又能處分事務解薬性多嗔」とあり、つねに未来的で斬新、そして、物事を迅速に処理する能力に秀でています。

自由主義で、ときにリベラルな言動で周囲を驚かせます。自分の気持ちに正直なので、こうと思ったら徹底的に突き進みます。「與人結交必不久長無終始」とあり、人に対して偏見がなく、強い思い入れもないので、どんな個性の人とでも仲よくなれます。社会的地位や見た目のよし悪し、国籍やジェンダーといった区別にはあまり興味がありません。

不自由な安定よりも不安定な自由を好む傾向が強く、それだけに楽な方へ流されがちなのは欠点です。

【現世宿（現在）危宿のミッション】

多くの友人（同士）に恵まれる人生です。数えきれないほどの人が、あなたの友人として慕い、信頼を寄せるでしょう。その友人の数は、SNSなどのフォロワーの数として示されることも。

ときに過激なツイートで騒がせることもありますが、自分の興味のある分野での革命的な働きかけは、多くの人々の希望となるでしょう。

他の人と異なる面を伸ばすことによって、思いがけない幸運に恵まれるでしょう。しかし、逆に人の真似をしたり、周囲に迎合したりでは、結果は芳しいものにはなりません。

【前世宿（過去）参宿の宿題】

前世宿・参宿の影響から、ファシリテーション的な課題があります。会社やコミュニティーという集団で問題が発生した場合、間を取り持って解決へと促したり、進行役のような役割を担うことが、あなたにとってのカルマです。

そして、誰よりも先に最新の情報をゲットすることも忘れずに。さらに、その大量の情報の中から、必要な情報を整理してまとめる力を養うことも必須。最新の情報ツールを使いこなしながら、フロンティアな情報を発信して。そうすれば、有益な情報として社会に還元できるでしょう。

【来世宿（未来）亢宿のヴィジョン】

来世宿・亢宿の影響から、あなたの未来は、リスク管理を伴う重要な役割を担うことに。また、それに関連して、法律を伴うリーガル全般に意識が向かうでしょう。つまり、潤沢な資金よりも、有益な知識をたくさん持っていることが、あなたの未来の財産であり、その知識は最大の武器となります。

革新的な活動は有効です。公平性を掲げて活動すれば、多くの支持や協力、支援を得てリーダーシップを発揮することに。ただ、周囲の注目を引くためだけの奇抜な行動は、裏目に出るので注意して。

【恋愛・結婚運】

同性も異性も、分け隔てなく接するあなたは、子供のような無邪気さで、老若男女を問わず人気を集めます。チームメイトとの恋が発動する暗示があります。

ただ、恋愛面においては頑張るポイントを外しがちで、安定した関係では満足できず、刺激ばかりを求めて、気持ちが移りやすいようです。恋より仕事、または友人との約束を優先する一面も。

ベタベタしてくる執着質な異性とはまったく噛み合わず、束縛されると急に愛が冷めて、バッサリ切り捨てることも。危険な恋やアンモラルな関係になることもあり、どちらにせよ普通の恋愛とは縁遠いようです。

基本的に、安定を求めて家庭を拠りどころにするタイプではないので、普通の結婚には向きません。かなり遅い結婚か、再婚の方が、幸せな家庭を築くことができます。

【仕事・金運】

まだ誰も着手してないこと、誰も足を踏み入れていない世界での成功が期待できます。そんな前人未到の偉業を成し遂げる可能性を秘めたあなたは、人とはまったく違う道を歩む傾向があり、常識やモラルを逸脱した世界で活躍します。

意外に頑固で理屈っぽく、偏屈な面もあるので、自説を誇示しすぎないように注意して。

社会事業や公共サービス、IT・AI関係、電気関連、マスメディアなどの業種は、どれも有効。各種研究開発分野、デベロッパー、テクノロジー関連も◎。トレンドにも敏感で発信力もあるので、ユーチューバーやインフルエンサー、ファッション、エンタメの業種で輝きを放ちます。

お金に対しては、無頓着で甘い面があります。あまり計画的にお金を貯めたり、使ったりすることは得意ではないようです。ただ、アイデアで富を得る運を持っています。

「法合嗜酒耽淫　耐辛苦心膽硬」とあり、土壇場に強く、ここぞというときに本領を発揮します。

自分が開発したシステムや商品の特許や著作権という、ロイヤリティー収入は期待大です。自分の能力を信じ、つねに新しい世界へとスプラッシュすれば、あなたの金運は桁外れに拡大するでしょう。

【危宿（胯）の開運のツボ】

人体の中では「胯（また）」に当たります。知らない間に疲れが溜まって血行障害を起こして頭痛、冷え性、肩こり、腰痛などになったり、消化不良、便秘、下痢といった胃腸障害が起きたりしがちです。また、大腸ポリープをはじめとする腸の病気や骨盤・股関節のズレにも注意。症状が軽くても、長引くならば無理せず早めの受診を心がけて。

そんなあなたの開運のツボは、水泉（すいせん）。足の内側、踵骨（しょうこつ：踵の大きな骨）の上方の窪みにあるポイント。腎経の急性症状、全身の水分が関係する不調、腰から胯、足にかけての痛みなどに効果的なツボです。また、月経を整え、水腫、浮腫に効果大。水分の流れ、下焦を整えます。

【危宿の日本の花】

◉金鳳花（きんぽうげ）

主に山地に群生し、一度花を咲かせると毎年開花します。光に当たると黄金色に見えることが名前の由来。栄光、子供らしさを表す、可愛らしい花です。

この花のエネルギーは、あなたに大きな影響を与えます。心のよどみを洗い流し、不要なものを整理するときに役立つはず。

【危宿の日本の色】

◉紺碧（こんぺき）

紺碧とは、深く濃い青色のことで英語ではディープブルー。海や空の深く澄んだ青さを表す色であり、瞑想や精神的な落ち着きとも関連が深いです。

この色を身につけることで、周囲の雑音を取り除き、目標に向かいまっすぐに進む力を得られます。

室宿

しつしゅく

現状に満足せず、つねにアバンギャルド

室宿のプロフィール

項目	内容
宿曜経	室宿
和名	はついぼし
七福神	大黒天
十二神将	宮毘羅大将・跋折羅大将
本地仏	弥勒菩薩・勢至菩薩
日本の神	建御名方神（タケミナカタノカミ）

【室宿の宿曜経原典】

法合決猛悪姓嗜嗔愛劫奪 能夜行不怕 處性輕躁毒害無慈悲

【原典の意味】

はじめの「法合決猛悪姓嗜嗔愛劫奪」は、激しい性格、猛々しい勇ましさ、怒り、瞋を嗜む。続く「能夜行不怕」は、怖いもの知らず、を意味します。「瞋」とは仏教でいう「三毒」、貪欲（むさぼる）、瞋恚（怒り）、愚痴（無知）を含む、仏教において人が克服すべき、代表的な煩悩です。室宿の怒りは、強引に奪い取る過激さを示唆しています。また、毒を通して常識をぶっ壊すような、ラジカルな資質でもあります。

「處性輕躁毒害無慈悲」は、落ち着きがなく冷酷、目的のためなら手段を選ばないこと。また、ある程度のことでは満足せず、自分の欲求に忠実に欲しいものを手に入れることを示し、よくも悪くも貪り続ける人生です。

つまり、室宿は、世の中きれいごとだけでは生きてはいけないことを、悟っているとも言えます。そして、見せかけだけの偽善者を嫌う傾向も伺えます。

【日本の神様　タケミナカタノカミ】

タケミナカタは、長野県の諏訪大社の主祭神。古事記によると、タケミナカタはオオクニヌシの息子で、国譲りのときに、アマテラスの「地上の統治権を譲りなさい」という要求に、最後まで抵抗しました。

タケミナカタは、千人がかりで動かす大岩を、手先で軽々と持ち上げるほどの剛力の持ち主です。

とある日、アマテラスの使者である武神タケミカヅチに、力比べを挑みました。しかし、軽々と打ちのめされてしまいます。出雲国から現在の諏訪湖へ、いったん逃れましたが、やむなく国譲りに同意して、今後、諏訪湖から外へ出ないと誓うことになりました。この力比べの勝負が、相撲の起源であるとも言われています。

タケミナカタは神話では戦いに負けましたが、後世、武神として祀られ、また、山の神・狩猟の神・風の神・水源の神として信仰されてきました。

【日本の神様が祀られている神社】

諏訪大社は、諏訪湖を囲むように、タケミナカタが祀られている上社前宮と本宮、下社春宮と秋宮の四社からなり、最も古い神社の一つです。本宮、春宮、秋宮は本殿を持たず、自然そのものを御神体とする、古くからの信仰の姿を現在に伝えています。

諏訪地方の伝承では、タケミナカタがこの地にきて、先住の地主神や諏訪湖の龍神などの神々を征服して、鎮座したとあります。

もともとは、山の神として狩猟を守り、水源の神として農業を見守り、地元の人々の生活に深く根付いた神霊としての姿が原像と言えるでしょう。

神社ガイド

諏訪大社（長野県諏訪市・茅野市・諏訪郡）
※その他、全国にある諏訪神社

【性格】

あなたは、人とは違う前衛的な個性を持ち、現状に満足せず、つねに人より一歩先んじたことを考えるアバンギャルドな人。立場の違いやタイプの違いなど、その違いを気にすることなく、尊重するので、誰とでも仲よくなれるでしょう。

原典の「能夜行不怕」になぞらえて、その大胆さ、そして思いっきりのよさこそが、あなたの最大の武器。平凡で単調な世界には目もくれず、その態度は、いつもキッパリとしていて淡白です。

あっと驚く、旋風を巻き起こすような斬新な考えのもとに行動するので、周囲からは変人扱いされるところも。

表向きは知性的でクールですが、友情に厚く意外に寂しがりやです。そして、甘えたり突き放したりするツンデレな面も。見た目からは伺い知れないほど頑固で理屈っぽく、能書きを並べ立て、相手を論破するようなところもあるようです。

【現世宿（現在）室宿のミッション】

「處性輕躁毒害無慈悲」とあり、過激で壮大なミッションです。その思想も宇宙規模。普遍的な価値のある事業などに、自分を犠牲にして飛び込んでゆきます。企業や国といった枠を超えたエコロジー、サステナブル、サイエンスなどをテーマに、古いシステムや社会から抜け出し、未来的なライフスタイルを追い求めるでしょう。

そんなあなたの生き方に共鳴した、多くの人々を引き寄せます。仲間意識はありますが、感情的になったり、情にほだされたり、ということは少ないので、必要のないものはあっさりと切り捨てる面も。

【前世宿（過去）井宿の宿題】

前世宿・井宿の影響から、卓越した言語能力とマルチな才能を受け継いでいます。語学、インターネット、メタバースなど、そんな情報社会の中にあなたの宿題があります。とくに、多様性を掲げて活動すれば、その能力に目覚め、大きな評価へとつながります。いろいろな場所を転々とする方が、その分、有益な出会いも増え、能力も磨かれます。

普段は豪快でも、不意に自分の感情を抑えてしまうことがあるかも。そんなときは、あなたの内側にある子供の心（インナーチャイルド）に、意識を向けるように心がけて。

【来世宿（未来）氐宿のヴィジョン】

来世宿・氐宿の影響から、美しい世界、芸術分野に縁が生じることに。それは、表面的な「美」ではなく、その奥にある本物の「美」に促されます。

さらに、法を司るリーガル全般、セレブレティーな活動、有益な情報を提案するコンサルタントなどに取り組むことも、未来の青写真です。フィクサー的な人との出会いがきっかけで、未来が動きだすこともあるでしょう。ただ、目的のためなら手段を選ばないところがあり、ダークな世界と手を組むなど、一触即発の事態を招く懸念もあります。

【恋愛・結婚運】

建前や体裁をほとんど気にしないので、結果として普通の恋には無縁となります。意外に包容力もあるので、同性、異性問わず人気があります。ただ、背徳的な禁断の愛に身を焦がすこともあり、浮いた噂が多いのも事実です。また、どれほど相手を好きになっても、束縛されたくないという気持ちが働いてしまいます。

恋の場面では、つい感情的になってしまったり、言葉では伝えられない気持ちを伝えようとして、破天荒な言動になってしまうことも。現実に存在しない二次元的な恋も、あなたにとっては普通。恋愛に求めるものにも、多面性があります。

仕事もバリバリこなすので、気がつくと婚期を逃していることに。

家庭運は良好、家族に対しては意外に献身的です。連帯感が強いので、絆の深い家庭を築くことができるでしょう。

【仕事・金運】

社会の常識を鵜呑みにせず、それを覆すような発想の転換が得意です。分けへだてのない自由な精神があり、権力を握って離さない既得権益への反発も強いようです。

人気運と交友関係に恵まれ、ネゴシエイションの術も心得ているので、仲が悪い二人の間にあなたが入れば、不思議にうまく結びついてしまうでしょう。あなたの働きかけは、とても未来的なので、多くの同士を引きつけます。仲間とともに活動することで、大きな変革を果たせるでしょう。さらに、有益なトレンドを発信し、それを通して天賦のリーダーシップを発揮することに。

また、防衛関連、ホスピス、公共サービスの仕事に就くことも。古い価値や常識を打ち壊して新しいものにする、サイエンス関連や宇宙関連事業にも縁が深く、最先端のテクノロジーの分野では、偉業を成し遂げます。企画開発の分野、各種研究家、発明家、インフルエンサー、マスコミ、IT、AI、航空関係も吉。芸術、スピリチュアル関連も◎。

独創的なアイデアで、お金を稼ぎ出します。多くの支持と人気を得るため、お金は後からついてきます。暗号資産、デジタル通貨の関与は有益に。

【室宿（右腿）の開運のツボ】

人体の中では「右腿（みぎもも）」に当たります。不注意から足に怪我、血行不良から頭痛、手足の冷え、手足のけいれん、胃腸障害などが起こりやすく、さらに腎盂炎などの腎臓病や膀胱炎を患いやすいです。酒の飲み過ぎによる肝臓の故障も要注意。

そんなあなたの開運のツボは、殷門（いんもん）。背面、太腿の中央部にあるポイントです。殷門の「殷」は、「盛ん、多い、大きい、痛む」を意味します。痛みの現れる場所（門）と捉えることも。

このツボを押すことで、坐骨神経痛、腰や腿の痛み、頭痛や腰背部の痛みが改善。定期的な検診を受けて、先に対処するようにすると、持ち前のパワーを存分に発揮して、健康ライフをエンジョイできます。

【室宿の日本の花】

◉桃（もも）

古来より不老長寿の花として、そして、その神聖な力によって、呪詛、邪気祓いの効果があると言われています。

イザナギノミコトが桃を投げつけ鬼女を退治したように、桃の花はあなたを守り、さらに、桃から生まれた桃太郎さながら、天下無敵の人生に。

【室宿の日本の色】

◉今様色（いまよういろ）

「今流行り」の形容で、少し淡い紅色のことです。江戸時代に流行した色で、桃色に近い色合いです。春の桜を思わせ、日本の伝統的な美意識とも調和する色でもあります。

この色を取り入れることで、あなたの未来は盤石、全て思いのままに手にすることに。

壁宿
へきしゅく

とても優しい、スピリチュアリスト

壁宿のプロフィール

宿曜経	壁宿
和名	なまめぼし
七福神	福禄寿
十二神将	跋折羅大将
本地仏	勢至菩薩
日本の神	大綿津見神（オオワタツミノカミ）

【壁宿の宿曜経原典】

法合承君王恩寵 為性慎密慳澁有男女愛 供養天佛亦好布施 不多愛習典教

【原典の意味】

はじめの「法合承君王恩寵」は、君主からの寵愛を受け、メンターに恵まれるという意味。これは、裕福で、権力のある実力者からの待遇を得ることを指しています。

「為性慎密慳澁有男女愛」は、労りの心と慈しみの愛、男女の親密な愛。続く「供養天佛亦好布施」は目に見えない世界、信仰心です。壁宿の愛の慈しみは、困っている人々への支援、福祉、無償の奉仕活動に向けられます。また、壁宿にとっての恋愛は、人生の中で重きをなすことだと伺い知ることができます。終わりの「不多愛習典教」は、経典をこよなく愛すること。

まとめると、壁宿のメンターは神仏そのもの、またはそれに関与する聖職者と言えます。活動のベクトルが広大で、それを推し進めるための資金調達に恵まれることを示唆しています。正しい教えに導かれながら、人々の苦しみを救済する人生です。

【日本の神様　オオワタツミノカミ】

オオワタツミは、イザナギとイザナミの神生みによって生まれた神様です。神名の「ワタ」は海、「ミ」は神霊を表し、オオワタツミは海中の生物を含む海の全てを支配する神様です。

海幸彦・山幸彦神話では、釣り針を失くした山幸彦を助け霊妙な力を授けるなど、神話では神生みに登場するだけですが、海神の名でも活躍しています。

もともと海神信仰は、船乗りや漁民の間に古くからあり、海上の安全や豊漁を司る航海神や漁業神、船霊、龍神、エビス神などとも結びつき、非常に複雑な様相を見せています。オオワタツミも、そうした民俗信仰の要素を背景に成り立っている神様です。

またイザナギが黄泉から帰って禊をした際に、ソコツワタツミ・ナカツワタツミ・ウワツワタツミの三神が生まれ、総称して綿津見三神とも呼ばれます。

【日本の神様が祀られている神社】

周囲を海で囲まれた日本には、海の神様を祀る神社が多数あります。その一つの福岡市東区志賀島に鎮座する志賀海神社に、オオワタツミが祀られています。この地域は、海人を統率した古代の有力氏族・阿曇氏の発祥の地と考えられ、万葉集に「ちはやぶる 鐘の岬を過ぎぬとも われは忘れじ志賀の皇神」と歌われるように、古くから海の神が祀られていることで有名です。

志賀海神社は、神代より「海神の総本社」、「龍の都」と伝えられ、玄界灘に臨む海上交通の要地博多湾の総鎮守として、篤く信仰されてきました。

神社ガイド

志賀海神社（福岡県福岡市東区志賀島８７７）

穂高神社（長野県安曇野市穂高６０７９）

※全国各地にある、綿津見神社・海神社

【性格】

海のように心が伸びやかなあなたは、どこか夢見るようなところがあり、優しくて、そして、とことんお人好しです。「供養天佛亦好布施」とあり、現実世界では捉えられないような、この世を超えた世界で生きるスピリチュアルな人です。

多趣味で、あらゆるジャンルに興味を持ち、インスピレーションに手ごたえを感じると、どんどんイメージが広がっていきます。

高貴なものも、俗っぽいものも、スポンジのように吸収して、全て平等に扱います。そうやって、一見関連性のないものを結びつけて新しくクリエーションする、稀有な芸術肌です。

その場のムードだけで物事を判断することが多く、メランコリックで悲観的な傾向も伺えます。何かに耽り陶酔する性質なので、アルコールなどに依存して、自分をコントロールできなくなったり、他人に利用されたり、だまされたりすることも。

【現世宿（現在）壁宿のミッション】

精神的なことや抽象的なことを優先するあなたは、内なる冒険を好み、非現実的なファンタジーやメルヘンの世界に陶酔する感性の持ち主です。ただ、現実逃避するのではなく、スピリチュアルな能力を現実に活かすことが、今生のミッションです。

実際にヒーラーや占い師として活動したり、芸術作品を世の中に発表したり、とにかく理想を具現化する努力を怠らないこと。そうして、相手の心に直接に響く芸術活動を、愛を持って努めれば、あなたの愛の波動はさらに高まることでしょう。

【前世宿（過去）鬼宿の宿題】

前世宿・鬼宿の影響から、自分の「根っこ」を意識することに。根っことは、あなたのご先祖さまのこと。あなたの創造力や危機回避能力、そして物事を解決する能力など、全てご先祖様から受け継がれ、今があります。

自分一人でできることは限られています。仲間と手を取り合って、そして目には見えないけれど、あなたの中に存在する霊的なエネルギーと共に、課題に取り組みましょう。その課題とは主に、育成、養成に関与します。母性本能が発揮されるようなことに携われれば、あなたのカルマは浄化されます。

【来世宿（未来）房宿のヴィジョン】

来世宿・房宿の影響から、「執着を手放す」という未来のメッセージがあります。もし今のあなたが、情に縛られて動けない状況だとしたら、勇気を出して、そこから抜け出すことが肝心です。

今の状況に対して見て見ぬフリをすれば、なし崩し的な未来になってしまいます。例え、周囲から冷酷だと思われたとしても、それを実行するのです。

そうやって手放せば、原典の「法合承君王恩寵」の、吉祥のメンターとの出会いに導かれます。それは、生涯を通して研究し、掘り下げていく、プロフェッショナルな世界です。

【恋愛・結婚運】

異性からの人気は抜群です。恋のアドバンテージはかなり高く、あなたにとって人を愛することは、生きるための原動力。

そんな恋愛体質のあなたは、いつも恋をしていないと気がすまないでしょう。実際、恋に夢中になっているときのあなたは、水を得た魚のように輝いた目をしています。

ただ、恋に興じてしまうと、他のことがまったくと言っていいほど目に入らなくなります。付き合う人によって人生が左右されがちなので、相手選びは慎重にしなければなりません。

結婚すると、子育てに生きがいを感じ、家族に対して献身的に尽くしますが、移り気な浮気性は治りません。

子供からは多くを学ぶことになるでしょう。ただ、とても子煩悩なので、子供にはちょっと甘いかもしれません。

【仕事・金運】

人を信じて疑わず、豊かな慈悲の精神に満ちているあなたは、人に奉仕することで、生きる喜びを感じます。芸術的な才能があり、人に夢を売るような世界では、ひときわ異彩を放ちます。

フェアリーテイルな世界、幻想文学といった非現実的な世界、アニメ業界、詩人、小説家、絵本作家、音楽家などに向いています。また、人を労わり癒す仕事、ヒーリング、セラピスト、福祉、医療関係も適職です。

夢想的な人生で終わるか、あるいはその豊かな芸術センスを具現化できるかは、この世界をしっかりと見据える、現実的な視点を持っているかどうかにかかっています。もしその視点をおざなりにすれば、あなたの生活は困窮し、行く先のない浮き草のような人生になることを肝に銘じておきましょう。

絵画や音楽、物づくりなど、クリエイティブな活動をすれば、金回りがよくなります。権利収入、利殖、蓄財運に恵まれているので、お金を増やしていくことは可能です。

貸したお金は戻ってこない暗示。騙されやすいので、情でのお金の関与は要注意。絵画や彫刻、骨董品や優れた美品全般など、アート作品を投資対象にするのは大吉です。

【壁宿（左腿）の開運のツボ】

人体の中では「左腿（ひだりもも）」に当たります。慢性疲労から、免疫に関連する臓器である脾臓の病気を患いやすい傾向が。感染症にも注意です。また、ストレスから血行障害を起こしやすく、手足の冷え、外反母趾やタコなど足の疾患も。不注意や交通事故による足の骨折、ケガにも十分注意です。

そんなあなたの開運のツボは、血海（けっかい）。足の太陰脾経で、太腿前面、膝の皿の内側のヘリを親指2本分上がった位置にあるポイント。

このツボを押すことで、川の水が海に戻るように、血を脾に引き戻すことができます。また、婦人病のための要穴で、血液循環をよくし、風の邪気を除去し、湿気を取り去ります。

【壁宿の日本の花】

◉睡蓮（すいれん）

水の妖精に由来し、未の刻に花を咲かせることからついた名前です。夜、花を閉じ水に潜り、昼また水面に浮かぶ、睡（ねむ）る蓮。信頼、信仰、甘美を意味し、別名は未草です。

睡蓮の花のエネルギーを取り入れることで、芸術的センスが開花し、ポエティックな世界へ。

【壁宿の日本の色】

◉真朱（まそお）

真朱とは、自然界の土の中から掘り出した朱のことで、鮮やかな赤色です。伝統的な日本の色の一つで、歴史深い衣服や装飾品に使用されます。

この色を身に付けることで、あなたの心の奥にある神秘の扉が開くでしょう。

奎宿
けいしゅく

繊細な心を持つロマンチスト

奎宿のプロフィール

宿曜経	奎宿
和名	とかぎぼし
七福神	福禄寿
十二神将	跋折羅大将
本地仏	勢至菩薩
日本の神	豊玉毘売命（トヨタマヒメノミコト）

【奎宿の宿曜経原典】

法合有祖父産業 及有經営得錢財 物合用盡後更得之事無終始為性好布施 亦細澁業 合遊蕩足法用 慕善人作貴勝律儀之事 無終始賞男女 愛教学典教

【原典の意味】

「法合有祖父産業 及有經営得錢財」は、先祖代々からの恩恵、経営のセンスと財運を示しています。「物合用盡後更得之」は、目標達成能力。「事無終始為性好布施 亦細澁業」は、施しと思いやりを意味します。天徳、人徳とともに三徳の「地徳」に恵まれ、ご先祖様の加護により経営センスを発揮します。奎宿の施しは「言辞施」に通じ、つねに慈しみの笑顔で周囲に接し援助します。また、ときに保護者のように献身的に強い責任感で事にあたり、愛のためなら自己犠牲も厭わないことを暗示しています。

「慕善人作貴勝律儀之事」は、善き人を敬い尊敬すること。「合遊蕩足法用」は、意外と遊び好き。「愛教学典教」は、辞典と数字を意味します。奎宿は基本的には善人で、大いなるものの偉大さや神聖さに対する、畏敬の念を持っています。

愛に関しては、密かに忍び逢う性質は否めません。

【日本の神様　トヨタマヒメノミコト】

トヨタマヒメは、海神・オオワタツミの娘。姿かたちは見目麗しい女性を表し、浦島太郎に登場する乙姫のルーツになったとも。

山幸彦・海幸彦神話では、兄の海幸彦に無理難題を突きつけられて海神の宮にやってきた山幸彦と出会い、一目惚れで恋に堕ち、二柱は結婚し身籠ります。海神の霊力を得た山幸彦は、兄の海幸彦を見事に降伏させます。

トヨタマヒメは、海辺での出産の際に、「子を産むときは元の姿に戻るので、決して見ないでほしい」と、夫に告げます。そんな中、産屋の中でワニの姿で苦しんでいるところを山幸彦に覗き見されて、ひどく悲しみ、赤子をおいて海の国に帰ってしまい、海と陸との通路も閉じてしまいます。

この神話でのトヨタマヒメは、海の神の霊力と山幸彦の山の神の霊力を媒介する役割を果たします。また、それによって富と権力、子孫繁栄を保証するという性格から、一般に聖母神であると同時に、福を招き、出世を約束する女神と考えられています。

【日本の神様が祀られている神社】

豊玉姫神社は、知覧特攻平和会館の近くにある神社です。広々とした境内は落ち着いた雰囲気。毎年7月9～10日の六月灯では、全国でも珍しい水車の動力を利用した「水からくり人形」が奉納され、2万人近い観客で賑わいます。江戸時代から続く、全国でも鹿児島にしかない貴重な文化財です。

境内には、トヨタマヒメの遣いとされる、白なまずを祭った「なまず社」があります。そのなまずは、とても美しく、触るとツルツルとした質感。参拝の後「願い水」を柄杓ですくって、なまず様にかけて美肌祈願をしてみては。

神社ガイド

豊玉姫神社（鹿児島県南九州市知覧町郡）
海神神社（長崎県対馬市峰町木坂２４７）
多久比禮志神社（富山県富山市塩６９０）

【性格】

あなたは、感受性が強く、繊細な心を持つロマンチスト。幻想的なものを愛し、現実離れした魅力があります。心とインスピレーションで物事を判断し、人の気持ちを敏感に察知。優しい心遣いをします。「事無終始為性好布施 亦細澁業」とあり、同情心も人一倍強く、困っている人や、自分を頼ってくれる人を放っておけません。絶えず流れる水のように、いろいろな状況に適応して染まる、親和力と同化の力がありますが、ともすると人に感化されやすく、依存や甘えが出る自堕落的な一面もあります。夢ばかり見て現実逃避しがちで、誰かにものを頼まれると絶対に嫌とは言えないところが災いとなり、人に利用されたり、騙されたりすることも。

【現世宿（現在）奎宿のミッション】

あなたはとても繊細なので、対人恐怖症で自分の殻に閉じこもったり、一定期間、病気や何らかの理由で自由を拘束、または束縛された暮らしを強いられるかも。また、あなた自身も孤独を愛し、外界から隔離されたような生き方を望むことも。

そんな心の闇を経験したあなただからこそ、困った人々や悩める人々の気持ちが、手に取るようにわかるのでしょう。その経験を芸術活動に昇華させるのが、あなたの今生のミッションです。歌や詩や絵といった間接的なコミュニケーションを用いて、人々に感動を伝えましょう。

【前世宿（過去）柳宿の宿題】

前世宿・柳宿の影響から、あなたは人々の心の救済のために役立つ生き方を望んでいるでしょう。テーマは、家族や仲間、子供です。

画家、パブロ・ピカソは、多くの名言を残しています。その一つである「子供は誰でも芸術家だ。問題は大人になっても芸術家でいられるかどうかだ」というメッセージは、まさにあなたに向けられたカルマの言葉です。アートで子供達の素直な感性を引き出すような、情操教育に関与するのは有効。つまり、あなたの前世の宿題は、アートを通じてより親密な仲間作りをすることを示唆しています。

【来世宿（未来）心宿のヴィジョン】

来世宿・心宿の影響から、メディカルな世界へと進む暗示があります。日々の生活に瞑想を取り入れましょう。瞑想は脳の活動に良好な効果を及ぼし、リラクゼーション、さらには慈愛や情緒の安定といった好ましい状態をもたらします。

ストレスを軽減し、健康を推進する活動はあなたの未来の課題です。たとえば、ホメオパシーや漢方などの代替医療、身体に生来備わっている生命力の流れの回復を目標とする活動はどれも有効で、その活動は後に、大きな社会貢献につながるでしょう。

【恋愛・結婚運】

相手の気持ちや立場に立って考えることができるのはいいのですが、全てを相手の好みに合わせてしまう依存の傾向もあります。

異性からモテるタイプですが、秘密を持ちやすく、二重の恋に陥る可能性があります。

愛に幻想を抱いていて、恍惚の時間を楽しみ過ぎたり、盲目の恋に身を投げたりと、少々極端な方向にいきがち。相手と、つねに一体化していたいと願っています。

表向きは優等生を装っていますが、自分自身がもっと輝けるような恋愛がしたいとか、未知の世界に飛び込んでみたい、といった欲望に揺れることもあるようです。

玉の輿運があり、折り紙付きの結婚相手から有形無形の援助を受けることができるでしょう。

夫婦仲のよい、アットホームな家庭を築くことができますが、意外に浮気性の人が多いのも事実です。

【仕事・金運】

想像力や、感性を活かせる世界で活躍する使命があります。文学や芸術、文章との関わりを積極的に増やすことで、仕事のポテンシャルが上昇するでしょう。イマジネーションやファンタジーは、あなたの頭の中でどんどん広がっていくので、それを芸術的なベクトルに向けると、素晴らしいクリエーションの実現となります。

ただ、型にはまった仕事は大の苦手。プライベートとオフィシャルの境目がなくなりがちで、ついつい公私混同したり、周囲や時代の流れに巻き込まれたり、自分を見失ってしまうところも。

アートや音楽を通じて感性を活かせる業界、画家、作詞家、作家、ダンサーに向いています。精神的な問題や深層心理に関与する分野、医療、福祉、セラピストも吉。水商売は大成功の暗示ですが、酒は飲んでも飲まれるな、を肝に命じておきたいもの。

浮かんだインスピレーションを現実に落とし込む

ことができれば、予想以上の結果に導かれ、保証のない冒険にあえてチャレンジすることで、払った犠牲以上の幸運が訪れます。

原典に「法合有祖父産業 及有經営得錢財」とあり、金銭面で、先祖代々からの多くの恩恵があります。経営センスもあるので、財運は良好です。

【奎宿（膝）の開運のツボ】

人体の中では「膝」に当たります。手足の冷え、膝に関わる病気やケガに注意しましょう。

また、靴が原因で外反母趾になったり、タコを作ってしまったりと足を痛めやすい傾向も。突発的な高血圧や喉・気管支などの病気にも気をつけて。

そんなあなたの開運のツボは、陰谷（いんこく）。膝を曲げたときに出る内側のシワの先の窪みのポイント。腎経の合水穴で、のぼせや血脈の漏れを主治します。腎経は、「作強の官」と言われ、人体の生命活動を維持する精（せい）を貯蔵、供給し、全身の水の代謝を司ります。

このツボを押すことで、活動的になり、腎が整い強くなります。腹部の張りを和らげ、下肢のほてりや汗を調整。膝の痛みを緩和します。

【奎宿の日本の花】

●茉莉花（まつりか）

古くから、香りの良さで香料やお茶として親しまれている花。愛らしさ、純粋を表し、ひたむきで清らかな心を持つ、あなたにぴったりの花です。

この花を取り入れることで、幸運を引き寄せ、持ち前の技能が花開き、ポテンシャルも高まります。

【奎宿の日本の色】

●深縹（こきはなだ）

藍染の中で最も濃く深い色。伝統的な藍染技法で得られる色です。「ふかきはなだ」とも。古文書や文学作品などの伝統芸術で見ることができます。

この色を味方につければ、持ち前の芸術的才能は、さらなる高みへと向かうでしょう。

婁宿

ろうしゅく

正義感が強く、アイデアが豊富

婁宿のプロフィール

宿曜経	婁宿
和名	たたらぼし
七福神	毘沙門天
十二神将	迷企羅大将
本地仏	阿弥陀如来
日本の神	天宇受売命（アメノウズメノミコト）

【婁宿の宿曜経原典】

法合多技能少疾病好解医方 性好和合布施 足田疇多遊僕従 合事君主 受性勤公務稟志慎密

【原典の意味】

はじめの「法合多技能少疾病好解医方」は、手先が器用、一芸に秀でた能力、医療に精通するという意味。続く「性好和合布施」は、男女の営み、施しを意味します。布施にもいろいろな種類がありますが、婁宿の場合「無畏施」に通じ、病気や災難などに遭っている者を慰めて、その恐怖心を除くことを示唆しています。

最後の「足田疇多遊僕従 合事君主 受性勤公務」は、旅を好み、志が高く公務に勤しむことを示しています。旅を好む、ということからは、危険を顧みない冒険心があるということがわかります。そして、婁宿の志は、原理主義に通じ、根源的な教えを至上のものとして信じる傾向があります。

また、婁宿は、仕事に対する熱意やモチベーションが高く、いざというときに頼りになる、マネージメント力とサポート力にも秀でていると、前述のくだりから読み取ることができます。

【日本の神様　アメノウズメノミコト】

アメノウズメは、天岩戸神話でアマテラスを外に誘い出すために熱狂的な踊りを披露した、日本の神楽や芸能のルーツとされる女神です。日本書紀に「巧みに俳優（わざおぎ）をなし」と記されています。天岩戸の前に集まった大勢の神々の前で、アメノウズメは伏せた桶の上に立ち、胸をはだけて、さらに衣を下げ女陰（ほと）を露わにして踊ります。

すると八百万の神々は、天も揺れるほど笑いました。その騒ぎが気になったアマテラスが外を覗くと、アメノタヂカラオが手を取り、引き出しました。こうして世界に太陽の光が戻ったと言われています。

古くから俳優（演者）とは、神霊を招いて面白おかしく振る舞いを演じて、慰め、楽しませることを言います。また、笑いや踊りは邪気を払うものと信じられ、神を招き入れて祝福するために、笑ったり踊ったりする行事は全国に見られます。

【日本の神様が祀られている神社】

鈴鹿山脈の麓に鎮座する椿大神社は、仁徳天皇の御代、御霊夢により「椿」の字をもって社名とされました。三重県でも参拝者の多い神社の一つで、さまざまな神様が祀られています。本殿を後にして少し左側へ下りると、別宮椿岸神社があります。

サルタヒコの妻神、アメノウズメはこちらに祀られています。椿岸神社は、芸能や縁結び、夫婦円満などにご利益があるとされ、多くの方に参拝されています。

境内の本格的な茶室「鈴松庵」は、経営の神様と呼ばれた松下幸之助氏から寄進されたものです。

神社ガイド

椿岸神社（椿大神社別宮）（三重県鈴鹿市山本町1871）

佐倍乃神社（宮城県名取市愛島笠島字西台1－4）

鈿女神社（長野県北安曇野郡松川村字大仙寺6695－1）

【性格】

勇敢で正義感の強いあなたは、何よりも曲がったことが大嫌い。アイデアが豊富で、独特の感性を持っていて、豊かな才能に恵まれています。

「足田疇多遊僕従」とあり、好奇心が旺盛で、危険なことなどものともしない、勇猛果敢なところがあります。自我も強く、他人の考えに左右されることは滅多にありません。思ったことは忌憚なく発言し、自分の要望や意見は怯まず強引に押し通します。

批判精神も旺盛で、行動力があり、とても負けず嫌い。どんなことがあっても頑張りぬく精神力を持ち合わせています。

ただ、こうと思ったら無我夢中で突っ走るため、冷静に周囲を見まわす余裕がなくなるのが難点。気ままで他を省みないところや、すぐに結果を得ることを要求する直情的なところもあるので、周囲からは自分勝手な人と思われているかもしれません。

【現世宿（現在）婁宿のミッション】

一石を投じるような、新しい波、新しい何かをつくり出すこと、そして、革新的なアイデアで社会に変化をもたらすことが、あなたの今生のミッションです。あなたは、動いていたり走っていたりするときに、次に何をすればよいのかが直感でわかります。動きながら問題を解決するタイプです。

また、スピード感を持って、短期間で成長する運があります。机上の空論で時間を割いていては、あなたの人生の喜びは半減してしまいます。まずは、アクションを起こすことが何よりも大事です。

【前世宿（過去）星宿の宿題】

前世宿・星宿の影響から、プライドを持てるような仕事や知識、技術を得る課題があります。また、創作活動を通して表現力を磨くことも、大事な宿題。

心の中ではいつも、何か形にしたい、クリエーションしたいという衝動と欲求が渦巻いています。その衝動と欲求に耳を傾けるだけで、すぐさま手が動いて、何かをつくりはじめている自分に気づくはず。

そんな駆り立てられる創作意欲に対し、素直に準じて行動すれば、カリスマ性が発揮でき、自尊心と向上心に満ち溢れた、輝かしい人生になるでしょう。

【来世宿（未来）尾宿のヴィジョン】

来世宿・尾宿の影響から、冒険と旅に明け暮れる未来です。名誉や人望のある政治経済界の有職者との出会いがきっかけで、出世や成功を収め、大きく飛躍します。それは、海外や異文化との関与によるもの。そんな関わりを通して、社会の発展や人々が目指していくべき方向について思案することになるでしょう。

いずれにせよ、大胆なチャレンジに踏み切ったり、遠い地に赴いたり、国や人種の違いを超えて、何かを教え広めるために尽力する未来となります。

【恋愛・結婚運】

とても情熱的な恋愛を求めています。興味をそそる誘いがあれば、危ない恋でも飛び込んでしまいます。落ち着きのある恋愛には無縁で、退屈な日常を打ち破ってくれるような恋を追い求めています。

相手にその気がなくてもお構いなし。ひたすら押しまくる、身勝手で強引な恋愛になりがちです。ただ、簡単に手に入れた異性ほど、すぐに飽きてしまうでしょう。年齢の離れた関係の方が、意外にうまくいくことも。

相手選びが慎重になりすぎて、晩婚になるケースが多いでしょう。結婚するとテキパキと家事もこなしますが、とってもタンパクなので、生活には潤いや安らぎが欠けやすいかもしれません。

【仕事・金運】

あなたは、燃えるような情熱で人々の心を奪う、素晴らしいパイオニア精神に恵まれています。原典に「受性勤公務稟志慎密」とあり、セルフイメージが高く、自分の得意なこと、苦手なこと、周囲からどう見られていそうかなど、自分のことをよく理解しています。大きな理想を掲げ、行動力と向上心を持って、自ら周囲を引っ張っていきましょう。

ただ、ときにワンマンな行動が過ぎて暴走してしまうことも。自分勝手にどんどん事を進め、遅れが出ることに我慢できないところが目立つと、人が離れてゆき、孤高を味わうことになるので注意して。

火災に関与する業種、消防士や警察官、防衛機関などに従事するのもいいでしょう。開拓精神が旺盛なので営業職、販売業界、自営業、起業家としても技量を発揮します。激しい闘争や競争を楽しむところがあるので、スタートアップ業、スポーツ関連全般も適職となります。どちらにせよ、周囲に評価され、賞賛を得ることが収入につながります。

勝負運があるので、基礎知識をしっかり身に付けた上で、株式投資などの資産運用に乗り出すことは有効。短期間でハイリターンを狙えるでしょう。

【婁宿（脛）の開運のツボ】

人体の中では「脛（すね）」に当たります。交通事故などによる脛の骨折、打撲などに注意。持ち前のバイタリティーが、裏目に出ないように配慮しましょう。

何かと頑張ってしまう性分なので、頭痛やのぼせなど肩から上に血が集まる傾向があり、高血圧、脳出血、脳梗塞を患うことも。

そんなあなたの開運のツボは、懸鍾（けんしょう）。下腿外側、腓骨の前方、外くるぶしの上方4寸（手の指5本分）にあるポイント。骨や血の元になる骨髄液の疾患を主治するツボで、鍾の由来は、踊り子や子供がここに鈴を吊り下げたことである、という説があります。

このツボを押すことで、風の邪気や湿気による重だるさや浮腫みを取り去ることができ、筋肉と骨の働きがよくなります。気の逆上による過呼吸や、呼吸の乱れを改善する効果も。

【婁宿の日本の花】

◉花車（はなぐるま）

大正時代、街を彩る日傘から付けられた名前。つねに上を向いて花を咲かせることから、希望、前進、限りなき挑戦という意味があります。

婁宿の前向きな姿に力を加えてくれる花です。この花のエネルギーを取り入れることで、士気が高まり順調に事がはかどるでしょう。

【婁宿の日本の色】

◉赤橙（あかだいだい）

赤とオレンジが混ざったような色で、やや赤みの濃い橙色のことです。赤橙は、ミカン科の果実ダイダイの成熟が進んだ色で、熟した柿のような色と言えます。

あなたにとって、この花のエネルギーは、心身のバランスを整えてくれるもの。創造力が強化され、モチベーションも上昇します。

胃宿

いしゅく

情熱的で闘争心が旺盛

胃宿のプロフィール

宿曜経	胃宿
和名	えきへぼし
七福神	毘沙門天
十二神将	迷企羅大将
本地仏	阿弥陀如来
日本の神	猿田毘古神（サルタヒコノカミ）

【胃宿の宿曜経原典】

法合膽硬悪性霊耽酒嗜肉 愛驅策劫奪強暴 稟志軽躁足怨敵 饒男女多僕従

【原典の意味】

はじめの「法合膽硬悪性霊耽酒嗜肉」は、肝の据わった図太さ、おごりたかぶった態度、人に頭を下げない暴君を表しています。続く「愛驅策劫奪強暴」は、不遜な態度、勝ち取る、奪い取る、強奪を示しています。

胃宿は、欲しいものは力ずくで奪い取って手中に収め、目的に沿って強引に推し進める、ブルドーザー的な破壊力があります。スクラップアンドビルドのように創ることと、壊すことは表裏一体であり、切っても切れない関係だということを、胃宿はよく理解しています。

終わりの「稟志軽躁 足怨敵 饒男女多僕従」は、秩序が乱れる波乱、事変の相で、敵も多いが味方も多い野心家を意味しています。このくだりから、軍を指揮し統率した戦国時代の武将のように、局面における具体的な作戦、もしくは目標達成のための戦術に長けていることを読み取ることができます。

【日本の神様　サルタヒコノカミ】

サルタヒコは、天孫降臨神話に登場する神様です。その姿は、鼻の長さが七咫（約120cm）もあり、背の丈は7尺（約210cm）あり、口と尻は明るく光り、目は八咫鏡のように丸く大きく、まるで真っ赤なホオズキのように輝いています。

サルタヒコは、高天原からニニギの御一行を迎えるために、天八衢（あまのやちまた）まで出向きました。ところが、その姿があまりにも異様なので、ニニギに随行していたアメノウズメは、相手を圧倒するために乳房を露わにし、裳をへその下までおろした姿で、サルタヒコに向かって「お前は何者か？」と問い正します。すると、サルタヒコは「天孫の道案内のために来た国津神です」と返答します。程なくして先導を許され、ニニギの一行を高千穂まで導きます。この話から、のちにサルタヒコは、導きの神・警護の神となりました。

【日本の神様が祀られている神社】

白鬚神社は、湖中に朱塗りの大鳥居があり、国道をはさんで社殿が鎮座しています。近江最古の大社で、創建以来2000余年の歴史を誇り、現在の社殿は豊臣秀吉の遺命によって造営したものです。また、数え年2歳の子の無事成育を祈る「なるこまいり」はとても有名で、9月5日、6日の例大祭には、全国から参拝者が訪れます。

境内には、明星派の歌人である与謝野鉄幹・晶子夫婦が、神社を訪れた際に詠んだ歌を刻んだ歌碑があり、西近江七福神の寿老神が祀られています。

神社ガイド

椿大神社（三重県鈴鹿市山本町字御旅1817）
白鬚神社（滋賀県高島市鵜川215）
巻堀神社（岩手県盛岡市巻堀本宮22）

【性格】

情熱的で闘争心が旺盛なあなたは、原典に「法合膽硬悪性霊耽酒嗜肉」とあるように、とても自信家で肝が据わった人。短気で気性が激しく、好き嫌いがハッキリしています。遠回しに言ったり、遠慮したりしないで、直接にはっきりとモノを言う、正直者です。

頭の回転が速く、おまけに緻密なので、チャンスを掴むタイミングのよさは抜群です。好奇心が旺盛で、人を笑わすような演出が大好き。行動力も人一倍ありますが、自分勝手な面があり、その出すぎた行動が原因で、周囲から反発を買う傾向があります。

猛々しくて、何が起きても動じない真の勇気がありますが、意外に陰湿で執念深い面もあるようです。自分のポジションにとって有利な発言ばかりするところがあり、そんなワンマンな振る舞いが過ぎると、炎上を引き起こす危険性があるので、まずは、相手の考えを受け入れることが大事です。

【現世宿（現在）胃宿のミッション】

リーダーシップを発揮しながら、何かを切り開いていく人生です。本当にやりたいことや好きなことを純粋に追いかけてゆけるパワーに溢れています。その働きを通して、多くの知識と雑学を養うことになるので、やりたいことはぜひ行動に移して。

そうした自立、自営、起業を通して、価値のあるものを所有することになるでしょう。オークションビジネスに携わることも有効。持ち前の勝負運を存分に活かすことができれば、一攫千金も夢ではありません。ただ、そのためには、お金の流れや経済の動きを勉強することが必要。

【前世宿（過去）張宿の宿題】

前世宿・張宿の影響から、人前で自分をアピールし、クリエーションする課題があります。エンターテイメントやレジャーを通して、内在する「何か楽しいことをしたい」という欲求を、喜びで満たして。

そんなジョイフルな世界を通して、監修やプロデュースという、全体を取り仕切る重要な役割を担うことになり、その努力は後に実を結ぶ可能性大。

表現力に磨きをかけることも忘れずに。自分自身への投資は、とても有益な結果につながるので、惜しまず実践しましょう。

【来世宿（未来）箕宿のヴィジョン】

来世宿・箕宿の影響から、人生を旅のように楽しむ未来です。ジャンルを問わず、響き合うものを求めて突き進みます。

あなたの魂を突き動かしているのは、未知の世界に対する夢と希望、そしてフィロソフィー。精神的に高度な体験を追い求めることになるでしょう。それは、崇高で厳かで、神秘的な世界です。「悟り」といった言葉に胸をときめかせるかもしれません。お寺で座禅を組んだり、精神的な冒険を求めて世界を旅したり、ワールドワイドに視野を広げることで、イキイキとした未来となるでしょう。

【恋愛・結婚運】

生意気で強引ですが、フェロモン過多の人が多いので、異性にモテるタイプとなります。

障害のある恋愛であるほど燃え上がり、情熱的に相手を愛します。けれども、相手の全てを奪い取ろうとするところがあり、束縛したり嫉妬深くなったりします。

また、外見にこだわるタイプで、見た目を重視して相手を選ぶ傾向が強いようです。退屈な毎日に刺激を与えてくれるような、アナーキーな人を好んでいます。年齢の離れた恋の方が、成就する可能性があります。

結婚すると、得意な料理で相手を喜ばせます。ただ、相手が自分に対して、我慢をしていることに気がつきません。

腹にすえかねた相手に、ある日突然、三行半を突きつけられることもあるようです。でも、そのことで傷つくことは、ほとんどありません。

【仕事・金運】

直感力と決断力は秀逸です。人の気持ちを掻き立てる先駆者としての役割があり、何事も率先して行動を起こし、社会に新しい風を吹き込みます。

自分はつねに正しいと思っています。自己本位になりがちで、相手に対して優位に立ちたい気持ちが強く、ついマウントしてしまいがちです。

何事も自分のやり方を貫き、欲しいものを必ず手に入れる、はかり知れない勇気と能力を備えていますが、説明責任を果たさないことが往々にあり、自分の間違いを認めることは決してありません。

「愛驅策劫奪強暴」とあるように、押しが強く、あたりを蹴散らす勇気があるので、改革運動家、政治、軍事、開拓者、冒険家、格闘家、スポーツ関連、起業家などでは類まれな才能を発揮します。

貿易関係、飲食関係、整体師も◎。人に追従するよりも、自分の裁量が発揮できる仕事に就くか、腕一本で稼げる技術を身に付けることが大切です。

鼻が効くので、お金のチャンスをつかむタイミングを心得ています。視界に入るマネーチャンスを、確実に手元に引き寄せます。勝負運があり、ギャンブルや投資は吉と出ますが、あなたの金運は乱高下があることを忘れずに。

【胃宿（足先）の開運のツボ】

人体の中では「足先」に当たるので、手足の冷え、足腰の病気・ケガには十分に注意して。短気で気性が激しい面が災いし、高血圧とそこから来る脳出血、脳梗塞といった疾患にも留意が必要です。

そんなあなたの開運のツボは、太衝（たいしょう）。足の甲。親指と人差し指の骨の間を上に擦り上げて行って指が止まるところの窪み、足背動脈拍動部のポイント。肝の原穴で、元気が多く集まるところであり、身体のだるさや関節痛を主治します。

このツボを押すことで、気の働きがよくなり血流が整います。また、頭がスッキリし、不安感や意識障害、朦朧とした状態が改善されます。さらに、気の流れがよくなり、肝の機能が回復する効果も大。耳鳴り、難聴、眩暈、のぼせの治療穴でもあります。

【胃宿の日本の花】

●山査子（さんざし）

江戸時代、中国から伝来し、漢方薬としても使用されている、古くからの不老長寿の妙薬です。厳格、希望、成功の意味を持ちます。

この花を味方につければ、あなたの真の勇気は一層の強さが加わり、強さがとこしえに続くでしょう。

【胃宿の日本の色】

●弁柄色（べんがらいろ）

赤褐色を帯びた温かみのある土色で、日本の風土や文化によく調和する色です。日本人にとって親しみやすい色として知られていて、縄文時代から使われてきた色です。

この色を身に付けることで、まるで外堀が固まるかのように、心強い味方に恵まれます。

コラム③

業(前世宿)：カルマのワーク

音楽の天才モーツアルト（斗宿）は、５歳にして協奏曲を作曲しました。これは明らかに、前世の記憶が引き継がれています。また、初めて訪れた場所なのに、初めて会った人なのに、すでにどこかで経験したような、会ったような感覚を「デジャヴュ」と言います。これは前世で経験した何かの記憶が、一瞬ひらめく感覚です。

私たちは人生を通して、さまざまな人に出会い、様々な活動に勤しみ、多くの経験をします。趣味や考え方、好きなものも人それぞれです。

でも、そんな好みやこだわりとは別に、どうしても惹かれる事柄は、紛れもなくあなたにとっての人生のカルマ（宿題）と関係があります。それをとことんまで追求してみることは、カルマの昇華につながります。

あなたの人生のカルマ(宿題)が最も鮮明に現れるタイミングは、「業」の日です。「業」の日のタイミングは、一年に12回から13回訪れます。この日に、不思議なデジャヴュ体験をすることが本当に多いです。

前世の記憶を探りたいのなら、「業」の日にワークをしましょう。たとえば、ＳＮＳで見て妙に気になる場所があるなら、出かけてみましょう。実際に足を運んでみることが大事です。あなたの前世での大事な記憶、宿題を思い出す糸口となるでしょう。

また、「業」の日は、功徳に勤しむことが大事。「徳」は陰徳や陽徳などいろいろとありますが、大きく３つに分類されます。

◉天徳　（神仏からの徳で来世に関与します）
◉地徳　（先祖からの徳で前世に関与します）
◉人徳　（人からの徳で現世に関与します）

前世のカルマに対応する徳は「地徳」です。よって「業」の日のワークは、ご先祖様に手を合わせることで、カルマの昇華につながります。

自分の「業」の日を知りたい場合は、巻末「宿曜占星術本命宿早見表」から前世宿を探すことで確認できます。例えば、昴宿生まれの人の「業（前世宿)」は翼宿。

2025年の「翼宿」の日は、1月16日、2月12日、3月12日、4月8日、5月6日、6月2日・29日、7月29日、8月24日、9月20日、10月17日、11月13日、12月11日です。

27宿の「開運のツボ」

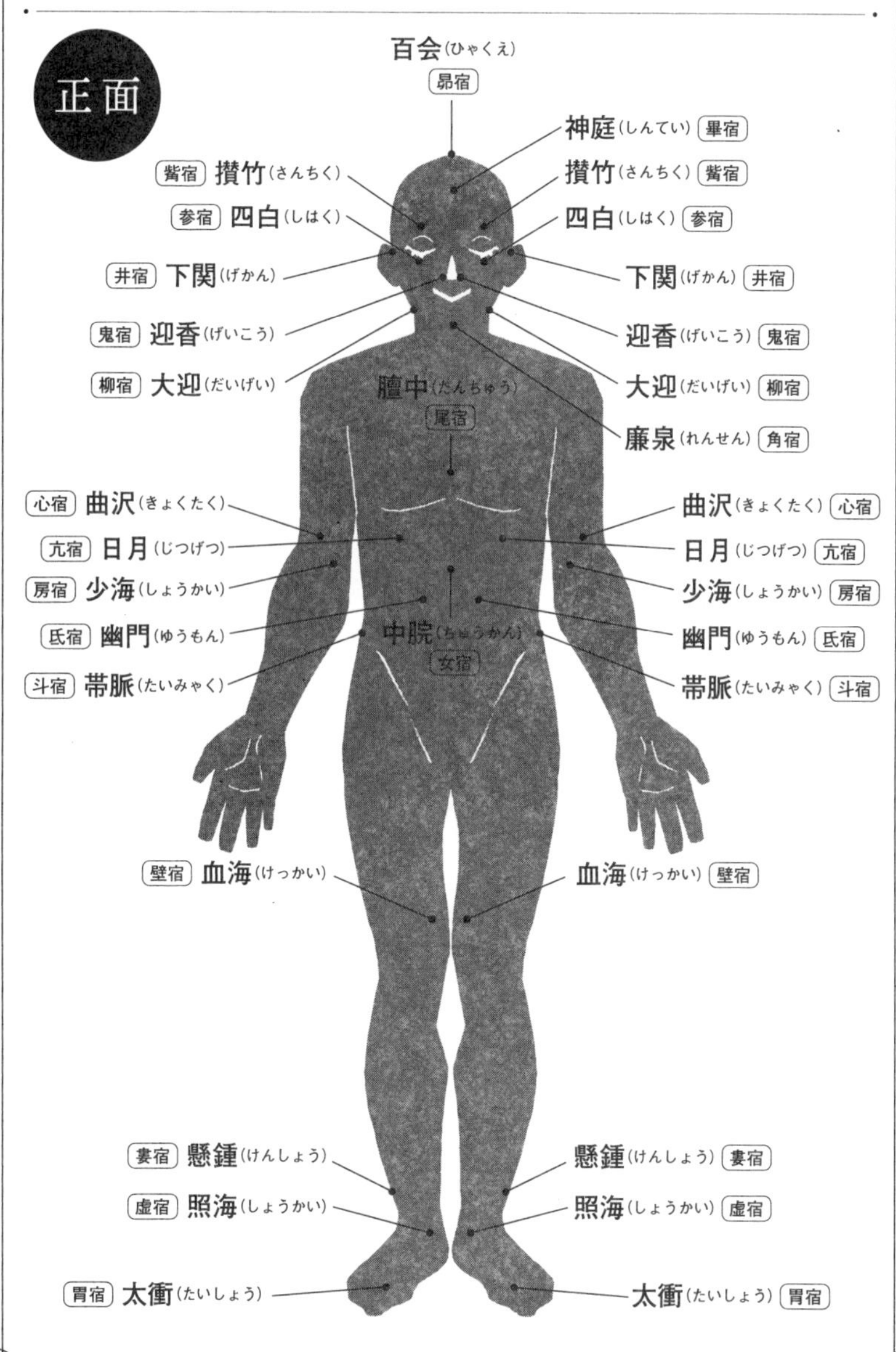
正面
百会(ひゃくえ)
昴宿
神庭(しんてい) 畢宿
觜宿 攢竹(さんちく)
攢竹(さんちく) 觜宿
参宿 四白(しはく)
四白(しはく) 参宿
井宿 下関(げかん)
下関(げかん) 井宿
鬼宿 迎香(げいこう)
迎香(げいこう) 鬼宿
柳宿 大迎(だいげい)
膻中(だんちゅう)
尾宿
大迎(だいげい) 柳宿
廉泉(れんせん) 角宿
心宿 曲沢(きょくたく)
曲沢(きょくたく) 心宿
亢宿 日月(じつげつ)
日月(じつげつ) 亢宿
房宿 少海(しょうかい)
少海(しょうかい) 房宿
氐宿 幽門(ゆうもん)
幽門(ゆうもん) 氐宿
中脘(ちゅうかん)
女宿
斗宿 帯脈(たいみゃく)
帯脈(たいみゃく) 斗宿
壁宿 血海(けっかい)
血海(けっかい) 壁宿
婁宿 懸鍾(けんしょう)
懸鍾(けんしょう) 婁宿
虚宿 照海(しょうかい)
照海(しょうかい) 虚宿
胃宿 太衝(たいしょう)
太衝(たいしょう) 胃宿

27宿の「開運のツボ」

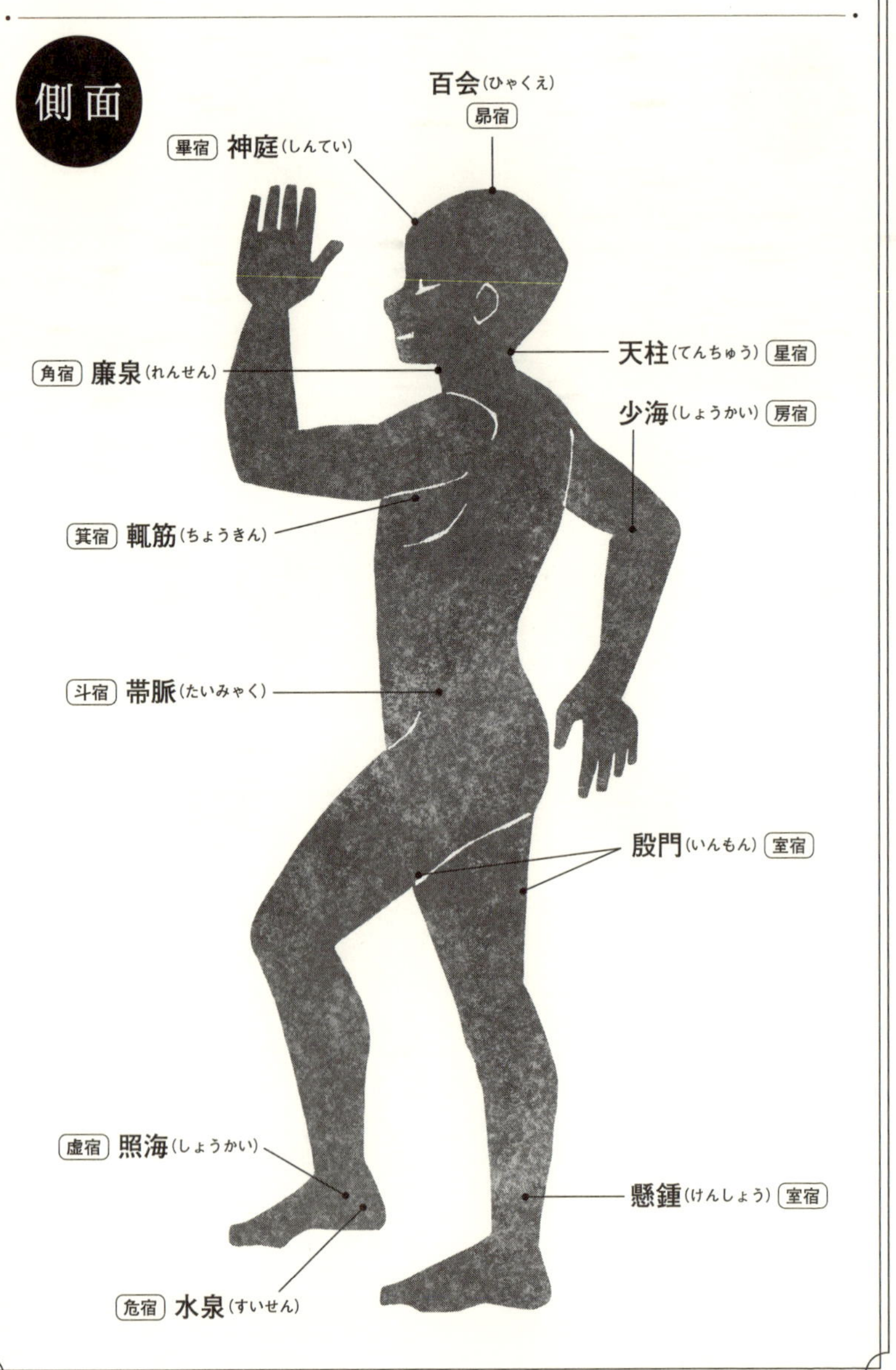

側面
百会(ひゃくえ)
昴宿
畢宿 神庭(しんてい)
天柱(てんちゅう) 星宿
角宿 廉泉(れんせん)
少海(しょうかい) 房宿
箕宿 輒筋(ちょうきん)
斗宿 帯脈(たいみゃく)
殷門(いんもん) 室宿
虚宿 照海(しょうかい)
懸鍾(けんしょう) 室宿
危宿 水泉(すいせん)

27宿の「開運のツボ」

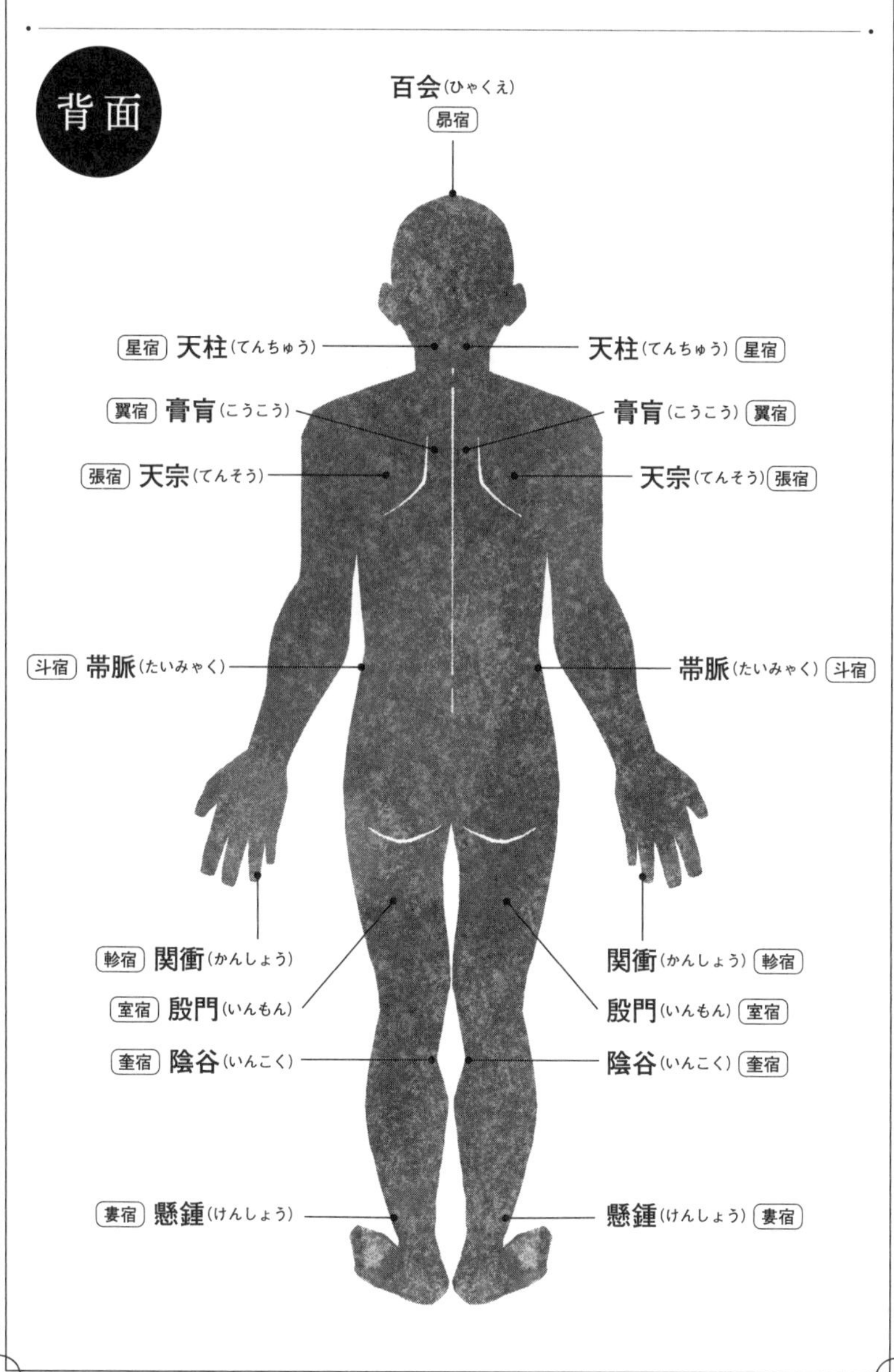

背面
百会(ひゃくえ)
昴宿
星宿
天柱(てんちゅう)
天柱(てんちゅう)
星宿
翼宿
膏肓(こうこう)
膏肓(こうこう)
翼宿
張宿
天宗(てんそう)
天宗(てんそう)
張宿
斗宿
帯脈(たいみゃく)
帯脈(たいみゃく)
斗宿
軫宿
関衝(かんしょう)
関衝(かんしょう)
軫宿
室宿
殷門(いんもん)
殷門(いんもん)
室宿
奎宿
陰谷(いんこく)
陰谷(いんこく)
奎宿
婁宿
懸鍾(けんしょう)
懸鍾(けんしょう)
婁宿

コラム④

胎（来世宿）：未来のワーク

「胎」の字は「月」に「台」と書きます。「台」からは、物見台や灯台、または台本をイメージできるでしょう。

月光の輝きは、慈しみに溢れています。漆黒の夜空に浮かぶ月を眺めていると、嬉しい気持ちや感謝する気持ちに誘われて、思わず両手を合わせて合掌したくなるのは、私だけではないはずです。

月光を浴びることで、本来人間の持つ霊感や第六感が呼び覚まされます。月は古来より、人間の心のよりどころとして親しまれてきました。昔の人は、人生の節目の祝い事を、月の満ち欠けに合わせて行っていたことから、多くの信仰も生まれました。また、詩歌や神話のソースとなり、さまざまな芸術も生み出されました。

「胎」の日のタイミングは、一年に12回から13回訪れます。この日は、未来への足がかりとなる霊感や第六感を呼び覚ましてくれる日です。

私は「胎」の日に「ヴィジュアライゼーション」という手法をよく使います。ヴィジュアライゼーションとは、自分が望んでいることを強く想像し、視覚化することを指します。この手法を使うことで、理想の現実を引き寄せるスピードは加速します。スポーツの世界では、一般的に、イメージトレーニング（通称イメトレ）と呼ばれています。

「胎」の日に、自分にとって理想的な未来のヴィジョン、その映像を脳に送り込めば、やろうという意思がはっきりしてきます。

映像化するのが難しいと思う人は、コラージュや、画像保存がオススメです。なりたい理想的なスタイル、旅行先、欲しいものなど「胎」の日に保存してみましょう。これは、あなただけの台本の土台となります。手書きでスクリプトを作成するのも有効です。一連の作業を終えて、月に向かって合掌。これでワーク終了です。

自分の「胎」の日を知りたい場合は、巻末「宿曜占星術本命宿早見表」から来世宿を探すことで確認できます。例えば、昴宿生まれの人の「胎（来世宿）」は斗宿。

2025年の「斗宿」の日は、1月25日、2月21日、3月21日、4月17日、5月15日、6月11日、7月8日、8月7日、9月2日・29日、10月26日、11月23日、12月20日です。

宿曜占星術

本命宿

早見表

1.

218〜253ページの早見表から、生年を探します。

2.

生まれた月と生まれた日が交差するところの漢字を見ます。

3.

その漢字が、あなたの本命宿となります。

※『一般社団法人宿曜秘法®協会』資料転載

1930年

	1	2	3	4	5	6	7	8	9	10	11	12	13	14	15	16	17	18	19	20	21	22	23	24	25	26	27	28	29	30	31
1月	危	室	壁	奎	婁	胃	昴	畢	觜	参	井	鬼	柳	星	張	翼	軫	角	亢	氐	房	心	尾	箕	斗	女	虚	危	室	室	壁
2月	奎	婁	胃	昴	畢	觜	参	井	鬼	柳	星	張	翼	軫	角	亢	氐	房	心	尾	箕	斗	女	虚	危	室	壁	奎			
3月	婁	胃	昴	畢	觜	参	井	鬼	柳	星	張	翼	軫	角	亢	氐	房	心	尾	箕	斗	女	虚	危	室	壁	奎	婁	胃	胃	昴
4月	畢	觜	参	井	鬼	柳	星	張	翼	軫	角	亢	氐	房	心	尾	箕	斗	女	虚	危	室	壁	奎	婁	胃	昴	畢	畢	觜	
5月	参	井	鬼	柳	星	張	翼	軫	角	亢	氐	房	心	尾	箕	斗	女	虚	危	室	壁	奎	婁	胃	昴	畢	觜	参	井	鬼	柳
6月	星	張	翼	軫	角	亢	氐	房	心	尾	箕	斗	女	虚	危	室	壁	奎	婁	胃	昴	畢	觜	参	井	鬼	柳	星	張	翼	
7月	軫	角	亢	氐	房	心	尾	箕	斗	女	虚	危	室	壁	奎	婁	胃	昴	畢	觜	参	井	鬼	柳	星	鬼	柳	星	張	翼	軫
8月	角	亢	氐	房	心	尾	箕	斗	女	虚	危	室	壁	奎	婁	胃	昴	畢	觜	参	井	鬼	柳	張	翼	軫	角	亢	氐	房	心
9月	尾	箕	斗	女	虚	危	室	壁	奎	婁	胃	昴	畢	觜	参	井	鬼	柳	星	張	翼	角	亢	氐	房	心	尾	箕	斗	女	
10月	虚	危	室	壁	奎	婁	胃	昴	畢	觜	参	井	鬼	柳	星	張	翼	軫	角	亢	氐	氐	房	心	尾	箕	斗	女	虚	危	室
11月	壁	奎	婁	胃	昴	畢	觜	参	井	鬼	柳	星	張	翼	軫	角	亢	氐	房	心	尾	箕	斗	女	虚	危	室	壁	奎	婁	
12月	胃	昴	畢	觜	参	井	鬼	柳	星	張	翼	軫	角	亢	氐	房	心	尾	箕	斗	女	虚	危	室	壁	奎	婁	胃	昴	畢	觜

1931年

	1	2	3	4	5	6	7	8	9	10	11	12	13	14	15	16	17	18	19	20	21	22	23	24	25	26	27	28	29	30	31
1月	参	井	鬼	柳	星	張	翼	軫	角	亢	氐	房	心	尾	箕	斗	女	虚	虚	危	室	壁	奎	婁	胃	昴	畢	觜	参	井	鬼
2月	柳	星	張	翼	軫	角	亢	氐	房	心	尾	箕	斗	女	虚	危	室	壁	奎	婁	胃	昴	畢	觜	参	井	鬼	柳			
3月	星	張	翼	軫	角	亢	氐	房	心	尾	箕	斗	女	虚	危	室	壁	奎	奎	婁	胃	昴	畢	觜	参	井	鬼	柳	星	張	翼
4月	軫	角	亢	氐	房	心	尾	箕	斗	女	虚	危	室	壁	奎	婁	胃	胃	昴	畢	觜	参	井	鬼	柳	星	張	翼	軫	角	
5月	亢	氐	房	心	尾	箕	斗	女	虚	危	室	壁	奎	婁	胃	昴	畢	畢	觜	参	井	鬼	柳	星	張	翼	軫	角	亢	氐	房
6月	心	尾	箕	斗	女	虚	危	室	壁	奎	婁	胃	昴	畢	觜	参	井	鬼	柳	星	張	翼	軫	角	亢	氐	房	心	尾	箕	
7月	斗	女	虚	危	室	壁	奎	婁	胃	昴	畢	觜	参	井	鬼	柳	星	張	翼	軫	角	亢	氐	房	心	尾	箕	斗	女	虚	危
8月	室	壁	奎	婁	胃	昴	畢	觜	参	井	鬼	柳	星	張	翼	軫	角	亢	氐	房	心	尾	箕	斗	女	虚	危	室	壁	奎	婁
9月	胃	昴	畢	觜	参	井	鬼	柳	星	張	翼	角	亢	氐	房	心	尾	箕	斗	女	虚	危	室	壁	奎	婁	胃	昴	畢	觜	
10月	参	井	鬼	柳	星	張	翼	軫	角	亢	氐	房	心	尾	箕	斗	女	虚	危	室	壁	奎	婁	胃	昴	畢	觜	参	井	鬼	柳
11月	星	張	翼	軫	角	亢	氐	房	心	心	尾	箕	斗	女	虚	危	室	壁	奎	婁	胃	昴	畢	觜	参	井	鬼	柳	星	張	
12月	翼	軫	角	亢	氐	房	心	尾	斗	女	虚	危	室	壁	奎	婁	胃	昴	畢	觜	参	井	鬼	柳	星	張	翼	軫	角	亢	氐

1932年

	1	2	3	4	5	6	7	8	9	10	11	12	13	14	15	16	17	18	19	20	21	22	23	24	25	26	27	28	29	30	31
1月	房	心	尾	箕	斗	女	虚	虚	危	室	壁	奎	婁	胃	昴	畢	觜	参	井	鬼	柳	星	張	翼	軫	角	亢	氐	房	心	尾
2月	箕	斗	女	虚	危	室	壁	奎	婁	胃	昴	畢	觜	参	井	鬼	柳	星	張	翼	軫	角	亢	氐	房	心	尾	箕	斗		
3月	女	虚	危	室	壁	奎	奎	婁	胃	昴	畢	觜	参	井	鬼	柳	星	張	翼	軫	角	亢	氐	房	心	尾	箕	斗	女	虚	危
4月	室	壁	奎	婁	胃	胃	昴	畢	觜	参	井	鬼	柳	星	張	翼	軫	角	亢	氐	房	心	尾	箕	斗	女	虚	危	室	壁	
5月	奎	婁	胃	昴	畢	畢	觜	参	井	鬼	柳	星	張	翼	軫	角	亢	氐	房	心	尾	箕	斗	女	虚	危	室	壁	奎	婁	胃
6月	昴	畢	觜	参	井	鬼	柳	星	張	翼	軫	角	亢	氐	房	心	尾	箕	斗	女	虚	危	室	壁	奎	婁	胃	昴	畢	觜	
7月	参	井	鬼	鬼	柳	星	張	翼	軫	角	亢	氐	房	心	尾	箕	斗	女	虚	危	室	壁	奎	婁	胃	昴	畢	觜	参	井	鬼
8月	柳	張	翼	軫	角	亢	氐	房	心	尾	箕	斗	女	虚	危	室	壁	奎	婁	胃	昴	畢	觜	参	井	鬼	柳	星	張	翼	軫
9月	角	亢	氐	房	心	尾	箕	斗	女	虚	危	室	壁	奎	婁	胃	昴	畢	觜	参	井	鬼	柳	星	張	翼	軫	角	亢	氐	
10月	房	心	尾	箕	斗	女	虚	危	室	壁	奎	婁	胃	昴	畢	觜	参	井	鬼	柳	星	張	翼	軫	角	亢	氐	房	心	尾	箕
11月	斗	女	虚	危	室	壁	奎	婁	胃	昴	畢	觜	参	井	鬼	柳	星	張	翼	軫	角	亢	氐	房	心	尾	箕	斗	女	虚	
12月	危	室	壁	奎	婁	胃	昴	畢	觜	参	井	鬼	柳	星	張	翼	軫	角	亢	氐	房	心	尾	箕	斗	女	虚	危	室	壁	奎

1933年

	1	2	3	4	5	6	7	8	9	10	11	12	13	14	15	16	17	18	19	20	21	22	23	24	25	26	27	28	29	30	31
1月	婁	胃	昴	畢	觜	参	井	鬼	柳	星	張	翼	軫	角	亢	氐	房	心	尾	箕	斗	女	虚	危	室	室	壁	奎	婁	胃	昴
2月	畢	觜	参	井	鬼	柳	星	張	翼	軫	角	亢	氐	房	心	尾	箕	斗	女	虚	危	室	壁	奎	婁	胃	昴	畢			
3月	觜	参	井	鬼	柳	星	張	翼	軫	角	亢	氐	房	心	尾	箕	斗	女	虚	危	室	壁	奎	婁	胃	胃	昴	畢	觜	参	井
4月	鬼	柳	星	張	翼	軫	角	亢	氐	房	心	尾	箕	斗	女	虚	危	室	壁	奎	婁	胃	昴	畢	畢	觜	参	井	鬼	柳	
5月	星	張	翼	軫	角	亢	氐	房	心	尾	箕	斗	女	虚	危	室	壁	奎	婁	胃	昴	畢	觜	参	井	鬼	柳	星	張	翼	軫
6月	角	亢	氐	房	心	尾	箕	斗	女	虚	危	室	壁	奎	婁	胃	昴	畢	觜	参	井	鬼	参	井	鬼	柳	星	張	翼	軫	
7月	角	亢	氐	房	心	尾	箕	斗	女	虚	危	室	壁	奎	婁	胃	昴	畢	觜	参	井	鬼	鬼	柳	星	張	翼	軫	角	亢	氐
8月	房	心	尾	箕	斗	女	虚	危	室	壁	奎	婁	胃	昴	畢	觜	参	井	鬼	柳	張	翼	軫	角	亢	氐	房	心	尾	箕	斗
9月	女	虚	危	室	壁	奎	婁	胃	昴	畢	觜	参	井	鬼	柳	星	張	翼	軫	角	亢	氐	房	心	尾	箕	斗	女	虚	危	
10月	室	壁	奎	婁	胃	昴	畢	觜	参	井	鬼	柳	星	張	翼	軫	角	亢	氐	房	心	尾	箕	斗	女	虚	危	室	壁	奎	婁
11月	胃	昴	畢	觜	参	井	鬼	柳	星	張	翼	軫	角	亢	氐	房	心	心	尾	箕	斗	女	虚	危	室	壁	奎	婁	胃	昴	
12月	畢	觜	参	井	鬼	柳	星	張	翼	軫	角	亢	氐	房	心	尾	斗	女	虚	危	室	壁	奎	婁	胃	昴	畢	觜	参	井	鬼

1934年

	1	2	3	4	5	6	7	8	9	10	11	12	13	14	15	16	17	18	19	20	21	22	23	24	25	26	27	28	29	30	31
1月	柳	星	張	翼	軫	角	亢	氐	房	心	尾	箕	斗	女	虚	危	室	壁	奎	婁	胃	昴	畢	觜	参	井	鬼	柳	星	張	翼
2月	軫	角	亢	氐	房	心	尾	箕	斗	女	虚	危	室	室	壁	奎	婁	胃	昴	畢	觜	参	井	鬼	柳	星	張	翼			
3月	軫	角	亢	氐	房	心	尾	箕	斗	女	虚	危	室	壁	奎	婁	胃	昴	畢	觜	参	井	鬼	柳	星	張	翼	軫	角	亢	氐
4月	房	心	尾	箕	斗	女	虚	危	室	壁	奎	婁	胃	胃	昴	畢	觜	参	井	鬼	柳	星	張	翼	軫	角	亢	氐	房	心	
5月	尾	箕	斗	女	虚	危	室	壁	奎	婁	胃	昴	畢	觜	参	井	鬼	柳	星	張	翼	軫	角	亢	氐	房	心	尾	箕	斗	女
6月	虚	危	室	壁	奎	婁	胃	昴	畢	觜	参	参	井	鬼	柳	星	張	翼	軫	角	亢	氐	房	心	尾	箕	斗	女	虚	危	
7月	室	壁	奎	婁	胃	昴	畢	觜	参	井	鬼	鬼	柳	星	張	翼	軫	角	亢	氐	房	心	尾	箕	斗	女	虚	危	室	壁	奎
8月	婁	胃	昴	畢	觜	参	井	鬼	柳	張	翼	軫	角	亢	氐	房	心	尾	箕	斗	女	虚	危	室	壁	奎	婁	胃	昴	畢	觜
9月	参	井	鬼	柳	星	張	翼	軫	角	亢	氐	房	心	尾	箕	斗	女	虚	危	室	壁	奎	婁	胃	昴	畢	觜	参	井	鬼	
10月	柳	星	張	翼	軫	角	亢	氐	氐	房	心	尾	箕	斗	女	虚	危	室	壁	奎	婁	胃	昴	畢	觜	参	井	鬼	柳	星	張
11月	翼	軫	角	亢	氐	房	心	尾	箕	斗	女	虚	危	室	壁	奎	婁	胃	昴	畢	觜	参	井	鬼	柳	星	張	翼	軫	角	
12月	亢	氐	房	心	尾	箕	斗	女	虚	危	室	壁	奎	婁	胃	昴	畢	觜	参	井	鬼	柳	星	張	翼	軫	角	亢	氐	房	心

1935年

	1	2	3	4	5	6	7	8	9	10	11	12	13	14	15	16	17	18	19	20	21	22	23	24	25	26	27	28	29	30	31
1月	尾	箕	斗	女	虚	危	室	壁	奎	婁	胃	昴	畢	觜	参	井	鬼	柳	星	張	翼	軫	角	亢	氐	房	心	尾	箕	斗	女
2月	虚	危	室	室	壁	奎	婁	胃	昴	畢	觜	参	井	鬼	柳	星	張	翼	軫	角	亢	氐	房	心	尾	箕	斗	女			
3月	虚	危	室	壁	奎	婁	胃	昴	畢	觜	参	井	鬼	柳	星	張	翼	軫	角	亢	氐	房	心	尾	箕	斗	女	虚	危	室	壁
4月	奎	婁	胃	昴	畢	觜	参	井	鬼	柳	星	張	翼	軫	角	亢	氐	房	心	尾	箕	斗	女	虚	危	室	壁	奎	婁	胃	
5月	昴	畢	畢	觜	参	井	鬼	柳	星	張	翼	軫	角	亢	氐	房	心	尾	箕	斗	女	虚	危	室	壁	奎	婁	胃	昴	畢	觜
6月	参	井	鬼	柳	星	張	翼	軫	角	亢	氐	房	心	尾	箕	斗	女	虚	危	室	壁	奎	婁	胃	昴	畢	觜	参	井	鬼	
7月	鬼	柳	星	張	翼	軫	角	亢	氐	房	心	尾	箕	斗	女	虚	危	室	壁	奎	婁	胃	昴	畢	觜	参	井	鬼	柳	張	翼
8月	軫	角	亢	氐	房	心	尾	箕	斗	女	虚	危	室	壁	奎	婁	胃	昴	畢	觜	参	井	鬼	柳	星	張	翼	軫	角	亢	氐
9月	房	心	尾	箕	斗	女	虚	危	室	壁	奎	婁	胃	昴	畢	觜	参	井	鬼	柳	星	張	翼	軫	角	亢	氐	氐	房	心	
10月	尾	箕	斗	女	虚	危	室	壁	奎	婁	胃	昴	畢	觜	参	井	鬼	柳	星	張	翼	軫	角	亢	氐	房	心	尾	箕	斗	女
11月	虚	危	室	壁	奎	婁	胃	昴	畢	觜	参	井	鬼	柳	星	張	翼	軫	角	亢	氐	房	心	尾	箕	斗	女	虚	危	室	
12月	壁	奎	婁	胃	昴	畢	觜	参	井	鬼	柳	星	張	翼	軫	角	亢	氐	房	心	尾	箕	斗	女	虚	虚	危	室	壁	奎	婁

1936年

	1	2	3	4	5	6	7	8	9	10	11	12	13	14	15	16	17	18	19	20	21	22	23	24	25	26	27	28	29	30	31
1月	胃	昴	畢	觜	参	井	鬼	柳	星	張	翼	軫	角	亢	氐	房	心	尾	箕	斗	女	虚	危	室	壁	奎	婁	胃	昴	畢	觜
2月	参	井	鬼	柳	星	張	翼	軫	角	亢	氐	房	心	尾	箕	斗	女	虚	危	室	壁	奎	奎	婁	胃	昴	畢	觜	参		
3月	井	鬼	柳	星	張	翼	軫	角	亢	氐	房	心	尾	箕	斗	女	虚	危	室	壁	奎	婁	胃	昴	畢	觜	参	井	鬼	柳	星
4月	張	翼	軫	角	亢	氐	房	心	尾	箕	斗	女	虚	危	室	壁	奎	婁	胃	昴	胃	昴	畢	觜	参	井	鬼	柳	星	張	
5月	翼	軫	角	亢	氐	房	心	尾	箕	斗	女	虚	危	室	壁	奎	婁	胃	昴	畢	畢	觜	参	井	鬼	柳	星	張	翼	軫	角
6月	亢	氐	房	心	尾	箕	斗	女	虚	危	室	壁	奎	婁	胃	昴	畢	觜	参	井	鬼	柳	星	張	翼	軫	角	亢	氐	房	
7月	心	尾	箕	斗	女	虚	危	室	壁	奎	婁	胃	昴	畢	觜	参	井	鬼	鬼	柳	星	張	翼	軫	角	亢	氐	房	心	尾	箕
8月	斗	女	虚	危	室	壁	奎	婁	胃	昴	畢	觜	参	井	鬼	柳	張	翼	軫	角	亢	氐	房	心	尾	箕	斗	女	虚	危	室
9月	壁	奎	婁	胃	昴	畢	觜	参	井	鬼	柳	星	張	翼	軫	角	亢	氐	房	心	尾	箕	斗	女	虚	危	室	壁	奎	婁	
10月	胃	昴	畢	觜	参	井	鬼	柳	星	張	翼	軫	角	亢	氐	房	心	尾	箕	斗	女	虚	危	室	壁	奎	婁	胃	昴	畢	觜
11月	参	井	鬼	柳	星	張	翼	軫	角	亢	氐	房	心	心	尾	箕	斗	女	虚	危	室	壁	奎	婁	胃	昴	畢	觜	参	井	
12月	鬼	柳	星	張	翼	軫	角	亢	氐	房	心	尾	箕	斗	女	虚	危	室	壁	奎	婁	胃	昴	畢	觜	参	井	鬼	柳	星	張

1937年

	1	2	3	4	5	6	7	8	9	10	11	12	13	14	15	16	17	18	19	20	21	22	23	24	25	26	27	28	29	30	31
1月	翼	軫	角	亢	氐	房	心	尾	箕	斗	女	虚	虚	危	室	壁	奎	婁	胃	昴	畢	觜	参	井	鬼	柳	星	張	翼	軫	角
2月	亢	氐	房	心	尾	箕	斗	女	虚	危	室	壁	奎	婁	胃	昴	畢	觜	参	井	鬼	柳	星	張	翼	軫	角	亢			
3月	氐	房	心	尾	箕	斗	女	虚	危	室	壁	奎	奎	婁	胃	昴	畢	觜	参	井	鬼	柳	星	張	翼	軫	角	亢	氐	房	心
4月	尾	箕	斗	女	虚	危	室	壁	奎	婁	胃	昴	畢	觜	参	井	鬼	柳	星	張	翼	軫	角	亢	氐	房	心	尾	箕	斗	
5月	女	虚	危	室	壁	奎	婁	胃	昴	畢	觜	参	井	鬼	柳	星	張	翼	軫	角	亢	氐	房	心	尾	箕	斗	女	虚	危	室
6月	壁	奎	婁	胃	昴	畢	觜	参	参	井	鬼	柳	星	張	翼	軫	角	亢	氐	房	心	尾	箕	斗	女	虚	危	室	壁	奎	
7月	婁	胃	昴	畢	觜	参	井	鬼	柳	星	張	翼	軫	角	亢	氐	房	心	尾	箕	斗	女	虚	危	室	壁	奎	婁	胃	昴	畢
8月	觜	参	井	鬼	柳	張	翼	軫	角	亢	氐	房	心	尾	箕	斗	女	虚	危	室	壁	奎	婁	胃	昴	畢	觜	参	井	鬼	柳
9月	星	張	翼	軫	角	亢	氐	房	心	尾	箕	斗	女	虚	危	室	壁	奎	婁	胃	昴	畢	觜	参	井	鬼	柳	星	張	翼	
10月	軫	角	亢	氐	房	心	尾	箕	斗	女	虚	危	室	壁	奎	婁	胃	昴	畢	觜	参	井	鬼	柳	星	張	翼	軫	角	亢	氐
11月	房	心	心	尾	箕	斗	女	虚	危	室	壁	奎	婁	胃	昴	畢	觜	参	井	鬼	柳	星	張	翼	軫	角	亢	氐	房	心	
12月	尾	箕	斗	女	虚	危	室	壁	奎	婁	胃	昴	畢	觜	参	井	鬼	柳	星	張	翼	軫	角	亢	氐	房	心	尾	箕	斗	女

1938年

	1	2	3	4	5	6	7	8	9	10	11	12	13	14	15	16	17	18	19	20	21	22	23	24	25	26	27	28	29	30	31
1月	虚	虚	危	室	壁	奎	婁	胃	昴	畢	觜	参	井	鬼	柳	星	張	翼	軫	角	亢	氐	房	心	尾	箕	斗	女	虚	危	室
2月	壁	奎	婁	胃	昴	畢	觜	参	井	鬼	柳	星	張	翼	軫	角	亢	氐	房	心	尾	箕	斗	女	虚	危	室	壁			
3月	奎	奎	婁	胃	昴	畢	觜	参	井	鬼	柳	星	張	翼	軫	角	亢	氐	房	心	尾	箕	斗	女	虚	危	室	壁	奎	婁	胃
4月	胃	昴	畢	觜	参	井	鬼	柳	星	張	翼	軫	角	亢	氐	房	心	尾	箕	斗	女	虚	危	室	壁	奎	婁	胃	昴	畢	
5月	觜	参	井	鬼	柳	星	張	翼	軫	角	亢	氐	房	心	尾	箕	斗	女	虚	危	室	壁	奎	婁	胃	昴	畢	觜	参	井	鬼
6月	柳	星	張	翼	軫	角	亢	氐	房	心	尾	箕	斗	女	虚	危	室	壁	奎	婁	胃	昴	畢	觜	参	井	鬼	鬼	柳	星	
7月	張	翼	軫	角	亢	氐	房	心	尾	箕	斗	女	虚	危	室	壁	奎	婁	胃	昴	畢	觜	参	井	鬼	柳	張	翼	軫	角	亢
8月	氐	房	心	尾	箕	斗	女	虚	危	室	壁	奎	婁	胃	昴	畢	觜	参	井	鬼	柳	星	張	翼	張	翼	軫	角	亢	氐	房
9月	心	尾	箕	斗	女	虚	危	室	壁	奎	婁	胃	昴	畢	觜	参	井	鬼	柳	星	張	翼	軫	角	亢	氐	房	心	尾	箕	
10月	斗	女	虚	危	室	壁	奎	婁	胃	昴	畢	觜	参	井	鬼	柳	星	張	翼	軫	角	亢	氐	房	心	尾	箕	斗	女	虚	危
11月	室	壁	奎	婁	胃	昴	畢	觜	参	井	鬼	柳	星	張	翼	軫	角	亢	氐	房	心	心	尾	箕	斗	女	虚	危	室	壁	
12月	奎	婁	胃	昴	畢	觜	参	井	鬼	柳	星	張	翼	軫	角	亢	氐	房	心	尾	箕	斗	女	虚	危	室	壁	奎	婁	胃	昴

1939年

	1	2	3	4	5	6	7	8	9	10	11	12	13	14	15	16	17	18	19	20	21	22	23	24	25	26	27	28	29	30	31
1月	畢	觜	参	井	鬼	柳	星	張	翼	軫	角	亢	氐	房	心	尾	箕	斗	女	虚	危	室	壁	奎	婁	胃	昴	畢	觜	参	井
2月	鬼	柳	星	張	翼	軫	角	亢	氐	房	心	尾	箕	斗	女	虚	危	室	室	壁	奎	婁	胃	昴	畢	觜	参	井			
3月	鬼	柳	星	張	翼	軫	角	亢	氐	房	心	尾	箕	斗	女	虚	危	室	壁	奎	奎	婁	胃	昴	畢	觜	参	井	鬼	柳	星
4月	張	翼	軫	角	亢	氐	房	心	尾	箕	斗	女	虚	危	室	壁	奎	婁	胃	胃	昴	畢	觜	参	井	鬼	柳	星	張	翼	
5月	軫	角	亢	氐	房	心	尾	箕	斗	女	虚	危	室	壁	奎	婁	胃	昴	畢	觜	参	井	鬼	柳	星	張	翼	軫	角	亢	氐
6月	房	心	尾	箕	斗	女	虚	危	室	壁	奎	婁	胃	昴	畢	觜	参	井	鬼	柳	星	張	翼	軫	角	亢	氐	房	心	尾	
7月	箕	斗	女	虚	危	室	壁	奎	婁	胃	昴	畢	觜	参	井	鬼	鬼	柳	星	張	翼	軫	角	亢	氐	房	心	尾	箕	斗	女
8月	虚	危	室	壁	奎	婁	胃	昴	畢	觜	参	井	鬼	柳	張	翼	軫	角	亢	氐	房	心	尾	箕	斗	女	虚	危	室	壁	奎
9月	婁	胃	昴	畢	觜	参	井	鬼	柳	星	張	翼	角	亢	氐	房	心	尾	箕	斗	女	虚	危	室	壁	奎	婁	胃	昴	畢	
10月	觜	参	井	鬼	柳	星	張	翼	軫	角	亢	氐	氐	房	心	尾	箕	斗	女	虚	危	室	壁	奎	婁	胃	昴	畢	觜	参	井
11月	鬼	柳	星	張	翼	軫	角	亢	氐	房	心	尾	箕	斗	女	虚	危	室	壁	奎	婁	胃	昴	畢	觜	参	井	鬼	柳	星	
12月	張	翼	軫	角	亢	氐	房	心	尾	箕	斗	女	虚	危	室	壁	奎	婁	胃	昴	畢	觜	参	井	鬼	柳	星	張	翼	軫	角

1940年

	1	2	3	4	5	6	7	8	9	10	11	12	13	14	15	16	17	18	19	20	21	22	23	24	25	26	27	28	29	30	31
1月	亢	氐	房	心	尾	箕	斗	女	虚	危	室	壁	奎	婁	胃	昴	畢	觜	参	井	鬼	柳	星	張	翼	軫	角	亢	氐	房	心
2月	尾	箕	斗	女	虚	危	室	室	壁	奎	婁	胃	昴	畢	觜	参	井	鬼	柳	星	張	翼	軫	角	亢	氐	房	心	尾		
3月	箕	斗	女	虚	危	室	壁	奎	奎	婁	胃	昴	畢	觜	参	井	鬼	柳	星	張	翼	軫	角	亢	氐	房	心	尾	箕	斗	女
4月	虚	危	室	壁	奎	婁	胃	胃	昴	畢	觜	参	井	鬼	柳	星	張	翼	軫	角	亢	氐	房	心	尾	箕	斗	女	虚	危	
5月	室	壁	奎	婁	胃	昴	畢	觜	参	井	鬼	柳	星	張	翼	軫	角	亢	氐	房	心	尾	箕	斗	女	虚	危	室	壁	奎	婁
6月	胃	昴	畢	觜	参	参	井	鬼	柳	星	張	翼	軫	角	亢	氐	房	心	尾	箕	斗	女	虚	危	室	壁	奎	婁	胃	昴	
7月	畢	觜	参	井	鬼	柳	星	張	翼	軫	角	亢	氐	房	心	尾	箕	斗	女	虚	危	室	壁	奎	婁	胃	昴	畢	觜	参	井
8月	鬼	柳	星	張	翼	軫	角	亢	氐	房	心	尾	箕	斗	女	虚	危	室	壁	奎	婁	胃	昴	畢	觜	参	井	鬼	柳	星	張
9月	翼	角	亢	氐	房	心	尾	箕	斗	女	虚	危	室	壁	奎	婁	胃	昴	畢	觜	参	井	鬼	柳	星	張	翼	軫	角	亢	
10月	氐	房	心	尾	箕	斗	女	虚	危	室	壁	奎	婁	胃	昴	畢	觜	参	井	鬼	柳	星	張	翼	軫	角	亢	氐	房	心	心
11月	尾	箕	斗	女	虚	危	室	壁	奎	婁	胃	昴	畢	觜	参	井	鬼	柳	星	張	翼	軫	角	亢	氐	房	心	尾	斗	女	
12月	虚	危	室	壁	奎	婁	胃	昴	畢	觜	参	井	鬼	柳	星	張	翼	軫	角	亢	氐	房	心	尾	箕	斗	女	虚	虚	危	室

1941年

	1	2	3	4	5	6	7	8	9	10	11	12	13	14	15	16	17	18	19	20	21	22	23	24	25	26	27	28	29	30	31
1月	壁	奎	婁	胃	昴	畢	觜	参	井	鬼	柳	星	張	翼	軫	角	亢	氐	房	心	尾	箕	斗	女	虚	危	室	壁	奎	婁	胃
2月	昴	畢	觜	参	井	鬼	柳	星	張	翼	軫	角	亢	氐	房	心	尾	箕	斗	女	虚	危	室	壁	奎	奎	婁	胃			
3月	昴	畢	觜	参	井	鬼	柳	星	張	翼	軫	角	亢	氐	房	心	尾	箕	斗	女	虚	危	室	壁	奎	婁	胃	胃	昴	畢	觜
4月	参	井	鬼	柳	星	張	翼	軫	角	亢	氐	房	心	尾	箕	斗	女	虚	危	室	壁	奎	婁	胃	昴	畢	觜	参	井	鬼	
5月	柳	星	張	翼	軫	角	亢	氐	房	心	尾	箕	斗	女	虚	危	室	壁	奎	婁	胃	昴	畢	觜	参	参	井	鬼	柳	星	張
6月	翼	軫	角	亢	氐	房	心	尾	箕	斗	女	虚	危	室	壁	奎	婁	胃	昴	畢	觜	参	井	鬼	鬼	柳	星	張	翼	軫	
7月	角	亢	氐	房	心	尾	箕	斗	女	虚	危	室	壁	奎	婁	胃	昴	畢	觜	参	井	鬼	柳	鬼	柳	星	張	翼	軫	角	亢
8月	氐	房	心	尾	箕	斗	女	虚	危	室	壁	奎	婁	胃	昴	畢	觜	参	井	鬼	柳	星	張	翼	軫	角	亢	氐	房	心	尾
9月	箕	斗	女	虚	危	室	壁	奎	婁	胃	昴	畢	觜	参	井	鬼	柳	星	張	翼	角	亢	氐	房	心	尾	箕	斗	女	虚	
10月	危	室	壁	奎	婁	胃	昴	畢	觜	参	井	鬼	柳	星	張	翼	軫	角	亢	氐	房	心	尾	箕	斗	女	虚	危	室	壁	奎
11月	婁	胃	昴	畢	觜	参	井	鬼	柳	星	張	翼	軫	角	亢	氐	房	心	心	尾	箕	斗	女	虚	危	室	壁	奎	婁	胃	
12月	昴	畢	觜	参	井	鬼	柳	星	張	翼	軫	角	亢	氐	房	心	尾	斗	女	虚	危	室	壁	奎	婁	胃	昴	畢	觜	参	井

1942年

	1	2	3	4	5	6	7	8	9	10	11	12	13	14	15	16	17	18	19	20	21	22	23	24	25	26	27	28	29	30	31
1月	鬼	柳	星	張	翼	軫	角	亢	氐	房	心	尾	箕	斗	女	虚	虚	危	室	壁	奎	婁	胃	昴	畢	觜	参	井	鬼	柳	星
2月	張	翼	軫	角	亢	氐	房	心	尾	箕	斗	女	虚	危	室	壁	奎	婁	胃	昴	畢	觜	参	井	鬼	柳	星	張			
3月	翼	軫	角	亢	氐	房	心	尾	箕	斗	女	虚	危	室	壁	奎	奎	婁	胃	昴	畢	觜	参	井	鬼	柳	星	張	翼	軫	角
4月	亢	氐	房	心	尾	箕	斗	女	虚	危	室	壁	奎	婁	胃	昴	畢	觜	参	井	鬼	柳	星	張	翼	軫	角	亢	氐	房	
5月	心	尾	箕	斗	女	虚	危	室	壁	奎	婁	胃	昴	畢	畢	觜	参	井	鬼	柳	星	張	翼	軫	角	亢	氐	房	心	尾	箕
6月	斗	女	虚	危	室	壁	奎	婁	胃	昴	畢	觜	参	参	井	鬼	柳	星	張	翼	軫	角	亢	氐	房	心	尾	箕	斗	女	
7月	虚	危	室	壁	奎	婁	胃	昴	畢	觜	参	井	鬼	柳	星	張	翼	軫	角	亢	氐	房	心	尾	箕	斗	女	虚	危	室	壁
8月	奎	婁	胃	昴	畢	觜	参	井	鬼	柳	星	張	翼	軫	角	亢	氐	房	心	尾	箕	斗	女	虚	危	室	壁	奎	婁	胃	昴
9月	畢	觜	参	井	鬼	柳	星	張	翼	軫	角	亢	氐	房	心	尾	箕	斗	女	虚	危	室	壁	奎	婁	胃	昴	畢	觜	参	
10月	井	鬼	柳	星	張	翼	軫	角	亢	氐	房	心	尾	箕	斗	女	虚	危	室	壁	奎	婁	胃	昴	畢	觜	参	井	鬼	柳	星
11月	張	翼	軫	角	亢	氐	房	心	心	尾	箕	斗	女	虚	危	室	壁	奎	婁	胃	昴	畢	觜	参	井	鬼	柳	星	張	翼	
12月	軫	角	亢	氐	房	心	尾	斗	女	虚	危	室	壁	奎	婁	胃	昴	畢	觜	参	井	鬼	柳	星	張	翼	軫	角	亢	氐	房

1943年

	1	2	3	4	5	6	7	8	9	10	11	12	13	14	15	16	17	18	19	20	21	22	23	24	25	26	27	28	29	30	31
1月	心	尾	箕	斗	女	虚	危	室	壁	奎	婁	胃	昴	畢	觜	参	井	鬼	柳	星	張	翼	軫	角	亢	氐	房	心	尾	箕	斗
2月	女	虚	危	室	室	壁	奎	婁	胃	昴	畢	觜	参	井	鬼	柳	星	張	翼	軫	角	亢	氐	房	心	尾	箕	斗			
3月	女	虚	危	室	壁	奎	婁	胃	昴	畢	觜	参	井	鬼	柳	星	張	翼	軫	角	亢	氐	房	心	尾	箕	斗	女	虚	危	室
4月	壁	奎	婁	胃	胃	昴	畢	觜	参	井	鬼	柳	星	張	翼	軫	角	亢	氐	房	心	尾	箕	斗	女	虚	危	室	壁	奎	
5月	婁	胃	昴	畢	觜	参	井	鬼	柳	星	張	翼	軫	角	亢	氐	房	心	尾	箕	斗	女	虚	危	室	壁	奎	婁	胃	昴	畢
6月	觜	参	参	井	鬼	柳	星	張	翼	軫	角	亢	氐	房	心	尾	箕	斗	女	虚	危	室	壁	奎	婁	胃	昴	畢	觜	参	
7月	井	鬼	柳	星	張	翼	軫	角	亢	氐	房	心	尾	箕	斗	女	虚	危	室	壁	奎	婁	胃	昴	畢	觜	参	井	鬼	柳	星
8月	張	翼	軫	角	亢	氐	房	心	尾	箕	斗	女	虚	危	室	壁	奎	婁	胃	昴	畢	觜	参	井	鬼	柳	星	張	翼	軫	角
9月	亢	氐	房	心	尾	箕	斗	女	虚	危	室	壁	奎	婁	胃	昴	畢	觜	参	井	鬼	柳	星	張	翼	軫	角	亢	氐	房	
10月	心	尾	箕	斗	女	虚	危	室	壁	奎	婁	胃	昴	畢	觜	参	井	鬼	柳	星	張	翼	軫	角	亢	氐	房	心	心	尾	箕
11月	斗	女	虚	危	室	壁	奎	婁	胃	昴	畢	觜	参	井	鬼	柳	星	張	翼	軫	角	亢	氐	房	心	尾	箕	斗	女	虚	
12月	危	室	壁	奎	婁	胃	昴	畢	觜	参	井	鬼	柳	星	張	翼	軫	角	亢	氐	房	心	尾	箕	斗	女	虚	危	室	壁	奎

1944年

	1	2	3	4	5	6	7	8	9	10	11	12	13	14	15	16	17	18	19	20	21	22	23	24	25	26	27	28	29	30	31
1月	婁	胃	昴	畢	觜	参	井	鬼	柳	星	張	翼	軫	角	亢	氐	房	心	尾	箕	斗	女	虚	危	室	室	壁	奎	婁	胃	昴
2月	畢	觜	参	井	鬼	柳	星	張	翼	軫	角	亢	氐	房	心	尾	箕	斗	女	虚	危	室	壁	奎	婁	胃	昴	畢	觜		
3月	参	井	鬼	柳	星	張	翼	軫	角	亢	氐	房	心	尾	箕	斗	女	虚	危	室	壁	奎	婁	胃	昴	畢	觜	参	井	鬼	柳
4月	星	張	翼	軫	角	亢	氐	房	心	尾	箕	斗	女	虚	危	室	壁	奎	婁	胃	昴	畢	畢	觜	参	井	鬼	柳	星	張	
5月	翼	軫	角	亢	氐	房	心	尾	箕	斗	女	虚	危	室	壁	奎	婁	胃	昴	畢	觜	畢	觜	参	井	鬼	柳	星	張	翼	軫
6月	角	亢	氐	房	心	尾	箕	斗	女	虚	危	室	壁	奎	婁	胃	昴	畢	觜	参	参	井	鬼	柳	星	張	翼	軫	角	亢	
7月	氐	房	心	尾	箕	斗	女	虚	危	室	壁	奎	婁	胃	昴	畢	觜	参	井	鬼	柳	星	張	翼	軫	角	亢	氐	房	心	尾
8月	箕	斗	女	虚	危	室	壁	奎	婁	胃	昴	畢	觜	参	井	鬼	柳	星	張	翼	軫	角	亢	氐	房	心	尾	箕	斗	女	虚
9月	危	室	壁	奎	婁	胃	昴	畢	觜	参	井	鬼	柳	星	張	翼	角	亢	氐	房	心	尾	箕	斗	女	虚	危	室	壁	奎	
10月	婁	胃	昴	畢	觜	参	井	鬼	柳	星	張	翼	軫	角	亢	氐	氐	房	心	尾	箕	斗	女	虚	危	室	壁	奎	婁	胃	昴
11月	畢	觜	参	井	鬼	柳	星	張	翼	軫	角	亢	氐	房	心	心	尾	箕	斗	女	虚	危	室	壁	奎	婁	胃	昴	畢	觜	
12月	参	井	鬼	柳	星	張	翼	軫	角	亢	氐	房	心	尾	斗	女	虚	危	室	壁	奎	婁	胃	昴	畢	觜	参	井	鬼	柳	星

1945年

	1	2	3	4	5	6	7	8	9	10	11	12	13	14	15	16	17	18	19	20	21	22	23	24	25	26	27	28	29	30	31
1月	張	翼	軫	角	亢	氐	房	心	尾	箕	斗	女	虚	虚	危	室	壁	奎	婁	胃	昴	畢	觜	参	井	鬼	柳	星	張	翼	軫
2月	角	亢	氐	房	心	尾	箕	斗	女	虚	危	室	室	壁	奎	婁	胃	昴	畢	觜	参	井	鬼	柳	星	張	翼	軫			
3月	角	亢	氐	房	心	尾	箕	斗	女	虚	危	室	壁	奎	婁	胃	昴	畢	觜	参	井	鬼	柳	星	張	翼	軫	角	亢	氐	房
4月	心	尾	箕	斗	女	虚	危	室	壁	奎	婁	胃	昴	畢	觜	参	井	鬼	柳	星	張	翼	軫	角	亢	氐	房	心	尾	箕	
5月	斗	女	虚	危	室	壁	奎	婁	胃	昴	畢	畢	觜	参	井	鬼	柳	星	張	翼	軫	角	亢	氐	房	心	尾	箕	斗	女	虚
6月	危	室	壁	奎	婁	胃	昴	畢	觜	参	井	鬼	柳	星	張	翼	軫	角	亢	氐	房	心	尾	箕	斗	女	虚	危	室	壁	
7月	奎	婁	胃	昴	畢	觜	参	井	鬼	柳	星	張	翼	軫	角	亢	氐	房	心	尾	箕	斗	女	虚	危	室	壁	奎	婁	胃	昴
8月	畢	觜	参	井	鬼	柳	星	張	翼	軫	角	亢	氐	房	心	尾	箕	斗	女	虚	危	室	壁	奎	婁	胃	昴	畢	觜	参	井
9月	鬼	柳	星	張	翼	角	亢	氐	房	心	尾	箕	斗	女	虚	危	室	壁	奎	婁	胃	昴	畢	觜	参	井	鬼	柳	星	張	
10月	翼	軫	角	亢	氐	氐	房	心	尾	箕	斗	女	虚	危	室	壁	奎	婁	胃	昴	畢	觜	参	井	鬼	柳	星	張	翼	軫	角
11月	亢	氐	房	心	心	尾	箕	斗	女	虚	危	室	壁	奎	婁	胃	昴	畢	觜	参	井	鬼	柳	星	張	翼	軫	角	亢	氐	
12月	房	心	尾	箕	斗	女	虚	危	室	壁	奎	婁	胃	昴	畢	觜	参	井	鬼	柳	星	張	翼	軫	角	亢	氐	房	心	尾	箕

1946年

	1	2	3	4	5	6	7	8	9	10	11	12	13	14	15	16	17	18	19	20	21	22	23	24	25	26	27	28	29	30	31
1月	斗	女	虚	危	室	壁	奎	婁	胃	昴	畢	觜	参	井	鬼	柳	星	張	翼	軫	角	亢	氐	房	心	尾	箕	斗	女	虚	危
2月	室	室	壁	奎	婁	胃	昴	畢	觜	参	井	鬼	柳	星	張	翼	軫	角	亢	氐	房	心	尾	箕	斗	女	虚	危			
3月	室	壁	奎	奎	婁	胃	昴	畢	觜	参	井	鬼	柳	星	張	翼	軫	角	亢	氐	房	心	尾	箕	斗	女	虚	危	室	壁	奎
4月	婁	胃	昴	畢	觜	参	井	鬼	柳	星	張	翼	軫	角	亢	氐	房	心	尾	箕	斗	女	虚	危	室	壁	奎	婁	胃	昴	
5月	畢	觜	参	井	鬼	柳	星	張	翼	軫	角	亢	氐	房	心	尾	箕	斗	女	虚	危	室	壁	奎	婁	胃	昴	畢	觜	参	参
6月	井	鬼	柳	星	張	翼	軫	角	亢	氐	房	心	尾	箕	斗	女	虚	危	室	壁	奎	婁	胃	昴	畢	觜	参	井	鬼	柳	
7月	星	張	翼	軫	角	亢	氐	房	心	尾	箕	斗	女	虚	危	室	壁	奎	婁	胃	昴	畢	觜	参	井	鬼	柳	張	翼	軫	角
8月	亢	氐	房	心	尾	箕	斗	女	虚	危	室	壁	奎	婁	胃	昴	畢	觜	参	井	鬼	柳	星	張	翼	軫	角	亢	氐	房	心
9月	尾	箕	斗	女	虚	危	室	壁	奎	婁	胃	昴	畢	觜	参	井	鬼	柳	星	張	翼	軫	角	亢	氐	房	心	尾	箕	斗	
10月	女	虚	危	室	壁	奎	婁	胃	昴	畢	觜	参	井	鬼	柳	星	張	翼	軫	角	亢	氐	房	心	心	尾	箕	斗	女	虚	危
11月	室	壁	奎	婁	胃	昴	畢	觜	参	井	鬼	柳	星	張	翼	軫	角	亢	氐	房	心	尾	箕	斗	女	虚	危	室	壁	奎	
12月	婁	胃	昴	畢	觜	参	井	鬼	柳	星	張	翼	軫	角	亢	氐	房	心	尾	箕	斗	女	虚	危	室	壁	奎	婁	胃	昴	畢

1947年

	1	2	3	4	5	6	7	8	9	10	11	12	13	14	15	16	17	18	19	20	21	22	23	24	25	26	27	28	29	30	31
1月	觜	参	井	鬼	柳	星	張	翼	軫	角	亢	氐	房	心	尾	箕	斗	女	虚	危	室	室	壁	奎	婁	胃	昴	畢	觜	参	井
2月	鬼	柳	星	張	翼	軫	角	亢	氐	房	心	尾	箕	斗	女	虚	危	室	壁	奎	奎	婁	胃	昴	畢	觜	参	井			
3月	鬼	柳	星	張	翼	軫	角	亢	氐	房	心	尾	箕	斗	女	虚	危	室	壁	奎	婁	胃	奎	婁	胃	昴	畢	觜	参	井	鬼
4月	柳	星	張	翼	軫	角	亢	氐	房	心	尾	箕	斗	女	虚	危	室	壁	奎	婁	胃	昴	畢	觜	参	井	鬼	柳	星	張	
5月	翼	軫	角	亢	氐	房	心	尾	箕	斗	女	虚	危	室	壁	奎	婁	胃	昴	畢	觜	参	井	鬼	柳	星	張	翼	軫	角	亢
6月	氐	房	心	尾	箕	斗	女	虚	危	室	壁	奎	婁	胃	昴	畢	觜	参	参	井	鬼	柳	星	張	翼	軫	角	亢	氐	房	
7月	心	尾	箕	斗	女	虚	危	室	壁	奎	婁	胃	昴	畢	觜	参	井	鬼	柳	星	張	翼	軫	角	亢	氐	房	心	尾	箕	斗
8月	女	虚	危	室	壁	奎	婁	胃	昴	畢	觜	参	井	鬼	柳	張	翼	軫	角	亢	氐	房	心	尾	箕	斗	女	虚	危	室	壁
9月	奎	婁	胃	昴	畢	觜	参	井	鬼	柳	星	張	翼	軫	角	亢	氐	房	心	尾	箕	斗	女	虚	危	室	壁	奎	婁	胃	
10月	昴	畢	觜	参	井	鬼	柳	星	張	翼	軫	角	亢	氐	房	心	尾	箕	斗	女	虚	危	室	壁	奎	婁	胃	昴	畢	觜	参
11月	井	鬼	柳	星	張	翼	軫	角	亢	氐	房	心	心	尾	箕	斗	女	虚	危	室	壁	奎	婁	胃	昴	畢	觜	参	井	鬼	
12月	柳	星	張	翼	軫	角	亢	氐	房	心	尾	斗	女	虚	危	室	壁	奎	婁	胃	昴	畢	觜	参	井	鬼	柳	星	張	翼	軫

1948年

	1	2	3	4	5	6	7	8	9	10	11	12	13	14	15	16	17	18	19	20	21	22	23	24	25	26	27	28	29	30	31
1月	角	亢	氐	房	心	尾	箕	斗	女	虚	虚	危	室	壁	奎	婁	胃	昴	畢	觜	参	井	鬼	柳	星	張	翼	軫	角	亢	氐
2月	房	心	尾	箕	斗	女	虚	危	室	室	壁	奎	婁	胃	昴	畢	觜	参	井	鬼	柳	星	張	翼	軫	角	亢	氐	房		
3月	心	尾	箕	斗	女	虚	危	室	壁	奎	奎	婁	胃	昴	畢	觜	参	井	鬼	柳	星	張	翼	軫	角	亢	氐	房	心	尾	箕
4月	斗	女	虚	危	室	壁	奎	婁	胃	昴	畢	觜	参	井	鬼	柳	星	張	翼	軫	角	亢	氐	房	心	尾	箕	斗	女	虚	
5月	危	室	壁	奎	婁	胃	昴	畢	畢	觜	参	井	鬼	柳	星	張	翼	軫	角	亢	氐	房	心	尾	箕	斗	女	虚	危	室	壁
6月	奎	婁	胃	昴	畢	觜	参	井	鬼	柳	星	張	翼	軫	角	亢	氐	房	心	尾	箕	斗	女	虚	危	室	壁	奎	婁	胃	
7月	昴	畢	觜	参	井	鬼	鬼	柳	星	張	翼	軫	角	亢	氐	房	心	尾	箕	斗	女	虚	危	室	壁	奎	婁	胃	昴	畢	觜
8月	参	井	鬼	柳	張	翼	軫	角	亢	氐	房	心	尾	箕	斗	女	虚	危	室	壁	奎	婁	胃	昴	畢	觜	参	井	鬼	柳	星
9月	張	翼	角	亢	氐	房	心	尾	箕	斗	女	虚	危	室	壁	奎	婁	胃	昴	畢	觜	参	井	鬼	柳	星	張	翼	軫	角	
10月	亢	氐	氐	房	心	尾	箕	斗	女	虚	危	室	壁	奎	婁	胃	昴	畢	觜	参	井	鬼	柳	星	張	翼	軫	角	亢	氐	房
11月	心	尾	箕	斗	女	虚	危	室	壁	奎	婁	胃	昴	畢	觜	参	井	鬼	柳	星	張	翼	軫	角	亢	氐	房	心	尾	箕	
12月	斗	女	虚	危	室	壁	奎	婁	胃	昴	畢	觜	参	井	鬼	柳	星	張	翼	軫	角	亢	氐	房	心	尾	箕	斗	女	虚	危

1949年

	1	2	3	4	5	6	7	8	9	10	11	12	13	14	15	16	17	18	19	20	21	22	23	24	25	26	27	28	29	30	31
1月	室	壁	奎	婁	胃	昴	畢	觜	参	井	鬼	柳	星	張	翼	軫	角	亢	氐	房	心	尾	箕	斗	女	虚	危	室	室	壁	奎
2月	婁	胃	昴	畢	觜	参	井	鬼	柳	星	張	翼	軫	角	亢	氐	房	心	尾	箕	斗	女	虚	危	室	壁	奎	奎			
3月	婁	胃	昴	畢	觜	参	井	鬼	柳	星	張	翼	軫	角	亢	氐	房	心	尾	箕	斗	女	虚	危	室	壁	奎	婁	胃	胃	昴
4月	畢	觜	参	井	鬼	柳	星	張	翼	軫	角	亢	氐	房	心	尾	箕	斗	女	虚	危	室	壁	奎	婁	胃	昴	畢	觜	参	
5月	井	鬼	柳	星	張	翼	軫	角	亢	氐	房	心	尾	箕	斗	女	虚	危	室	壁	奎	婁	胃	昴	畢	觜	参	参	井	鬼	柳
6月	星	張	翼	軫	角	亢	氐	房	心	尾	箕	斗	女	虚	危	室	壁	奎	婁	胃	昴	畢	觜	参	井	鬼	柳	星	張	翼	
7月	軫	角	亢	氐	房	心	尾	箕	斗	女	虚	危	室	壁	奎	婁	胃	昴	畢	觜	参	井	鬼	柳	星	張	翼	軫	角	亢	氐
8月	房	心	尾	箕	斗	女	虚	危	室	壁	奎	婁	胃	昴	畢	觜	参	井	鬼	柳	星	張	翼	張	翼	軫	角	亢	氐	房	心
9月	尾	箕	斗	女	虚	危	室	壁	奎	婁	胃	昴	畢	觜	参	井	鬼	柳	星	張	翼	角	亢	氐	房	心	尾	箕	斗	女	
10月	虚	危	室	壁	奎	婁	胃	昴	畢	觜	参	井	鬼	柳	星	張	翼	軫	角	亢	氐	氐	房	心	尾	箕	斗	女	虚	危	室
11月	壁	奎	婁	胃	昴	畢	觜	参	井	鬼	柳	星	張	翼	軫	角	亢	氐	房	心	尾	箕	斗	女	虚	危	室	壁	奎	婁	
12月	胃	昴	畢	觜	参	井	鬼	柳	星	張	翼	軫	角	亢	氐	房	心	尾	箕	斗	女	虚	危	室	壁	奎	婁	胃	昴	畢	觜

1950年

	1	2	3	4	5	6	7	8	9	10	11	12	13	14	15	16	17	18	19	20	21	22	23	24	25	26	27	28	29	30	31
1月	参	井	鬼	柳	星	張	翼	軫	角	亢	氐	房	心	尾	箕	斗	女	虚	危	室	壁	奎	婁	胃	昴	畢	觜	参	井	鬼	柳
2月	星	張	翼	軫	角	亢	氐	房	心	尾	箕	斗	女	虚	危	室	室	壁	奎	婁	胃	昴	畢	觜	参	井	鬼	柳			
3月	星	張	翼	軫	角	亢	氐	房	心	尾	箕	斗	女	虚	危	室	壁	奎	奎	婁	胃	昴	畢	觜	参	井	鬼	柳	星	張	翼
4月	軫	角	亢	氐	房	心	尾	箕	斗	女	虚	危	室	壁	奎	婁	胃	昴	畢	觜	参	井	鬼	柳	星	張	翼	軫	角	亢	
5月	氐	房	心	尾	箕	斗	女	虚	危	室	壁	奎	婁	胃	昴	畢	畢	觜	参	井	鬼	柳	星	張	翼	軫	角	亢	氐	房	心
6月	尾	箕	斗	女	虚	危	室	壁	奎	婁	胃	昴	畢	觜	参	参	井	鬼	柳	星	張	翼	軫	角	亢	氐	房	心	尾	箕	
7月	斗	女	虚	危	室	壁	奎	婁	胃	昴	畢	觜	参	井	鬼	柳	星	張	翼	軫	角	亢	氐	房	心	尾	箕	斗	女	虚	危
8月	室	壁	奎	婁	胃	昴	畢	觜	参	井	鬼	柳	星	張	翼	軫	角	亢	氐	房	心	尾	箕	斗	女	虚	危	室	壁	奎	婁
9月	胃	昴	畢	觜	参	井	鬼	柳	星	張	翼	角	亢	氐	房	心	尾	箕	斗	女	虚	危	室	壁	奎	婁	胃	昴	畢	觜	
10月	参	井	鬼	柳	星	張	翼	軫	角	亢	氐	房	心	尾	箕	斗	女	虚	危	室	壁	奎	婁	胃	昴	畢	觜	参	井	鬼	柳
11月	星	張	翼	軫	角	亢	氐	房	心	心	尾	箕	斗	女	虚	危	室	壁	奎	婁	胃	昴	畢	觜	参	井	鬼	柳	星	張	
12月	翼	軫	角	亢	氐	房	心	尾	斗	女	虚	危	室	壁	奎	婁	胃	昴	畢	觜	参	井	鬼	柳	星	張	翼	軫	角	亢	氐

1951年

	1	2	3	4	5	6	7	8	9	10	11	12	13	14	15	16	17	18	19	20	21	22	23	24	25	26	27	28	29	30	31
1月	房	心	尾	箕	斗	女	虚	虚	危	室	壁	奎	婁	胃	昴	畢	觜	参	井	鬼	柳	星	張	翼	軫	角	亢	氐	房	心	尾
2月	箕	斗	女	虚	危	室	壁	奎	婁	胃	昴	畢	觜	参	井	鬼	柳	星	張	翼	軫	角	亢	氐	房	心	尾	箕			
3月	斗	女	虚	危	室	壁	奎	奎	婁	胃	昴	畢	觜	参	井	鬼	柳	星	張	翼	軫	角	亢	氐	房	心	尾	箕	斗	女	虚
4月	危	室	壁	奎	婁	胃	昴	畢	觜	参	井	鬼	柳	星	張	翼	軫	角	亢	氐	房	心	尾	箕	斗	女	虚	危	室	壁	
5月	奎	婁	胃	昴	畢	畢	觜	参	井	鬼	柳	星	張	翼	軫	角	亢	氐	房	心	尾	箕	斗	女	虚	危	室	壁	奎	婁	胃
6月	昴	畢	觜	参	参	井	鬼	柳	星	張	翼	軫	角	亢	氐	房	心	尾	箕	斗	女	虚	危	室	壁	奎	婁	胃	昴	畢	
7月	觜	参	井	鬼	柳	星	張	翼	軫	角	亢	氐	房	心	尾	箕	斗	女	虚	危	室	壁	奎	婁	胃	昴	畢	觜	参	井	鬼
8月	柳	星	張	翼	軫	角	亢	氐	房	心	尾	箕	斗	女	虚	危	室	壁	奎	婁	胃	昴	畢	觜	参	井	鬼	柳	星	張	翼
9月	角	亢	氐	房	心	尾	箕	斗	女	虚	危	室	壁	奎	婁	胃	昴	畢	觜	参	井	鬼	柳	星	張	翼	軫	角	亢	氐	
10月	氐	房	心	尾	箕	斗	女	虚	危	室	壁	奎	婁	胃	昴	畢	觜	参	井	鬼	柳	星	張	翼	軫	角	亢	氐	房	心	尾
11月	箕	斗	女	虚	危	室	壁	奎	婁	胃	昴	畢	觜	参	井	鬼	柳	星	張	翼	軫	角	亢	氐	房	心	尾	箕	斗	女	
12月	虚	危	室	壁	奎	婁	胃	昴	畢	觜	参	井	鬼	柳	星	張	翼	軫	角	亢	氐	房	心	尾	箕	斗	女	虚	危	室	壁

1952年

	1	2	3	4	5	6	7	8	9	10	11	12	13	14	15	16	17	18	19	20	21	22	23	24	25	26	27	28	29	30	31
1月	奎	婁	胃	昴	畢	觜	参	井	鬼	柳	星	張	翼	軫	角	亢	氐	房	心	尾	箕	斗	女	虚	危	室	室	壁	奎	婁	胃
2月	昴	畢	觜	参	井	鬼	柳	星	張	翼	軫	角	亢	氐	房	心	尾	箕	斗	女	虚	危	室	壁	奎	婁	胃	昴	畢		
3月	觜	参	井	鬼	柳	星	張	翼	軫	角	亢	氐	房	心	尾	箕	斗	女	虚	危	室	壁	奎	婁	胃	胃	昴	畢	觜	参	井
4月	鬼	柳	星	張	翼	軫	角	亢	氐	房	心	尾	箕	斗	女	虚	危	室	壁	奎	婁	胃	昴	畢	觜	参	井	鬼	柳	星	
5月	張	翼	軫	角	亢	氐	房	心	尾	箕	斗	女	虚	危	室	壁	奎	婁	胃	昴	畢	觜	参	参	井	鬼	柳	星	張	翼	軫
6月	角	亢	氐	房	心	尾	箕	斗	女	虚	危	室	壁	奎	婁	胃	昴	畢	觜	参	井	参	井	鬼	柳	星	張	翼	軫	角	
7月	亢	氐	房	心	尾	箕	斗	女	虚	危	室	壁	奎	婁	胃	昴	畢	觜	参	井	鬼	鬼	柳	星	張	翼	軫	角	亢	氐	房
8月	心	尾	箕	斗	女	虚	危	室	壁	奎	婁	胃	昴	畢	觜	参	井	鬼	柳	星	張	翼	軫	角	亢	氐	房	心	尾	箕	斗
9月	女	虚	危	室	壁	奎	婁	胃	昴	畢	觜	参	井	鬼	柳	星	張	翼	角	亢	氐	房	心	尾	箕	斗	女	虚	危	室	
10月	壁	奎	婁	胃	昴	畢	觜	参	井	鬼	柳	星	張	翼	軫	角	亢	氐	氐	房	心	尾	箕	斗	女	虚	危	室	壁	奎	婁
11月	胃	昴	畢	觜	参	井	鬼	柳	星	張	翼	軫	角	亢	氐	房	心	尾	箕	斗	女	虚	危	室	壁	奎	婁	胃	昴	畢	
12月	觜	参	井	鬼	柳	星	張	翼	軫	角	亢	氐	房	心	尾	箕	斗	女	虚	危	室	壁	奎	婁	胃	昴	畢	觜	参	井	鬼

1953年

	1	2	3	4	5	6	7	8	9	10	11	12	13	14	15	16	17	18	19	20	21	22	23	24	25	26	27	28	29	30	31
1月	柳	星	張	翼	軫	角	亢	氐	房	心	尾	箕	斗	女	虚	危	室	壁	奎	婁	胃	昴	畢	觜	参	井	鬼	柳	星	張	翼
2月	軫	角	亢	氐	房	心	尾	箕	斗	女	虚	危	室	室	壁	奎	婁	胃	昴	畢	觜	参	井	鬼	柳	星	張	翼			
3月	軫	角	亢	氐	房	心	尾	箕	斗	女	虚	危	室	壁	奎	婁	胃	昴	畢	觜	参	井	鬼	柳	星	張	翼	軫	角	亢	氐
4月	房	心	尾	箕	斗	女	虚	危	室	壁	奎	婁	胃	胃	昴	畢	觜	参	井	鬼	柳	星	張	翼	軫	角	亢	氐	房	心	
5月	尾	箕	斗	女	虚	危	室	壁	奎	婁	胃	昴	畢	觜	参	井	鬼	柳	星	張	翼	軫	角	亢	氐	房	心	尾	箕	斗	女
6月	虚	危	室	壁	奎	婁	胃	昴	畢	觜	参	井	鬼	柳	星	張	翼	軫	角	亢	氐	房	心	尾	箕	斗	女	虚	危	室	
7月	壁	奎	婁	胃	昴	畢	觜	参	井	鬼	鬼	柳	星	張	翼	軫	角	亢	氐	房	心	尾	箕	斗	女	虚	危	室	壁	奎	婁
8月	胃	昴	畢	觜	参	井	鬼	柳	星	張	翼	軫	角	亢	氐	房	心	尾	箕	斗	女	虚	危	室	壁	奎	婁	胃	昴	畢	觜
9月	参	井	鬼	柳	星	張	翼	角	亢	氐	房	心	尾	箕	斗	女	虚	危	室	壁	奎	婁	胃	昴	畢	觜	参	井	鬼	柳	
10月	星	張	翼	軫	角	亢	氐	氐	房	心	尾	箕	斗	女	虚	危	室	壁	奎	婁	胃	昴	畢	觜	参	井	鬼	柳	星	張	翼
11月	軫	角	亢	氐	房	心	心	尾	箕	斗	女	虚	危	室	壁	奎	婁	胃	昴	畢	觜	参	井	鬼	柳	星	張	翼	軫	角	
12月	亢	氐	房	心	尾	斗	女	虚	危	室	壁	奎	婁	胃	昴	畢	觜	参	井	鬼	柳	星	張	翼	軫	角	亢	氐	房	心	尾

1954年

	1	2	3	4	5	6	7	8	9	10	11	12	13	14	15	16	17	18	19	20	21	22	23	24	25	26	27	28	29	30	31
1月	箕	斗	女	虚	虚	危	室	壁	奎	婁	胃	昴	畢	觜	参	井	鬼	柳	星	張	翼	軫	角	亢	氐	房	心	尾	箕	斗	女
2月	虚	危	室	室	壁	奎	婁	胃	昴	畢	觜	参	井	鬼	柳	星	張	翼	軫	角	亢	氐	房	心	尾	箕	斗	女			
3月	虚	危	室	壁	奎	婁	胃	昴	畢	觜	参	井	鬼	柳	星	張	翼	軫	角	亢	氐	房	心	尾	箕	斗	女	虚	危	室	壁
4月	奎	婁	胃	昴	畢	觜	参	井	鬼	柳	星	張	翼	軫	角	亢	氐	房	心	尾	箕	斗	女	虚	危	室	壁	奎	婁	胃	
5月	昴	畢	畢	觜	参	井	鬼	柳	星	張	翼	軫	角	亢	氐	房	心	尾	箕	斗	女	虚	危	室	壁	奎	婁	胃	昴	畢	觜
6月	参	井	鬼	柳	星	張	翼	軫	角	亢	氐	房	心	尾	箕	斗	女	虚	危	室	壁	奎	婁	胃	昴	畢	觜	参	井	鬼	
7月	柳	星	張	翼	軫	角	亢	氐	房	心	尾	箕	斗	女	虚	危	室	壁	奎	婁	胃	昴	畢	觜	参	井	鬼	柳	星	張	翼
8月	軫	角	亢	氐	房	心	尾	箕	斗	女	虚	危	室	壁	奎	婁	胃	昴	畢	觜	参	井	鬼	柳	星	張	翼	角	亢	氐	房
9月	心	尾	箕	斗	女	虚	危	室	壁	奎	婁	胃	昴	畢	觜	参	井	鬼	柳	星	張	翼	軫	角	亢	氐	氐	房	心	尾	
10月	箕	斗	女	虚	危	室	壁	奎	婁	胃	昴	畢	觜	参	井	鬼	柳	星	張	翼	軫	角	亢	氐	房	心	心	尾	箕	斗	女
11月	虚	危	室	壁	奎	婁	胃	昴	畢	觜	参	井	鬼	柳	星	張	翼	軫	角	亢	氐	房	心	尾	斗	女	虚	危	室	壁	
12月	奎	婁	胃	昴	畢	觜	参	井	鬼	柳	星	張	翼	軫	角	亢	氐	房	心	尾	箕	斗	女	虚	虚	危	室	壁	奎	婁	胃

1955年

	1	2	3	4	5	6	7	8	9	10	11	12	13	14	15	16	17	18	19	20	21	22	23	24	25	26	27	28	29	30	31
1月	昴	畢	觜	参	井	鬼	柳	星	張	翼	軫	角	亢	氐	房	心	尾	箕	斗	女	虚	危	室	室	壁	奎	婁	胃	昴	畢	觜
2月	参	井	鬼	柳	星	張	翼	軫	角	亢	氐	房	心	尾	箕	斗	女	虚	危	室	壁	奎	奎	婁	胃	昴	畢	觜			
3月	参	井	鬼	柳	星	張	翼	軫	角	亢	氐	房	心	尾	箕	斗	女	虚	危	室	壁	奎	婁	胃	昴	畢	觜	参	井	鬼	柳
4月	星	張	翼	軫	角	亢	氐	房	心	尾	箕	斗	女	虚	危	室	壁	奎	婁	胃	昴	胃	昴	畢	觜	参	井	鬼	柳	星	
5月	張	翼	軫	角	亢	氐	房	心	尾	箕	斗	女	虚	危	室	壁	奎	婁	胃	昴	畢	畢	觜	参	井	鬼	柳	星	張	翼	軫
6月	角	亢	氐	房	心	尾	箕	斗	女	虚	危	室	壁	奎	婁	胃	昴	畢	觜	参	井	鬼	柳	星	張	翼	軫	角	亢	氐	
7月	房	心	尾	箕	斗	女	虚	危	室	壁	奎	婁	胃	昴	畢	觜	参	井	鬼	柳	星	張	翼	軫	角	亢	氐	房	心	尾	箕
8月	斗	女	虚	危	室	壁	奎	婁	胃	昴	畢	觜	参	井	鬼	柳	星	張	翼	軫	角	亢	氐	房	心	尾	箕	斗	女	虚	危
9月	室	壁	奎	婁	胃	昴	畢	觜	参	井	鬼	柳	星	張	翼	角	亢	氐	房	心	尾	箕	斗	女	虚	危	室	壁	奎	婁	
10月	胃	昴	畢	觜	参	井	鬼	柳	星	張	翼	軫	角	亢	氐	氐	房	心	尾	箕	斗	女	虚	危	室	壁	奎	婁	胃	昴	畢
11月	觜	参	井	鬼	柳	星	張	翼	軫	角	亢	氐	房	心	尾	箕	斗	女	虚	危	室	壁	奎	婁	胃	昴	畢	觜	参	井	
12月	鬼	柳	星	張	翼	軫	角	亢	氐	房	心	尾	箕	斗	女	虚	危	室	壁	奎	婁	胃	昴	畢	觜	参	井	鬼	柳	星	張

1956年

	1	2	3	4	5	6	7	8	9	10	11	12	13	14	15	16	17	18	19	20	21	22	23	24	25	26	27	28	29	30	31
1月	翼	軫	角	亢	氐	房	心	尾	箕	斗	女	虚	虚	危	室	壁	奎	婁	胃	昴	畢	觜	参	井	鬼	柳	星	張	翼	軫	角
2月	亢	氐	房	心	尾	箕	斗	女	虚	危	室	室	壁	奎	婁	胃	昴	畢	觜	参	井	鬼	柳	星	張	翼	軫	角	亢		
3月	氐	房	心	尾	箕	斗	女	虚	危	室	壁	奎	婁	胃	昴	畢	觜	参	井	鬼	柳	星	張	翼	軫	角	亢	氐	房	心	尾
4月	箕	斗	女	虚	危	室	壁	奎	婁	胃	胃	昴	畢	觜	参	井	鬼	柳	星	張	翼	軫	角	亢	氐	房	心	尾	箕	斗	
5月	女	虚	危	室	壁	奎	婁	胃	昴	畢	觜	参	井	鬼	柳	星	張	翼	軫	角	亢	氐	房	心	尾	箕	斗	女	虚	危	室
6月	壁	奎	婁	胃	昴	畢	觜	参	参	井	鬼	柳	星	張	翼	軫	角	亢	氐	房	心	尾	箕	斗	女	虚	危	室	壁	奎	
7月	婁	胃	昴	畢	觜	参	井	鬼	柳	星	張	翼	軫	角	亢	氐	房	心	尾	箕	斗	女	虚	危	室	壁	奎	婁	胃	昴	畢
8月	觜	参	井	鬼	柳	張	翼	軫	角	亢	氐	房	心	尾	箕	斗	女	虚	危	室	壁	奎	婁	胃	昴	畢	觜	参	井	鬼	柳
9月	星	張	翼	軫	角	亢	氐	房	心	尾	箕	斗	女	虚	危	室	壁	奎	婁	胃	昴	畢	觜	参	井	鬼	柳	星	張	翼	
10月	軫	角	亢	氐	房	心	尾	箕	斗	女	虚	危	室	壁	奎	婁	胃	昴	畢	觜	参	井	鬼	柳	星	張	翼	軫	角	亢	氐
11月	房	心	心	尾	箕	斗	女	虚	危	室	壁	奎	婁	胃	昴	畢	觜	参	井	鬼	柳	星	張	翼	軫	角	亢	氐	房	心	
12月	尾	斗	女	虚	危	室	壁	奎	婁	胃	昴	畢	觜	参	井	鬼	柳	星	張	翼	軫	角	亢	氐	房	心	尾	箕	斗	女	虚

1957年

	1	2	3	4	5	6	7	8	9	10	11	12	13	14	15	16	17	18	19	20	21	22	23	24	25	26	27	28	29	30	31
1月	虚	危	室	壁	奎	婁	胃	昴	畢	觜	参	井	鬼	柳	星	張	翼	軫	角	亢	氐	房	心	尾	箕	斗	女	虚	危	室	室
2月	壁	奎	婁	胃	昴	畢	觜	参	井	鬼	柳	星	張	翼	軫	角	亢	氐	房	心	尾	箕	斗	女	虚	危	室	壁			
3月	奎	奎	婁	胃	昴	畢	觜	参	井	鬼	柳	星	張	翼	軫	角	亢	氐	房	心	尾	箕	斗	女	虚	危	室	壁	奎	婁	胃
4月	昴	畢	觜	参	井	鬼	柳	星	張	翼	軫	角	亢	氐	房	心	尾	箕	斗	女	虚	危	室	壁	奎	婁	胃	昴	畢	畢	
5月	觜	参	井	鬼	柳	星	張	翼	軫	角	亢	氐	房	心	尾	箕	斗	女	虚	危	室	壁	奎	婁	胃	昴	畢	觜	参	井	鬼
6月	柳	星	張	翼	軫	角	亢	氐	房	心	尾	箕	斗	女	虚	危	室	壁	奎	婁	胃	昴	畢	觜	参	井	鬼	鬼	柳	星	
7月	張	翼	軫	角	亢	氐	房	心	尾	箕	斗	女	虚	危	室	壁	奎	婁	胃	昴	畢	觜	参	井	鬼	柳	張	翼	軫	角	亢
8月	氐	房	心	尾	箕	斗	女	虚	危	室	壁	奎	婁	胃	昴	畢	觜	参	井	鬼	柳	星	張	翼	角	亢	氐	房	心	尾	箕
9月	斗	女	虚	危	室	壁	奎	婁	胃	昴	畢	觜	参	井	鬼	柳	星	張	翼	軫	角	亢	氐	角	亢	氐	房	心	尾	箕	
10月	斗	女	虚	危	室	壁	奎	婁	胃	昴	畢	觜	参	井	鬼	柳	星	張	翼	軫	角	亢	氐	房	心	尾	箕	斗	女	虚	危
11月	室	壁	奎	婁	胃	昴	畢	觜	参	井	鬼	柳	星	張	翼	軫	角	亢	氐	房	心	心	尾	箕	斗	女	虚	危	室	壁	
12月	奎	婁	胃	昴	畢	觜	参	井	鬼	柳	星	張	翼	軫	角	亢	氐	房	心	尾	斗	女	虚	危	室	壁	奎	婁	胃	昴	畢

1958年

	1	2	3	4	5	6	7	8	9	10	11	12	13	14	15	16	17	18	19	20	21	22	23	24	25	26	27	28	29	30	31
1月	觜	参	井	鬼	柳	星	張	翼	軫	角	亢	氐	房	心	尾	箕	斗	女	虚	虚	危	室	壁	奎	婁	胃	昴	畢	觜	参	井
2月	鬼	柳	星	張	翼	軫	角	亢	氐	房	心	尾	箕	斗	女	虚	危	室	室	壁	奎	婁	胃	昴	畢	觜	参	井			
3月	鬼	柳	星	張	翼	軫	角	亢	氐	房	心	尾	箕	斗	女	虚	危	室	壁	奎	婁	胃	昴	畢	觜	参	井	鬼	柳	星	張
4月	翼	軫	角	亢	氐	房	心	尾	箕	斗	女	虚	危	室	壁	奎	婁	胃	胃	昴	畢	觜	参	井	鬼	柳	星	張	翼	軫	
5月	角	亢	氐	房	心	尾	箕	斗	女	虚	危	室	壁	奎	婁	胃	昴	畢	畢	觜	参	井	鬼	柳	星	張	翼	軫	角	亢	氐
6月	房	心	尾	箕	斗	女	虚	危	室	壁	奎	婁	胃	昴	畢	觜	参	井	鬼	柳	星	張	翼	軫	角	亢	氐	房	心	尾	
7月	箕	斗	女	虚	危	室	壁	奎	婁	胃	昴	畢	觜	参	井	鬼	鬼	柳	星	張	翼	軫	角	亢	氐	房	心	尾	箕	斗	女
8月	虚	危	室	壁	奎	婁	胃	昴	畢	觜	参	井	鬼	柳	張	翼	軫	角	亢	氐	房	心	尾	箕	斗	女	虚	危	室	壁	奎
9月	婁	胃	昴	畢	觜	参	井	鬼	柳	星	張	翼	角	亢	氐	房	心	尾	箕	斗	女	虚	危	室	壁	奎	婁	胃	昴	畢	
10月	觜	参	井	鬼	柳	星	張	翼	軫	角	亢	氐	氐	房	心	尾	箕	斗	女	虚	危	室	壁	奎	婁	胃	昴	畢	觜	参	井
11月	鬼	柳	星	張	翼	軫	角	亢	氐	房	心	尾	箕	斗	女	虚	危	室	壁	奎	婁	胃	昴	畢	觜	参	井	鬼	柳	星	
12月	張	翼	軫	角	亢	氐	房	心	尾	箕	斗	女	虚	危	室	壁	奎	婁	胃	昴	畢	觜	参	井	鬼	柳	星	張	翼	軫	角

1959年

	1	2	3	4	5	6	7	8	9	10	11	12	13	14	15	16	17	18	19	20	21	22	23	24	25	26	27	28	29	30	31
1月	亢	氐	房	心	尾	箕	斗	女	虚	危	室	壁	奎	婁	胃	昴	畢	觜	参	井	鬼	柳	星	張	翼	軫	角	亢	氐	房	心
2月	尾	箕	斗	女	虚	危	室	室	壁	奎	婁	胃	昴	畢	觜	参	井	鬼	柳	星	張	翼	軫	角	亢	氐	房	心			
3月	尾	箕	斗	女	虚	危	室	壁	奎	婁	胃	昴	畢	觜	参	井	鬼	柳	星	張	翼	軫	角	亢	氐	房	心	尾	箕	斗	女
4月	虚	危	室	壁	奎	婁	胃	胃	昴	畢	觜	参	井	鬼	柳	星	張	翼	軫	角	亢	氐	房	心	尾	箕	斗	女	虚	危	
5月	室	壁	奎	婁	胃	昴	畢	畢	觜	参	井	鬼	柳	星	張	翼	軫	角	亢	氐	房	心	尾	箕	斗	女	虚	危	室	壁	奎
6月	婁	胃	昴	畢	觜	参	井	鬼	柳	星	張	翼	軫	角	亢	氐	房	心	尾	箕	斗	女	虚	危	室	壁	奎	婁	胃	昴	
7月	畢	觜	参	井	鬼	鬼	柳	星	張	翼	軫	角	亢	氐	房	心	尾	箕	斗	女	虚	危	室	壁	奎	婁	胃	昴	畢	觜	参
8月	井	鬼	柳	張	翼	軫	角	亢	氐	房	心	尾	箕	斗	女	虚	危	室	壁	奎	婁	胃	昴	畢	觜	参	井	鬼	柳	星	張
9月	翼	軫	角	亢	氐	房	心	尾	箕	斗	女	虚	危	室	壁	奎	婁	胃	昴	畢	觜	参	井	鬼	柳	星	張	翼	軫	角	
10月	亢	氐	房	心	尾	箕	斗	女	虚	危	室	壁	奎	婁	胃	昴	畢	觜	参	井	鬼	柳	星	張	翼	軫	角	亢	氐	房	心
11月	心	尾	箕	斗	女	虚	危	室	壁	奎	婁	胃	昴	畢	觜	参	井	鬼	柳	星	張	翼	軫	角	亢	氐	房	心	尾	斗	
12月	女	虚	危	室	壁	奎	婁	胃	昴	畢	觜	参	井	鬼	柳	星	張	翼	軫	角	亢	氐	房	心	尾	箕	斗	女	虚	虚	危

1960年

	1	2	3	4	5	6	7	8	9	10	11	12	13	14	15	16	17	18	19	20	21	22	23	24	25	26	27	28	29	30	31
1月	室	壁	奎	婁	胃	昴	畢	觜	参	井	鬼	柳	星	張	翼	軫	角	亢	氐	房	心	尾	箕	斗	女	虚	危	室	壁	奎	婁
2月	胃	昴	畢	觜	参	井	鬼	柳	星	張	翼	軫	角	亢	氐	房	心	尾	箕	斗	女	虚	危	室	壁	奎	奎	婁	胃		
3月	昴	畢	觜	参	井	鬼	柳	星	張	翼	軫	角	亢	氐	房	心	尾	箕	斗	女	虚	危	室	壁	奎	婁	胃	昴	畢	觜	参
4月	井	鬼	柳	星	張	翼	軫	角	亢	氐	房	心	尾	箕	斗	女	虚	危	室	壁	奎	婁	胃	昴	畢	畢	觜	参	井	鬼	
5月	柳	星	張	翼	軫	角	亢	氐	房	心	尾	箕	斗	女	虚	危	室	壁	奎	婁	胃	昴	畢	觜	参	井	鬼	柳	星	張	翼
6月	軫	角	亢	氐	房	心	尾	箕	斗	女	虚	危	室	壁	奎	婁	胃	昴	畢	觜	参	井	鬼	鬼	柳	星	張	翼	軫	角	
7月	亢	氐	房	心	尾	箕	斗	女	虚	危	室	壁	奎	婁	胃	昴	畢	觜	参	井	鬼	柳	星	鬼	柳	星	張	翼	軫	角	亢
8月	氐	房	心	尾	箕	斗	女	虚	危	室	壁	奎	婁	胃	昴	畢	觜	参	井	鬼	柳	張	翼	軫	角	亢	氐	房	心	尾	箕
9月	斗	女	虚	危	室	壁	奎	婁	胃	昴	畢	觜	参	井	鬼	柳	星	張	翼	軫	角	亢	氐	房	心	尾	箕	斗	女	虚	
10月	危	室	壁	奎	婁	胃	昴	畢	觜	参	井	鬼	柳	星	張	翼	軫	角	亢	氐	房	心	尾	箕	斗	女	虚	危	室	壁	奎
11月	婁	胃	昴	畢	觜	参	井	鬼	柳	星	張	翼	軫	角	亢	氐	房	心	心	尾	箕	斗	女	虚	危	室	壁	奎	婁	胃	
12月	昴	畢	觜	参	井	鬼	柳	星	張	翼	軫	角	亢	氐	房	心	尾	斗	女	虚	危	室	壁	奎	婁	胃	昴	畢	觜	参	井

1961年

	1	2	3	4	5	6	7	8	9	10	11	12	13	14	15	16	17	18	19	20	21	22	23	24	25	26	27	28	29	30	31
1月	鬼	柳	星	張	翼	軫	角	亢	氐	房	心	尾	箕	斗	女	虚	虚	危	室	壁	奎	婁	胃	昴	畢	觜	参	井	鬼	柳	星
2月	張	翼	軫	角	亢	氐	房	心	尾	箕	斗	女	虚	危	室	壁	奎	婁	胃	昴	畢	觜	参	井	鬼	柳	星	張			
3月	翼	軫	角	亢	氐	房	心	尾	箕	斗	女	虚	危	室	壁	奎	奎	婁	胃	昴	畢	觜	参	井	鬼	柳	星	張	翼	軫	角
4月	亢	氐	房	心	尾	箕	斗	女	虚	危	室	壁	奎	婁	胃	昴	畢	觜	参	井	鬼	柳	星	張	翼	軫	角	亢	氐	房	
5月	心	尾	箕	斗	女	虚	危	室	壁	奎	婁	胃	昴	畢	畢	觜	参	井	鬼	柳	星	張	翼	軫	角	亢	氐	房	心	尾	箕
6月	斗	女	虚	危	室	壁	奎	婁	胃	昴	畢	觜	参	井	鬼	柳	星	張	翼	軫	角	亢	氐	房	心	尾	箕	斗	女	虚	
7月	危	室	壁	奎	婁	胃	昴	畢	觜	参	井	鬼	鬼	柳	星	張	翼	軫	角	亢	氐	房	心	尾	箕	斗	女	虚	危	室	壁
8月	奎	婁	胃	昴	畢	觜	参	井	鬼	柳	張	翼	軫	角	亢	氐	房	心	尾	箕	斗	女	虚	危	室	壁	奎	婁	胃	昴	畢
9月	觜	参	井	鬼	柳	星	張	翼	軫	角	亢	氐	房	心	尾	箕	斗	女	虚	危	室	壁	奎	婁	胃	昴	畢	觜	参	井	
10月	鬼	柳	星	張	翼	軫	角	亢	氐	氐	房	心	尾	箕	斗	女	虚	危	室	壁	奎	婁	胃	昴	畢	觜	参	井	鬼	柳	星
11月	張	翼	軫	角	亢	氐	房	心	尾	箕	斗	女	虚	危	室	壁	奎	婁	胃	昴	畢	觜	参	井	鬼	柳	星	張	翼	軫	
12月	角	亢	氐	房	心	尾	箕	斗	女	虚	危	室	壁	奎	婁	胃	昴	畢	觜	参	井	鬼	柳	星	張	翼	軫	角	亢	氐	房

1962年

	1	2	3	4	5	6	7	8	9	10	11	12	13	14	15	16	17	18	19	20	21	22	23	24	25	26	27	28	29	30	31
1月	心	尾	箕	斗	女	虚	危	室	壁	奎	婁	胃	昴	畢	觜	参	井	鬼	柳	星	張	翼	軫	角	亢	氐	房	心	尾	箕	斗
2月	女	虚	危	室	室	壁	奎	婁	胃	昴	畢	觜	参	井	鬼	柳	星	張	翼	軫	角	亢	氐	房	心	尾	箕	斗			
3月	女	虚	危	室	壁	奎	婁	胃	昴	畢	觜	参	井	鬼	柳	星	張	翼	軫	角	亢	氐	房	心	尾	箕	斗	女	虚	危	室
4月	壁	奎	婁	胃	胃	昴	畢	觜	参	井	鬼	柳	星	張	翼	軫	角	亢	氐	房	心	尾	箕	斗	女	虚	危	室	壁	奎	
5月	婁	胃	昴	畢	觜	参	井	鬼	柳	星	張	翼	軫	角	亢	氐	房	心	尾	箕	斗	女	虚	危	室	壁	奎	婁	胃	昴	畢
6月	觜	参	井	鬼	柳	星	張	翼	軫	角	亢	氐	房	心	尾	箕	斗	女	虚	危	室	壁	奎	婁	胃	昴	畢	觜	参	井	
7月	鬼	鬼	柳	星	張	翼	軫	角	亢	氐	房	心	尾	箕	斗	女	虚	危	室	壁	奎	婁	胃	昴	畢	觜	参	井	鬼	柳	張
8月	翼	軫	角	亢	氐	房	心	尾	箕	斗	女	虚	危	室	壁	奎	婁	胃	昴	畢	觜	参	井	鬼	柳	星	張	翼	軫	角	亢
9月	氐	房	心	尾	箕	斗	女	虚	危	室	壁	奎	婁	胃	昴	畢	觜	参	井	鬼	柳	星	張	翼	軫	角	亢	氐	氐	房	
10月	心	尾	箕	斗	女	虚	危	室	壁	奎	婁	胃	昴	畢	觜	参	井	鬼	柳	星	張	翼	軫	角	亢	氐	房	心	尾	箕	斗
11月	女	虚	危	室	壁	奎	婁	胃	昴	畢	觜	参	井	鬼	柳	星	張	翼	軫	角	亢	氐	房	心	尾	箕	斗	女	虚	危	
12月	室	壁	奎	婁	胃	昴	畢	觜	参	井	鬼	柳	星	張	翼	軫	角	亢	氐	房	心	尾	箕	斗	女	虚	虚	危	室	壁	奎

1963年

	1	2	3	4	5	6	7	8	9	10	11	12	13	14	15	16	17	18	19	20	21	22	23	24	25	26	27	28	29	30	31
1月	婁	胃	昴	畢	觜	参	井	鬼	柳	星	張	翼	軫	角	亢	氐	房	心	尾	箕	斗	女	虚	危	室	壁	奎	婁	胃	昴	畢
2月	觜	参	井	鬼	柳	星	張	翼	軫	角	亢	氐	房	心	尾	箕	斗	女	虚	危	室	壁	奎	奎	婁	胃	昴	畢			
3月	觜	参	井	鬼	柳	星	張	翼	軫	角	亢	氐	房	心	尾	箕	斗	女	虚	危	室	壁	奎	婁	胃	昴	畢	觜	参	井	鬼
4月	柳	星	張	翼	軫	角	亢	氐	房	心	尾	箕	斗	女	虚	危	室	壁	奎	婁	胃	昴	畢	畢	觜	参	井	鬼	柳	星	
5月	張	翼	軫	角	亢	氐	房	心	尾	箕	斗	女	虚	危	室	壁	奎	婁	胃	昴	畢	觜	畢	觜	参	井	鬼	柳	星	張	翼
6月	軫	角	亢	氐	房	心	尾	箕	斗	女	虚	危	室	壁	奎	婁	胃	昴	畢	觜	参	井	鬼	柳	星	張	翼	軫	角	亢	
7月	氐	房	心	尾	箕	斗	女	虚	危	室	壁	奎	婁	胃	昴	畢	觜	参	井	鬼	鬼	柳	星	張	翼	軫	角	亢	氐	房	心
8月	尾	箕	斗	女	虚	危	室	壁	奎	婁	胃	昴	畢	觜	参	井	鬼	柳	張	翼	軫	角	亢	氐	房	心	尾	箕	斗	女	虚
9月	危	室	壁	奎	婁	胃	昴	畢	觜	参	井	鬼	柳	星	張	翼	軫	角	亢	氐	房	心	尾	箕	斗	女	虚	危	室	壁	
10月	奎	婁	胃	昴	畢	觜	参	井	鬼	柳	星	張	翼	軫	角	亢	氐	房	心	尾	箕	斗	女	虚	危	室	壁	奎	婁	胃	昴
11月	畢	觜	参	井	鬼	柳	星	張	翼	軫	角	亢	氐	房	心	心	尾	箕	斗	女	虚	危	室	壁	奎	婁	胃	昴	畢	觜	
12月	参	井	鬼	柳	星	張	翼	軫	角	亢	氐	房	心	尾	箕	斗	女	虚	危	室	壁	奎	婁	胃	昴	畢	觜	参	井	鬼	柳

1964年

	1	2	3	4	5	6	7	8	9	10	11	12	13	14	15	16	17	18	19	20	21	22	23	24	25	26	27	28	29	30	31
1月	星	張	翼	軫	角	亢	氐	房	心	尾	箕	斗	女	虚	虚	危	室	壁	奎	婁	胃	昴	畢	觜	参	井	鬼	柳	星	張	翼
2月	軫	角	亢	氐	房	心	尾	箕	斗	女	虚	危	室	壁	奎	婁	胃	昴	畢	觜	参	井	鬼	柳	星	張	翼	軫	角		
3月	亢	氐	房	心	尾	箕	斗	女	虚	危	室	壁	奎	奎	婁	胃	昴	畢	觜	参	井	鬼	柳	星	張	翼	軫	角	亢	氐	房
4月	心	尾	箕	斗	女	虚	危	室	壁	奎	婁	胃	昴	畢	觜	参	井	鬼	柳	星	張	翼	軫	角	亢	氐	房	心	尾	箕	
5月	斗	女	虚	危	室	壁	奎	婁	胃	昴	畢	畢	觜	参	井	鬼	柳	星	張	翼	軫	角	亢	氐	房	心	尾	箕	斗	女	虚
6月	危	室	壁	奎	婁	胃	昴	畢	觜	参	井	鬼	柳	星	張	翼	軫	角	亢	氐	房	心	尾	箕	斗	女	虚	危	室	壁	
7月	奎	婁	胃	昴	畢	觜	参	井	鬼	柳	星	張	翼	軫	角	亢	氐	房	心	尾	箕	斗	女	虚	危	室	壁	奎	婁	胃	昴
8月	畢	觜	参	井	鬼	柳	星	張	翼	軫	角	亢	氐	房	心	尾	箕	斗	女	虚	危	室	壁	奎	婁	胃	昴	畢	觜	参	井
9月	鬼	柳	星	張	翼	角	亢	氐	房	心	尾	箕	斗	女	虚	危	室	壁	奎	婁	胃	昴	畢	觜	参	井	鬼	柳	星	張	
10月	翼	軫	角	亢	氐	氐	房	心	尾	箕	斗	女	虚	危	室	壁	奎	婁	胃	昴	畢	觜	参	井	鬼	柳	星	張	翼	軫	角
11月	亢	氐	房	心	尾	箕	斗	女	虚	危	室	壁	奎	婁	胃	昴	畢	觜	参	井	鬼	柳	星	張	翼	軫	角	亢	氐	房	
12月	心	尾	箕	斗	女	虚	危	室	壁	奎	婁	胃	昴	畢	觜	参	井	鬼	柳	星	張	翼	軫	角	亢	氐	房	心	尾	箕	斗

1965年

	1	2	3	4	5	6	7	8	9	10	11	12	13	14	15	16	17	18	19	20	21	22	23	24	25	26	27	28	29	30	31
1月	女	虚	虚	危	室	壁	奎	婁	胃	昴	畢	觜	参	井	鬼	柳	星	張	翼	軫	角	亢	氐	房	心	尾	箕	斗	女	虚	危
2月	室	室	壁	奎	婁	胃	昴	畢	觜	参	井	鬼	柳	星	張	翼	軫	角	亢	氐	房	心	尾	箕	斗	女	虚	危			
3月	室	壁	奎	婁	胃	昴	畢	觜	参	井	鬼	柳	星	張	翼	軫	角	亢	氐	房	心	尾	箕	斗	女	虚	危	室	壁	奎	婁
4月	胃	胃	昴	畢	觜	参	井	鬼	柳	星	張	翼	軫	角	亢	氐	房	心	尾	箕	斗	女	虚	危	室	壁	奎	婁	胃	昴	
5月	畢	觜	参	井	鬼	柳	星	張	翼	軫	角	亢	氐	房	心	尾	箕	斗	女	虚	危	室	壁	奎	婁	胃	昴	畢	觜	参	参
6月	井	鬼	柳	星	張	翼	軫	角	亢	氐	房	心	尾	箕	斗	女	虚	危	室	壁	奎	婁	胃	昴	畢	觜	参	井	鬼	柳	
7月	星	張	翼	軫	角	亢	氐	房	心	尾	箕	斗	女	虚	危	室	壁	奎	婁	胃	昴	畢	觜	参	井	鬼	柳	張	翼	軫	角
8月	亢	氐	房	心	尾	箕	斗	女	虚	危	室	壁	奎	婁	胃	昴	畢	觜	参	井	鬼	柳	星	張	翼	軫	角	亢	氐	房	心
9月	尾	箕	斗	女	虚	危	室	壁	奎	婁	胃	昴	畢	觜	参	井	鬼	柳	星	張	翼	軫	角	亢	氐	房	心	尾	箕	斗	
10月	女	虚	危	室	壁	奎	婁	胃	昴	畢	觜	参	井	鬼	柳	星	張	翼	軫	角	亢	氐	房	心	尾	箕	斗	女	虚	危	室
11月	壁	奎	婁	胃	昴	畢	觜	参	井	鬼	柳	星	張	翼	軫	角	亢	氐	房	心	尾	箕	斗	女	虚	危	室	壁	奎	婁	
12月	胃	昴	畢	觜	参	井	鬼	柳	星	張	翼	軫	角	亢	氐	房	心	尾	箕	斗	女	虚	虚	危	室	壁	奎	婁	胃	昴	畢

1966年

	1	2	3	4	5	6	7	8	9	10	11	12	13	14	15	16	17	18	19	20	21	22	23	24	25	26	27	28	29	30	31
1月	觜	参	井	鬼	柳	星	張	翼	軫	角	亢	氐	房	心	尾	箕	斗	女	虚	危	室	室	壁	奎	婁	胃	昴	畢	觜	参	井
2月	鬼	柳	星	張	翼	軫	角	亢	氐	房	心	尾	箕	斗	女	虚	危	室	壁	奎	婁	胃	昴	畢	觜	参	井	鬼			
3月	柳	星	張	翼	軫	角	亢	氐	房	心	尾	箕	斗	女	虚	危	室	壁	奎	婁	胃	胃	昴	畢	觜	参	井	鬼	柳	星	張
4月	翼	軫	角	亢	氐	房	心	尾	箕	斗	女	虚	危	室	壁	奎	婁	胃	昴	畢	胃	昴	畢	觜	参	井	鬼	柳	星	張	
5月	翼	軫	角	亢	氐	房	心	尾	箕	斗	女	虚	危	室	壁	奎	婁	胃	昴	畢	觜	参	井	鬼	柳	星	張	翼	軫	角	亢
6月	氐	房	心	尾	箕	斗	女	虚	危	室	壁	奎	婁	胃	昴	畢	觜	参	参	井	鬼	柳	星	張	翼	軫	角	亢	氐	房	
7月	心	尾	箕	斗	女	虚	危	室	壁	奎	婁	胃	昴	畢	觜	参	井	鬼	柳	星	張	翼	軫	角	亢	氐	房	心	尾	箕	斗
8月	女	虚	危	室	壁	奎	婁	胃	昴	畢	觜	参	井	鬼	柳	張	翼	軫	角	亢	氐	房	心	尾	箕	斗	女	虚	危	室	壁
9月	奎	婁	胃	昴	畢	觜	参	井	鬼	柳	星	張	翼	軫	角	亢	氐	房	心	尾	箕	斗	女	虚	危	室	壁	奎	婁	胃	
10月	昴	畢	觜	参	井	鬼	柳	星	張	翼	軫	角	亢	氐	房	心	尾	箕	斗	女	虚	危	室	壁	奎	婁	胃	昴	畢	觜	参
11月	井	鬼	柳	星	張	翼	軫	角	亢	氐	房	心	尾	箕	斗	女	虚	危	室	壁	奎	婁	胃	昴	畢	觜	参	井	鬼	柳	
12月	星	張	翼	軫	角	亢	氐	房	心	尾	箕	斗	女	虚	危	室	壁	奎	婁	胃	昴	畢	觜	参	井	鬼	柳	星	張	翼	軫

1967年

	1	2	3	4	5	6	7	8	9	10	11	12	13	14	15	16	17	18	19	20	21	22	23	24	25	26	27	28	29	30	31
1月	角	亢	氐	房	心	尾	箕	斗	女	虚	虚	危	室	壁	奎	婁	胃	昴	畢	觜	参	井	鬼	柳	星	張	翼	軫	角	亢	氐
2月	房	心	尾	箕	斗	女	虚	危	室	壁	奎	婁	胃	昴	畢	觜	参	井	鬼	柳	星	張	翼	軫	角	亢	氐	房			
3月	心	尾	箕	斗	女	虚	危	室	壁	奎	奎	婁	胃	昴	畢	觜	参	井	鬼	柳	星	張	翼	軫	角	亢	氐	房	心	尾	箕
4月	斗	女	虚	危	室	壁	奎	婁	胃	胃	昴	畢	觜	参	井	鬼	柳	星	張	翼	軫	角	亢	氐	房	心	尾	箕	斗	女	
5月	虚	危	室	壁	奎	婁	胃	昴	畢	觜	参	井	鬼	柳	星	張	翼	軫	角	亢	氐	房	心	尾	箕	斗	女	虚	危	室	壁
6月	奎	婁	胃	昴	畢	觜	参	参	井	鬼	柳	星	張	翼	軫	角	亢	氐	房	心	尾	箕	斗	女	虚	危	室	壁	奎	婁	
7月	胃	昴	畢	觜	参	井	鬼	鬼	柳	星	張	翼	軫	角	亢	氐	房	心	尾	箕	斗	女	虚	危	室	壁	奎	婁	胃	昴	畢
8月	觜	参	井	鬼	柳	張	翼	軫	角	亢	氐	房	心	尾	箕	斗	女	虚	危	室	壁	奎	婁	胃	昴	畢	觜	参	井	鬼	柳
9月	星	張	翼	角	亢	氐	房	心	尾	箕	斗	女	虚	危	室	壁	奎	婁	胃	昴	畢	觜	参	井	鬼	柳	星	張	翼	軫	
10月	角	亢	氐	氐	房	心	尾	箕	斗	女	虚	危	室	壁	奎	婁	胃	昴	畢	觜	参	井	鬼	柳	星	張	翼	軫	角	亢	氐
11月	房	心	尾	箕	斗	女	虚	危	室	壁	奎	婁	胃	昴	畢	觜	参	井	鬼	柳	星	張	翼	軫	角	亢	氐	房	心	尾	
12月	箕	斗	女	虚	危	室	壁	奎	婁	胃	昴	畢	觜	参	井	鬼	柳	星	張	翼	軫	角	亢	氐	房	心	尾	箕	斗	女	虚

1968年

	1	2	3	4	5	6	7	8	9	10	11	12	13	14	15	16	17	18	19	20	21	22	23	24	25	26	27	28	29	30	31
1月	危	室	壁	奎	婁	胃	昴	畢	觜	参	井	鬼	柳	星	張	翼	軫	角	亢	氐	房	心	尾	箕	斗	女	虚	危	室	室	壁
2月	奎	婁	胃	昴	畢	觜	参	井	鬼	柳	星	張	翼	軫	角	亢	氐	房	心	尾	箕	斗	女	虚	危	室	壁	奎	婁		
3月	胃	昴	畢	觜	参	井	鬼	柳	星	張	翼	軫	角	亢	氐	房	心	尾	箕	斗	女	虚	危	室	壁	奎	婁	胃	胃	昴	畢
4月	觜	参	井	鬼	柳	星	張	翼	軫	角	亢	氐	房	心	尾	箕	斗	女	虚	危	室	壁	奎	婁	胃	昴	畢	畢	觜	参	
5月	井	鬼	柳	星	張	翼	軫	角	亢	氐	房	心	尾	箕	斗	女	虚	危	室	壁	奎	婁	胃	昴	畢	觜	参	井	鬼	柳	星
6月	張	翼	軫	角	亢	氐	房	心	尾	箕	斗	女	虚	危	室	壁	奎	婁	胃	昴	畢	觜	参	井	鬼	鬼	柳	星	張	翼	
7月	軫	角	亢	氐	房	心	尾	箕	斗	女	虚	危	室	壁	奎	婁	胃	昴	畢	觜	参	井	鬼	柳	張	翼	軫	角	亢	氐	房
8月	心	尾	箕	斗	女	虚	危	室	壁	奎	婁	胃	昴	畢	觜	参	井	鬼	柳	星	張	翼	軫	張	翼	軫	角	亢	氐	房	心
9月	尾	箕	斗	女	虚	危	室	壁	奎	婁	胃	昴	畢	觜	参	井	鬼	柳	星	張	翼	角	亢	氐	房	心	尾	箕	斗	女	
10月	虚	危	室	壁	奎	婁	胃	昴	畢	觜	参	井	鬼	柳	星	張	翼	軫	角	亢	氐	氐	房	心	尾	箕	斗	女	虚	危	室
11月	壁	奎	婁	胃	昴	畢	觜	参	井	鬼	柳	星	張	翼	軫	角	亢	氐	房	心	尾	箕	斗	女	虚	危	室	壁	奎	婁	
12月	胃	昴	畢	觜	参	井	鬼	柳	星	張	翼	軫	角	亢	氐	房	心	尾	箕	斗	女	虚	危	室	壁	奎	婁	胃	昴	畢	觜

1969年

	1	2	3	4	5	6	7	8	9	10	11	12	13	14	15	16	17	18	19	20	21	22	23	24	25	26	27	28	29	30	31
1月	参	井	鬼	柳	星	張	翼	軫	角	亢	氐	房	心	尾	箕	斗	女	虚	危	室	壁	奎	婁	胃	昴	畢	觜	参	井	鬼	柳
2月	星	張	翼	軫	角	亢	氐	房	心	尾	箕	斗	女	虚	危	室	室	壁	奎	婁	胃	昴	畢	觜	参	井	鬼	柳			
3月	星	張	翼	軫	角	亢	氐	房	心	尾	箕	斗	女	虚	危	室	壁	奎	婁	胃	昴	畢	觜	参	井	鬼	柳	星	張	翼	軫
4月	角	亢	氐	房	心	尾	箕	斗	女	虚	危	室	壁	奎	婁	胃	胃	昴	畢	觜	参	井	鬼	柳	星	張	翼	軫	角	亢	
5月	氐	房	心	尾	箕	斗	女	虚	危	室	壁	奎	婁	胃	昴	畢	觜	参	井	鬼	柳	星	張	翼	軫	角	亢	氐	房	心	尾
6月	箕	斗	女	虚	危	室	壁	奎	婁	胃	昴	畢	觜	参	参	井	鬼	柳	星	張	翼	軫	角	亢	氐	房	心	尾	箕	斗	
7月	女	虚	危	室	壁	奎	婁	胃	昴	畢	觜	参	井	鬼	柳	星	張	翼	軫	角	亢	氐	房	心	尾	箕	斗	女	虚	危	室
8月	壁	奎	婁	胃	昴	畢	觜	参	井	鬼	柳	星	張	翼	軫	角	亢	氐	房	心	尾	箕	斗	女	虚	危	室	壁	奎	婁	胃
9月	昴	畢	觜	参	井	鬼	柳	星	張	翼	軫	角	亢	氐	房	心	尾	箕	斗	女	虚	危	室	壁	奎	婁	胃	昴	畢	觜	
10月	参	井	鬼	柳	星	張	翼	軫	角	亢	氐	房	心	尾	箕	斗	女	虚	危	室	壁	奎	婁	胃	昴	畢	觜	参	井	鬼	柳
11月	星	張	翼	軫	角	亢	氐	房	心	心	尾	箕	斗	女	虚	危	室	壁	奎	婁	胃	昴	畢	觜	参	井	鬼	柳	星	張	
12月	翼	軫	角	亢	氐	房	心	尾	斗	女	虚	危	室	壁	奎	婁	胃	昴	畢	觜	参	井	鬼	柳	星	張	翼	軫	角	亢	氐

1970年

	1	2	3	4	5	6	7	8	9	10	11	12	13	14	15	16	17	18	19	20	21	22	23	24	25	26	27	28	29	30	31
1月	房	心	尾	箕	斗	女	虚	虚	危	室	壁	奎	婁	胃	昴	畢	觜	参	井	鬼	柳	星	張	翼	軫	角	亢	氐	房	心	尾
2月	箕	斗	女	虚	危	室	壁	奎	婁	胃	昴	畢	觜	参	井	鬼	柳	星	張	翼	軫	角	亢	氐	房	心	尾	箕			
3月	斗	女	虚	危	室	壁	奎	奎	婁	胃	昴	畢	觜	参	井	鬼	柳	星	張	翼	軫	角	亢	氐	房	心	尾	箕	斗	女	虚
4月	危	室	壁	奎	婁	胃	昴	畢	觜	参	井	鬼	柳	星	張	翼	軫	角	亢	氐	房	心	尾	箕	斗	女	虚	危	室	壁	
5月	奎	婁	胃	昴	畢	觜	参	井	鬼	柳	星	張	翼	軫	角	亢	氐	房	心	尾	箕	斗	女	虚	危	室	壁	奎	婁	胃	昴
6月	畢	觜	参	参	井	鬼	柳	星	張	翼	軫	角	亢	氐	房	心	尾	箕	斗	女	虚	危	室	壁	奎	婁	胃	昴	畢	觜	
7月	参	井	鬼	鬼	柳	星	張	翼	軫	角	亢	氐	房	心	尾	箕	斗	女	虚	危	室	壁	奎	婁	胃	昴	畢	觜	参	井	鬼
8月	柳	張	翼	軫	角	亢	氐	房	心	尾	箕	斗	女	虚	危	室	壁	奎	婁	胃	昴	畢	觜	参	井	鬼	柳	星	張	翼	軫
9月	角	亢	氐	房	心	尾	箕	斗	女	虚	危	室	壁	奎	婁	胃	昴	畢	觜	参	井	鬼	柳	星	張	翼	軫	角	亢	氐	
10月	房	心	尾	箕	斗	女	虚	危	室	壁	奎	婁	胃	昴	畢	觜	参	井	鬼	柳	星	張	翼	軫	角	亢	氐	房	心	心	尾
11月	箕	斗	女	虚	危	室	壁	奎	婁	胃	昴	畢	觜	参	井	鬼	柳	星	張	翼	軫	角	亢	氐	房	心	尾	箕	斗	女	
12月	虚	危	室	壁	奎	婁	胃	昴	畢	觜	参	井	鬼	柳	星	張	翼	軫	角	亢	氐	房	心	尾	箕	斗	女	虚	危	室	壁

1971年

	1	2	3	4	5	6	7	8	9	10	11	12	13	14	15	16	17	18	19	20	21	22	23	24	25	26	27	28	29	30	31
1月	奎	婁	胃	昴	畢	觜	参	井	鬼	柳	星	張	翼	軫	角	亢	氐	房	心	尾	箕	斗	女	虚	危	室	室	壁	奎	婁	胃
2月	昴	畢	觜	参	井	鬼	柳	星	張	翼	軫	角	亢	氐	房	心	尾	箕	斗	女	虚	危	室	壁	奎	婁	胃	昴			
3月	畢	觜	参	井	鬼	柳	星	張	翼	軫	角	亢	氐	房	心	尾	箕	斗	女	虚	危	室	壁	奎	婁	胃	胃	昴	畢	觜	参
4月	井	鬼	柳	星	張	翼	軫	角	亢	氐	房	心	尾	箕	斗	女	虚	危	室	壁	奎	婁	胃	昴	畢	觜	参	井	鬼	柳	
5月	星	張	翼	軫	角	亢	氐	房	心	尾	箕	斗	女	虚	危	室	壁	奎	婁	胃	昴	畢	觜	参	井	鬼	柳	星	張	翼	軫
6月	角	亢	氐	房	心	尾	箕	斗	女	虚	危	室	壁	奎	婁	胃	昴	畢	觜	参	井	鬼	参	井	鬼	柳	星	張	翼	軫	
7月	角	亢	氐	房	心	尾	箕	斗	女	虚	危	室	壁	奎	婁	胃	昴	畢	觜	参	井	鬼	柳	星	張	翼	軫	角	亢	氐	房
8月	心	尾	箕	斗	女	虚	危	室	壁	奎	婁	胃	昴	畢	觜	参	井	鬼	柳	星	張	翼	軫	角	亢	氐	房	心	尾	箕	斗
9月	女	虚	危	室	壁	奎	婁	胃	昴	畢	觜	参	井	鬼	柳	星	張	翼	角	亢	氐	房	心	尾	箕	斗	女	虚	危	室	
10月	壁	奎	婁	胃	昴	畢	觜	参	井	鬼	柳	星	張	翼	軫	角	亢	氐	氐	房	心	尾	箕	斗	女	虚	危	室	壁	奎	婁
11月	胃	昴	畢	觜	参	井	鬼	柳	星	張	翼	軫	角	亢	氐	房	心	心	尾	箕	斗	女	虚	危	室	壁	奎	婁	胃	昴	
12月	畢	觜	参	井	鬼	柳	星	張	翼	軫	角	亢	氐	房	心	尾	箕	斗	女	虚	危	室	壁	奎	婁	胃	昴	畢	觜	参	井

1972年

	1	2	3	4	5	6	7	8	9	10	11	12	13	14	15	16	17	18	19	20	21	22	23	24	25	26	27	28	29	30	31
1月	鬼	柳	星	張	翼	軫	角	亢	氐	房	心	尾	箕	斗	女	虚	危	室	壁	奎	婁	胃	昴	畢	觜	参	井	鬼	柳	星	張
2月	翼	軫	角	亢	氐	房	心	尾	箕	斗	女	虚	危	室	室	壁	奎	婁	胃	昴	畢	觜	参	井	鬼	柳	星	張	翼		
3月	軫	角	亢	氐	房	心	尾	箕	斗	女	虚	危	室	壁	奎	婁	胃	昴	畢	觜	参	井	鬼	柳	星	張	翼	軫	角	亢	氐
4月	房	心	尾	箕	斗	女	虚	危	室	壁	奎	婁	胃	胃	昴	畢	觜	参	井	鬼	柳	星	張	翼	軫	角	亢	氐	房	心	
5月	尾	箕	斗	女	虚	危	室	壁	奎	婁	胃	昴	畢	觜	参	井	鬼	柳	星	張	翼	軫	角	亢	氐	房	心	尾	箕	斗	女
6月	虚	危	室	壁	奎	婁	胃	昴	畢	觜	参	井	鬼	柳	星	張	翼	軫	角	亢	氐	房	心	尾	箕	斗	女	虚	危	室	
7月	壁	奎	婁	胃	昴	畢	觜	参	井	鬼	鬼	柳	星	張	翼	軫	角	亢	氐	房	心	尾	箕	斗	女	虚	危	室	壁	奎	婁
8月	胃	昴	畢	觜	参	井	鬼	柳	張	翼	軫	角	亢	氐	房	心	尾	箕	斗	女	虚	危	室	壁	奎	婁	胃	昴	畢	觜	参
9月	井	鬼	柳	星	張	翼	軫	角	亢	氐	房	心	尾	箕	斗	女	虚	危	室	壁	奎	婁	胃	昴	畢	觜	参	井	鬼	柳	
10月	星	張	翼	軫	角	亢	氐	房	心	尾	箕	斗	女	虚	危	室	壁	奎	婁	胃	昴	畢	觜	参	井	鬼	柳	星	張	翼	軫
11月	角	亢	氐	房	心	心	尾	箕	斗	女	虚	危	室	壁	奎	婁	胃	昴	畢	觜	参	井	鬼	柳	星	張	翼	軫	角	亢	
12月	氐	房	心	尾	箕	斗	女	虚	危	室	壁	奎	婁	胃	昴	畢	觜	参	井	鬼	柳	星	張	翼	軫	角	亢	氐	房	心	尾

1973年

	1	2	3	4	5	6	7	8	9	10	11	12	13	14	15	16	17	18	19	20	21	22	23	24	25	26	27	28	29	30	31
1月	箕	斗	女	虚	虚	危	室	壁	奎	婁	胃	昴	畢	觜	参	井	鬼	柳	星	張	翼	軫	角	亢	氐	房	心	尾	箕	斗	女
2月	虚	危	室	壁	奎	婁	胃	昴	畢	觜	参	井	鬼	柳	星	張	翼	軫	角	亢	氐	房	心	尾	箕	斗	女	虚			
3月	危	室	壁	奎	奎	婁	胃	昴	畢	觜	参	井	鬼	柳	星	張	翼	軫	角	亢	氐	房	心	尾	箕	斗	女	虚	危	室	壁
4月	奎	婁	胃	昴	畢	觜	参	井	鬼	柳	星	張	翼	軫	角	亢	氐	房	心	尾	箕	斗	女	虚	危	室	壁	奎	婁	胃	
5月	昴	畢	畢	觜	参	井	鬼	柳	星	張	翼	軫	角	亢	氐	房	心	尾	箕	斗	女	虚	危	室	壁	奎	婁	胃	昴	畢	觜
6月	参	井	鬼	柳	星	張	翼	軫	角	亢	氐	房	心	尾	箕	斗	女	虚	危	室	壁	奎	婁	胃	昴	畢	觜	参	井	鬼	
7月	柳	星	張	翼	軫	角	亢	氐	房	心	尾	箕	斗	女	虚	危	室	壁	奎	婁	胃	昴	畢	觜	参	井	鬼	柳	星	張	翼
8月	軫	角	亢	氐	房	心	尾	箕	斗	女	虚	危	室	壁	奎	婁	胃	昴	畢	觜	参	井	鬼	柳	星	張	翼	角	亢	氐	房
9月	心	尾	箕	斗	女	虚	危	室	壁	奎	婁	胃	昴	畢	觜	参	井	鬼	柳	星	張	翼	軫	角	亢	氐	房	心	尾	箕	
10月	斗	女	虚	危	室	壁	奎	婁	胃	昴	畢	觜	参	井	鬼	柳	星	張	翼	軫	角	亢	氐	房	心	心	尾	箕	斗	女	虚
11月	危	室	壁	奎	婁	胃	昴	畢	觜	参	井	鬼	柳	星	張	翼	軫	角	亢	氐	房	心	尾	箕	斗	女	虚	危	室	壁	
12月	奎	婁	胃	昴	畢	觜	参	井	鬼	柳	星	張	翼	軫	角	亢	氐	房	心	尾	箕	斗	女	虚	虚	危	室	壁	奎	婁	胃

1974年

	1	2	3	4	5	6	7	8	9	10	11	12	13	14	15	16	17	18	19	20	21	22	23	24	25	26	27	28	29	30	31
1月	昴	畢	觜	参	井	鬼	柳	星	張	翼	軫	角	亢	氐	房	心	尾	箕	斗	女	虚	危	室	壁	奎	婁	胃	昴	畢	觜	参
2月	井	鬼	柳	星	張	翼	軫	角	亢	氐	房	心	尾	箕	斗	女	虚	危	室	壁	奎	奎	婁	胃	昴	畢	觜	参			
3月	井	鬼	柳	星	張	翼	軫	角	亢	氐	房	心	尾	箕	斗	女	虚	危	室	壁	奎	婁	胃	胃	昴	畢	觜	参	井	鬼	柳
4月	星	張	翼	軫	角	亢	氐	房	心	尾	箕	斗	女	虚	危	室	壁	奎	婁	胃	昴	畢	觜	参	井	鬼	柳	星	張	翼	
5月	軫	角	亢	氐	房	心	尾	箕	斗	女	虚	危	室	壁	奎	婁	胃	昴	畢	觜	参	畢	觜	参	井	鬼	柳	星	張	翼	軫
6月	角	亢	氐	房	心	尾	箕	斗	女	虚	危	室	壁	奎	婁	胃	昴	畢	觜	参	井	鬼	柳	星	張	翼	軫	角	亢	氐	
7月	房	心	尾	箕	斗	女	虚	危	室	壁	奎	婁	胃	昴	畢	觜	参	井	鬼	柳	星	張	翼	軫	角	亢	氐	房	心	尾	箕
8月	斗	女	虚	危	室	壁	奎	婁	胃	昴	畢	觜	参	井	鬼	柳	星	張	翼	軫	角	亢	氐	房	心	尾	箕	斗	女	虚	危
9月	室	壁	奎	婁	胃	昴	畢	觜	参	井	鬼	柳	星	張	翼	角	亢	氐	房	心	尾	箕	斗	女	虚	危	室	壁	奎	婁	
10月	胃	昴	畢	觜	参	井	鬼	柳	星	張	翼	軫	角	亢	氐	房	心	尾	箕	斗	女	虚	危	室	壁	奎	婁	胃	昴	畢	觜
11月	参	井	鬼	柳	星	張	翼	軫	角	亢	氐	房	心	心	尾	箕	斗	女	虚	危	室	壁	奎	婁	胃	昴	畢	觜	参	井	
12月	鬼	柳	星	張	翼	軫	角	亢	氐	房	心	尾	箕	斗	女	虚	危	室	壁	奎	婁	胃	昴	畢	觜	参	井	鬼	柳	星	張

1975年

	1	2	3	4	5	6	7	8	9	10	11	12	13	14	15	16	17	18	19	20	21	22	23	24	25	26	27	28	29	30	31
1月	翼	軫	角	亢	氐	房	心	尾	箕	斗	女	虚	危	室	壁	奎	婁	胃	昴	畢	觜	参	井	鬼	柳	星	張	翼	軫	角	亢
2月	氐	房	心	尾	箕	斗	女	虚	危	室	室	壁	奎	婁	胃	昴	畢	觜	参	井	鬼	柳	星	張	翼	軫	角	亢			
3月	氐	房	心	尾	箕	斗	女	虚	危	室	壁	奎	奎	婁	胃	昴	畢	觜	参	井	鬼	柳	星	張	翼	軫	角	亢	氐	房	心
4月	尾	箕	斗	女	虚	危	室	壁	奎	婁	胃	胃	昴	畢	觜	参	井	鬼	柳	星	張	翼	軫	角	亢	氐	房	心	尾	箕	
5月	斗	女	虚	危	室	壁	奎	婁	胃	昴	畢	觜	参	井	鬼	柳	星	張	翼	軫	角	亢	氐	房	心	尾	箕	斗	女	虚	危
6月	室	壁	奎	婁	胃	昴	畢	觜	参	参	井	鬼	柳	星	張	翼	軫	角	亢	氐	房	心	尾	箕	斗	女	虚	危	室	壁	
7月	奎	婁	胃	昴	畢	觜	参	井	鬼	柳	星	張	翼	軫	角	亢	氐	房	心	尾	箕	斗	女	虚	危	室	壁	奎	婁	胃	昴
8月	畢	觜	参	井	鬼	柳	張	翼	軫	角	亢	氐	房	心	尾	箕	斗	女	虚	危	室	壁	奎	婁	胃	昴	畢	觜	参	井	鬼
9月	柳	星	張	翼	軫	角	亢	氐	房	心	尾	箕	斗	女	虚	危	室	壁	奎	婁	胃	昴	畢	觜	参	井	鬼	柳	星	張	
10月	翼	軫	角	亢	氐	房	心	尾	箕	斗	女	虚	危	室	壁	奎	婁	胃	昴	畢	觜	参	井	鬼	柳	星	張	翼	軫	角	亢
11月	氐	房	心	尾	箕	斗	女	虚	危	室	壁	奎	婁	胃	昴	畢	觜	参	井	鬼	柳	星	張	翼	軫	角	亢	氐	房	心	
12月	尾	箕	斗	女	虚	危	室	壁	奎	婁	胃	昴	畢	觜	参	井	鬼	柳	星	張	翼	軫	角	亢	氐	房	心	尾	箕	斗	女

1976年

	1	2	3	4	5	6	7	8	9	10	11	12	13	14	15	16	17	18	19	20	21	22	23	24	25	26	27	28	29	30	31
1月	虚	危	室	壁	奎	婁	胃	昴	畢	觜	参	井	鬼	柳	星	張	翼	軫	角	亢	氐	房	心	尾	箕	斗	女	虚	危	室	室
2月	壁	奎	婁	胃	昴	畢	觜	参	井	鬼	柳	星	張	翼	軫	角	亢	氐	房	心	尾	箕	斗	女	虚	危	室	壁	奎		
3月	奎	婁	胃	昴	畢	觜	参	井	鬼	柳	星	張	翼	軫	角	亢	氐	房	心	尾	箕	斗	女	虚	危	室	壁	奎	婁	胃	胃
4月	昴	畢	觜	参	井	鬼	柳	星	張	翼	軫	角	亢	氐	房	心	尾	箕	斗	女	虚	危	室	壁	奎	婁	胃	昴	畢	觜	
5月	参	井	鬼	柳	星	張	翼	軫	角	亢	氐	房	心	尾	箕	斗	女	虚	危	室	壁	奎	婁	胃	昴	畢	觜	参	参	井	鬼
6月	柳	星	張	翼	軫	角	亢	氐	房	心	尾	箕	斗	女	虚	危	室	壁	奎	婁	胃	昴	畢	觜	参	井	鬼	柳	星	張	
7月	翼	軫	角	亢	氐	房	心	尾	箕	斗	女	虚	危	室	壁	奎	婁	胃	昴	畢	觜	参	井	鬼	柳	星	張	翼	軫	角	亢
8月	氐	房	心	尾	箕	斗	女	虚	危	室	壁	奎	婁	胃	昴	畢	觜	参	井	鬼	柳	星	張	翼	角	亢	氐	房	心	尾	箕
9月	斗	女	虚	危	室	壁	奎	婁	胃	昴	畢	觜	参	井	鬼	柳	星	張	翼	軫	角	亢	氐	角	亢	氐	房	心	尾	箕	
10月	斗	女	虚	危	室	壁	奎	婁	胃	昴	畢	觜	参	井	鬼	柳	星	張	翼	軫	角	亢	氐	房	心	尾	箕	斗	女	虚	危
11月	室	壁	奎	婁	胃	昴	畢	觜	参	井	鬼	柳	星	張	翼	軫	角	亢	氐	房	心	心	尾	箕	斗	女	虚	危	室	壁	
12月	奎	婁	胃	昴	畢	觜	参	井	鬼	柳	星	張	翼	軫	角	亢	氐	房	心	尾	斗	女	虚	危	室	壁	奎	婁	胃	昴	畢

1977年

	1	2	3	4	5	6	7	8	9	10	11	12	13	14	15	16	17	18	19	20	21	22	23	24	25	26	27	28	29	30	31
1月	觜	参	井	鬼	柳	星	張	翼	軫	角	亢	氐	房	心	尾	箕	斗	女	虚	危	室	壁	奎	婁	胃	昴	畢	觜	参	井	鬼
2月	柳	星	張	翼	軫	角	亢	氐	房	心	尾	箕	斗	女	虚	危	室	室	壁	奎	婁	胃	昴	畢	觜	参	井	鬼			
3月	柳	星	張	翼	軫	角	亢	氐	房	心	尾	箕	斗	女	虚	危	室	壁	奎	奎	婁	胃	昴	畢	觜	参	井	鬼	柳	星	張
4月	翼	軫	角	亢	氐	房	心	尾	箕	斗	女	虚	危	室	壁	奎	婁	胃	昴	畢	觜	参	井	鬼	柳	星	張	翼	軫	角	
5月	亢	氐	房	心	尾	箕	斗	女	虚	危	室	壁	奎	婁	胃	昴	畢	畢	觜	参	井	鬼	柳	星	張	翼	軫	角	亢	氐	房
6月	心	尾	箕	斗	女	虚	危	室	壁	奎	婁	胃	昴	畢	觜	参	参	井	鬼	柳	星	張	翼	軫	角	亢	氐	房	心	尾	
7月	箕	斗	女	虚	危	室	壁	奎	婁	胃	昴	畢	觜	参	井	鬼	柳	星	張	翼	軫	角	亢	氐	房	心	尾	箕	斗	女	虚
8月	危	室	壁	奎	婁	胃	昴	畢	觜	参	井	鬼	柳	星	張	翼	軫	角	亢	氐	房	心	尾	箕	斗	女	虚	危	室	壁	奎
9月	婁	胃	昴	畢	觜	参	井	鬼	柳	星	張	翼	角	亢	氐	房	心	尾	箕	斗	女	虚	危	室	壁	奎	婁	胃	昴	畢	
10月	觜	参	井	鬼	柳	星	張	翼	軫	角	亢	氐	氐	房	心	尾	箕	斗	女	虚	危	室	壁	奎	婁	胃	昴	畢	觜	参	井
11月	鬼	柳	星	張	翼	軫	角	亢	氐	房	心	尾	箕	斗	女	虚	危	室	壁	奎	婁	胃	昴	畢	觜	参	井	鬼	柳	星	
12月	張	翼	軫	角	亢	氐	房	心	尾	箕	斗	女	虚	危	室	壁	奎	婁	胃	昴	畢	觜	参	井	鬼	柳	星	張	翼	軫	角

1978年

	1	2	3	4	5	6	7	8	9	10	11	12	13	14	15	16	17	18	19	20	21	22	23	24	25	26	27	28	29	30	31
1月	亢	氐	房	心	尾	箕	斗	女	虚	危	室	壁	奎	婁	胃	昴	畢	觜	参	井	鬼	柳	星	張	翼	軫	角	亢	氐	房	心
2月	尾	箕	斗	女	虚	危	室	壁	奎	婁	胃	昴	畢	觜	参	井	鬼	柳	星	張	翼	軫	角	亢	氐	房	心	尾			
3月	箕	斗	女	虚	危	室	壁	奎	奎	婁	胃	昴	畢	觜	参	井	鬼	柳	星	張	翼	軫	角	亢	氐	房	心	尾	箕	斗	女
4月	虚	危	室	壁	奎	婁	胃	胃	昴	畢	觜	参	井	鬼	柳	星	張	翼	軫	角	亢	氐	房	心	尾	箕	斗	女	虚	危	
5月	室	壁	奎	婁	胃	昴	畢	觜	参	井	鬼	柳	星	張	翼	軫	角	亢	氐	房	心	尾	箕	斗	女	虚	危	室	壁	奎	婁
6月	胃	昴	畢	觜	参	参	井	鬼	柳	星	張	翼	軫	角	亢	氐	房	心	尾	箕	斗	女	虚	危	室	壁	奎	婁	胃	昴	
7月	畢	觜	参	井	鬼	柳	星	張	翼	軫	角	亢	氐	房	心	尾	箕	斗	女	虚	危	室	壁	奎	婁	胃	昴	畢	觜	参	井
8月	鬼	柳	星	張	翼	軫	角	亢	氐	房	心	尾	箕	斗	女	虚	危	室	壁	奎	婁	胃	昴	畢	觜	参	井	鬼	柳	星	張
9月	翼	軫	角	亢	氐	房	心	尾	箕	斗	女	虚	危	室	壁	奎	婁	胃	昴	畢	觜	参	井	鬼	柳	星	張	翼	軫	角	
10月	亢	氐	房	心	尾	箕	斗	女	虚	危	室	壁	奎	婁	胃	昴	畢	觜	参	井	鬼	柳	星	張	翼	軫	角	亢	氐	房	心
11月	心	尾	箕	斗	女	虚	危	室	壁	奎	婁	胃	昴	畢	觜	参	井	鬼	柳	星	張	翼	軫	角	亢	氐	房	心	尾	斗	
12月	女	虚	危	室	壁	奎	婁	胃	昴	畢	觜	参	井	鬼	柳	星	張	翼	軫	角	亢	氐	房	心	尾	箕	斗	女	虚	虚	危

1979年

	1	2	3	4	5	6	7	8	9	10	11	12	13	14	15	16	17	18	19	20	21	22	23	24	25	26	27	28	29	30	31
1月	室	壁	奎	婁	胃	昴	畢	觜	参	井	鬼	柳	星	張	翼	軫	角	亢	氐	房	心	尾	箕	斗	女	虚	危	室	壁	奎	婁
2月	胃	昴	畢	觜	参	井	鬼	柳	星	張	翼	軫	角	亢	氐	房	心	尾	箕	斗	女	虚	危	室	壁	奎	奎	婁			
3月	胃	昴	畢	觜	参	井	鬼	柳	星	張	翼	軫	角	亢	氐	房	心	尾	箕	斗	女	虚	危	室	壁	奎	婁	胃	昴	畢	觜
4月	参	井	鬼	柳	星	張	翼	軫	角	亢	氐	房	心	尾	箕	斗	女	虚	危	室	壁	奎	婁	胃	昴	畢	觜	参	井	鬼	
5月	柳	星	張	翼	軫	角	亢	氐	房	心	尾	箕	斗	女	虚	危	室	壁	奎	婁	胃	昴	畢	觜	参	参	井	鬼	柳	星	張
6月	翼	軫	角	亢	氐	房	心	尾	箕	斗	女	虚	危	室	壁	奎	婁	胃	昴	畢	觜	参	井	鬼	柳	星	張	翼	軫	角	
7月	亢	氐	房	心	尾	箕	斗	女	虚	危	室	壁	奎	婁	胃	昴	畢	觜	参	井	鬼	柳	星	鬼	柳	星	張	翼	軫	角	亢
8月	氐	房	心	尾	箕	斗	女	虚	危	室	壁	奎	婁	胃	昴	畢	觜	参	井	鬼	柳	星	張	翼	軫	角	亢	氐	房	心	尾
9月	箕	斗	女	虚	危	室	壁	奎	婁	胃	昴	畢	觜	参	井	鬼	柳	星	張	翼	角	亢	氐	房	心	尾	箕	斗	女	虚	
10月	危	室	壁	奎	婁	胃	昴	畢	觜	参	井	鬼	柳	星	張	翼	軫	角	亢	氐	氐	房	心	尾	箕	斗	女	虚	危	室	壁
11月	奎	婁	胃	昴	畢	觜	参	井	鬼	柳	星	張	翼	軫	角	亢	氐	房	心	心	尾	箕	斗	女	虚	危	室	壁	奎	婁	
12月	胃	昴	畢	觜	参	井	鬼	柳	星	張	翼	軫	角	亢	氐	房	心	尾	斗	女	虚	危	室	壁	奎	婁	胃	昴	畢	觜	参

1980年

	1	2	3	4	5	6	7	8	9	10	11	12	13	14	15	16	17	18	19	20	21	22	23	24	25	26	27	28	29	30	31
1月	井	鬼	柳	星	張	翼	軫	角	亢	氐	房	心	尾	箕	斗	女	虚	虚	危	室	壁	奎	婁	胃	昴	畢	觜	参	井	鬼	柳
2月	星	張	翼	軫	角	亢	氐	房	心	尾	箕	斗	女	虚	危	室	壁	奎	婁	胃	昴	畢	觜	参	井	鬼	柳	星	張		
3月	翼	軫	角	亢	氐	房	心	尾	箕	斗	女	虚	危	室	壁	奎	奎	婁	胃	昴	畢	觜	参	井	鬼	柳	星	張	翼	軫	角
4月	亢	氐	房	心	尾	箕	斗	女	虚	危	室	壁	奎	婁	胃	昴	畢	觜	参	井	鬼	柳	星	張	翼	軫	角	亢	氐	房	
5月	心	尾	箕	斗	女	虚	危	室	壁	奎	婁	胃	昴	畢	觜	参	井	鬼	柳	星	張	翼	軫	角	亢	氐	房	心	尾	箕	斗
6月	女	虚	危	室	壁	奎	婁	胃	昴	畢	觜	参	参	井	鬼	柳	星	張	翼	軫	角	亢	氐	房	心	尾	箕	斗	女	虚	
7月	危	室	壁	奎	婁	胃	昴	畢	觜	参	井	鬼	柳	星	張	翼	軫	角	亢	氐	房	心	尾	箕	斗	女	虚	危	室	壁	奎
8月	婁	胃	昴	畢	觜	参	井	鬼	柳	星	張	翼	軫	角	亢	氐	房	心	尾	箕	斗	女	虚	危	室	壁	奎	婁	胃	昴	畢
9月	觜	参	井	鬼	柳	星	張	翼	角	亢	氐	房	心	尾	箕	斗	女	虚	危	室	壁	奎	婁	胃	昴	畢	觜	参	井	鬼	
10月	柳	星	張	翼	軫	角	亢	氐	氐	房	心	尾	箕	斗	女	虚	危	室	壁	奎	婁	胃	昴	畢	觜	参	井	鬼	柳	星	張
11月	翼	軫	角	亢	氐	房	心	心	尾	箕	斗	女	虚	危	室	壁	奎	婁	胃	昴	畢	觜	参	井	鬼	柳	星	張	翼	軫	
12月	角	亢	氐	房	心	尾	斗	女	虚	危	室	壁	奎	婁	胃	昴	畢	觜	参	井	鬼	柳	星	張	翼	軫	角	亢	氐	房	心

1981年

	1	2	3	4	5	6	7	8	9	10	11	12	13	14	15	16	17	18	19	20	21	22	23	24	25	26	27	28	29	30	31
1月	尾	箕	斗	女	虚	虚	危	室	壁	奎	婁	胃	昴	畢	觜	参	井	鬼	柳	星	張	翼	軫	角	亢	氐	房	心	尾	箕	斗
2月	女	虚	危	室	室	壁	奎	婁	胃	昴	畢	觜	参	井	鬼	柳	星	張	翼	軫	角	亢	氐	房	心	尾	箕	斗			
3月	女	虚	危	室	壁	奎	婁	胃	昴	畢	觜	参	井	鬼	柳	星	張	翼	軫	角	亢	氐	房	心	尾	箕	斗	女	虚	危	室
4月	壁	奎	婁	胃	胃	昴	畢	觜	参	井	鬼	柳	星	張	翼	軫	角	亢	氐	房	心	尾	箕	斗	女	虚	危	室	壁	奎	
5月	婁	胃	昴	畢	觜	参	井	鬼	柳	星	張	翼	軫	角	亢	氐	房	心	尾	箕	斗	女	虚	危	室	壁	奎	婁	胃	昴	畢
6月	觜	参	井	鬼	柳	星	張	翼	軫	角	亢	氐	房	心	尾	箕	斗	女	虚	危	室	壁	奎	婁	胃	昴	畢	觜	参	井	
7月	鬼	鬼	柳	星	張	翼	軫	角	亢	氐	房	心	尾	箕	斗	女	虚	危	室	壁	奎	婁	胃	昴	畢	觜	参	井	鬼	柳	張
8月	翼	軫	角	亢	氐	房	心	尾	箕	斗	女	虚	危	室	壁	奎	婁	胃	昴	畢	觜	参	井	鬼	柳	星	張	翼	角	亢	氐
9月	房	心	尾	箕	斗	女	虚	危	室	壁	奎	婁	胃	昴	畢	觜	参	井	鬼	柳	星	張	翼	軫	角	亢	氐	氐	房	心	
10月	尾	箕	斗	女	虚	危	室	壁	奎	婁	胃	昴	畢	觜	参	井	鬼	柳	星	張	翼	軫	角	亢	氐	房	心	心	尾	箕	斗
11月	女	虚	危	室	壁	奎	婁	胃	昴	畢	觜	参	井	鬼	柳	星	張	翼	軫	角	亢	氐	房	心	尾	斗	女	虚	危	室	
12月	壁	奎	婁	胃	昴	畢	觜	参	井	鬼	柳	星	張	翼	軫	角	亢	氐	房	心	尾	箕	斗	女	虚	虚	危	室	壁	奎	婁

1982年

	1	2	3	4	5	6	7	8	9	10	11	12	13	14	15	16	17	18	19	20	21	22	23	24	25	26	27	28	29	30	31
1月	胃	昴	畢	觜	参	井	鬼	柳	星	張	翼	軫	角	亢	氐	房	心	尾	箕	斗	女	虚	危	室	室	壁	奎	婁	胃	昴	畢
2月	觜	参	井	鬼	柳	星	張	翼	軫	角	亢	氐	房	心	尾	箕	斗	女	虚	危	室	壁	奎	奎	婁	胃	昴	畢			
3月	觜	参	井	鬼	柳	星	張	翼	軫	角	亢	氐	房	心	尾	箕	斗	女	虚	危	室	壁	奎	婁	胃	昴	畢	觜	参	井	鬼
4月	柳	星	張	翼	軫	角	亢	氐	房	心	尾	箕	斗	女	虚	危	室	壁	奎	婁	胃	昴	畢	畢	觜	参	井	鬼	柳	星	
5月	張	翼	軫	角	亢	氐	房	心	尾	箕	斗	女	虚	危	室	壁	奎	婁	胃	昴	畢	觜	畢	觜	参	井	鬼	柳	星	張	翼
6月	軫	角	亢	氐	房	心	尾	箕	斗	女	虚	危	室	壁	奎	婁	胃	昴	畢	觜	参	井	鬼	柳	星	張	翼	軫	角	亢	
7月	氐	房	心	尾	箕	斗	女	虚	危	室	壁	奎	婁	胃	昴	畢	觜	参	井	鬼	鬼	柳	星	張	翼	軫	角	亢	氐	房	心
8月	尾	箕	斗	女	虚	危	室	壁	奎	婁	胃	昴	畢	觜	参	井	鬼	柳	張	翼	軫	角	亢	氐	房	心	尾	箕	斗	女	虚
9月	危	室	壁	奎	婁	胃	昴	畢	觜	参	井	鬼	柳	星	張	翼	角	亢	氐	房	心	尾	箕	斗	女	虚	危	室	壁	奎	
10月	婁	胃	昴	畢	觜	参	井	鬼	柳	星	張	翼	軫	角	亢	氐	氐	房	心	尾	箕	斗	女	虚	危	室	壁	奎	婁	胃	昴
11月	畢	觜	参	井	鬼	柳	星	張	翼	軫	角	亢	氐	房	心	心	尾	箕	斗	女	虚	危	室	壁	奎	婁	胃	昴	畢	觜	
12月	参	井	鬼	柳	星	張	翼	軫	角	亢	氐	房	心	尾	斗	女	虚	危	室	壁	奎	婁	胃	昴	畢	觜	参	井	鬼	柳	星

1983年

	1	2	3	4	5	6	7	8	9	10	11	12	13	14	15	16	17	18	19	20	21	22	23	24	25	26	27	28	29	30	31
1月	張	翼	軫	角	亢	氐	房	心	尾	箕	斗	女	虚	虚	危	室	壁	奎	婁	胃	昴	畢	觜	参	井	鬼	柳	星	張	翼	軫
2月	角	亢	氐	房	心	尾	箕	斗	女	虚	危	室	室	壁	奎	婁	胃	昴	畢	觜	参	井	鬼	柳	星	張	翼	軫			
3月	角	亢	氐	房	心	尾	箕	斗	女	虚	危	室	壁	奎	奎	婁	胃	昴	畢	觜	参	井	鬼	柳	星	張	翼	軫	角	亢	氐
4月	房	心	尾	箕	斗	女	虚	危	室	壁	奎	婁	胃	昴	畢	觜	参	井	鬼	柳	星	張	翼	軫	角	亢	氐	房	心	尾	
5月	箕	斗	女	虚	危	室	壁	奎	婁	胃	昴	畢	畢	觜	参	井	鬼	柳	星	張	翼	軫	角	亢	氐	房	心	尾	箕	斗	女
6月	虚	危	室	壁	奎	婁	胃	昴	畢	觜	参	井	鬼	柳	星	張	翼	軫	角	亢	氐	房	心	尾	箕	斗	女	虚	危	室	
7月	壁	奎	婁	胃	昴	畢	觜	参	井	鬼	柳	星	張	翼	軫	角	亢	氐	房	心	尾	箕	斗	女	虚	危	室	壁	奎	婁	胃
8月	昴	畢	觜	参	井	鬼	柳	星	張	翼	軫	角	亢	氐	房	心	尾	箕	斗	女	虚	危	室	壁	奎	婁	胃	昴	畢	觜	参
9月	井	鬼	柳	星	張	翼	角	亢	氐	房	心	尾	箕	斗	女	虚	危	室	壁	奎	婁	胃	昴	畢	觜	参	井	鬼	柳	星	
10月	張	翼	軫	角	亢	氐	房	心	尾	箕	斗	女	虚	危	室	壁	奎	婁	胃	昴	畢	觜	参	井	鬼	柳	星	張	翼	軫	角
11月	亢	氐	房	心	心	尾	箕	斗	女	虚	危	室	壁	奎	婁	胃	昴	畢	觜	参	井	鬼	柳	星	張	翼	軫	角	亢	氐	
12月	房	心	尾	斗	女	虚	危	室	壁	奎	婁	胃	昴	畢	觜	参	井	鬼	柳	星	張	翼	軫	角	亢	氐	房	心	尾	箕	斗

1984年

	1	2	3	4	5	6	7	8	9	10	11	12	13	14	15	16	17	18	19	20	21	22	23	24	25	26	27	28	29	30	31
1月	女	虚	虚	危	室	壁	奎	婁	胃	昴	畢	觜	参	井	鬼	柳	星	張	翼	軫	角	亢	氐	房	心	尾	箕	斗	女	虚	危
2月	室	室	壁	奎	婁	胃	昴	畢	觜	参	井	鬼	柳	星	張	翼	軫	角	亢	氐	房	心	尾	箕	斗	女	虚	危	室		
3月	壁	奎	奎	婁	胃	昴	畢	觜	参	井	鬼	柳	星	張	翼	軫	角	亢	氐	房	心	尾	箕	斗	女	虚	危	室	壁	奎	婁
4月	胃	昴	畢	觜	参	井	鬼	柳	星	張	翼	軫	角	亢	氐	房	心	尾	箕	斗	女	虚	危	室	壁	奎	婁	胃	昴	畢	
5月	畢	觜	参	井	鬼	柳	星	張	翼	軫	角	亢	氐	房	心	尾	箕	斗	女	虚	危	室	壁	奎	婁	胃	昴	畢	觜	参	参
6月	井	鬼	柳	星	張	翼	軫	角	亢	氐	房	心	尾	箕	斗	女	虚	危	室	壁	奎	婁	胃	昴	畢	觜	参	井	鬼	柳	
7月	星	張	翼	軫	角	亢	氐	房	心	尾	箕	斗	女	虚	危	室	壁	奎	婁	胃	昴	畢	觜	参	井	鬼	柳	張	翼	軫	角
8月	亢	氐	房	心	尾	箕	斗	女	虚	危	室	壁	奎	婁	胃	昴	畢	觜	参	井	鬼	柳	星	張	翼	軫	角	亢	氐	房	心
9月	尾	箕	斗	女	虚	危	室	壁	奎	婁	胃	昴	畢	觜	参	井	鬼	柳	星	張	翼	軫	角	亢	氐	房	心	尾	箕	斗	
10月	女	虚	危	室	壁	奎	婁	胃	昴	畢	觜	参	井	鬼	柳	星	張	翼	軫	角	亢	氐	房	心	尾	箕	斗	女	虚	危	室
11月	壁	奎	婁	胃	昴	畢	觜	参	井	鬼	柳	星	張	翼	軫	角	亢	氐	房	心	尾	箕	心	尾	箕	斗	女	虚	危	室	
12月	壁	奎	婁	胃	昴	畢	觜	参	井	鬼	柳	星	張	翼	軫	角	亢	氐	房	心	尾	斗	女	虚	危	室	壁	奎	婁	胃	昴

1985年

	1	2	3	4	5	6	7	8	9	10	11	12	13	14	15	16	17	18	19	20	21	22	23	24	25	26	27	28	29	30	31
1月	畢	觜	参	井	鬼	柳	星	張	翼	軫	角	亢	氐	房	心	尾	箕	斗	女	虚	虚	危	室	壁	奎	婁	胃	昴	畢	觜	参
2月	井	鬼	柳	星	張	翼	軫	角	亢	氐	房	心	尾	箕	斗	女	虚	危	室	室	壁	奎	婁	胃	昴	畢	觜	参			
3月	井	鬼	柳	星	張	翼	軫	角	亢	氐	房	心	尾	箕	斗	女	虚	危	室	壁	奎	婁	胃	昴	畢	觜	参	井	鬼	柳	星
4月	張	翼	軫	角	亢	氐	房	心	尾	箕	斗	女	虚	危	室	壁	奎	婁	胃	胃	昴	畢	觜	参	井	鬼	柳	星	張	翼	
5月	軫	角	亢	氐	房	心	尾	箕	斗	女	虚	危	室	壁	奎	婁	胃	昴	畢	畢	觜	参	井	鬼	柳	星	張	翼	軫	角	亢
6月	氐	房	心	尾	箕	斗	女	虚	危	室	壁	奎	婁	胃	昴	畢	觜	参	井	鬼	柳	星	張	翼	軫	角	亢	氐	房	心	
7月	尾	箕	斗	女	虚	危	室	壁	奎	婁	胃	昴	畢	觜	参	井	鬼	鬼	柳	星	張	翼	軫	角	亢	氐	房	心	尾	箕	斗
8月	女	虚	危	室	壁	奎	婁	胃	昴	畢	觜	参	井	鬼	柳	張	翼	軫	角	亢	氐	房	心	尾	箕	斗	女	虚	危	室	壁
9月	奎	婁	胃	昴	畢	觜	参	井	鬼	柳	星	張	翼	軫	角	亢	氐	房	心	尾	箕	斗	女	虚	危	室	壁	奎	婁	胃	
10月	昴	畢	觜	参	井	鬼	柳	星	張	翼	軫	角	亢	氐	房	心	尾	箕	斗	女	虚	危	室	壁	奎	婁	胃	昴	畢	觜	参
11月	井	鬼	柳	星	張	翼	軫	角	亢	氐	房	心	尾	箕	斗	女	虚	危	室	壁	奎	婁	胃	昴	畢	觜	参	井	鬼	柳	
12月	星	張	翼	軫	角	亢	氐	房	心	尾	箕	斗	女	虚	危	室	壁	奎	婁	胃	昴	畢	觜	参	井	鬼	柳	星	張	翼	軫

1986年

	1	2	3	4	5	6	7	8	9	10	11	12	13	14	15	16	17	18	19	20	21	22	23	24	25	26	27	28	29	30	31
1月	角	亢	氐	房	心	尾	箕	斗	女	虚	危	室	壁	奎	婁	胃	昴	畢	觜	参	井	鬼	柳	星	張	翼	軫	角	亢	氐	房
2月	心	尾	箕	斗	女	虚	危	室	室	壁	奎	婁	胃	昴	畢	觜	参	井	鬼	柳	星	張	翼	軫	角	亢	氐	房			
3月	心	尾	箕	斗	女	虚	危	室	壁	奎	婁	胃	昴	畢	觜	参	井	鬼	柳	星	張	翼	軫	角	亢	氐	房	心	尾	箕	斗
4月	女	虚	危	室	壁	奎	婁	胃	胃	昴	畢	觜	参	井	鬼	柳	星	張	翼	軫	角	亢	氐	房	心	尾	箕	斗	女	虚	
5月	危	室	壁	奎	婁	胃	昴	畢	畢	觜	参	井	鬼	柳	星	張	翼	軫	角	亢	氐	房	心	尾	箕	斗	女	虚	危	室	壁
6月	奎	婁	胃	昴	畢	觜	参	井	鬼	柳	星	張	翼	軫	角	亢	氐	房	心	尾	箕	斗	女	虚	危	室	壁	奎	婁	胃	
7月	昴	畢	觜	参	井	鬼	鬼	柳	星	張	翼	軫	角	亢	氐	房	心	尾	箕	斗	女	虚	危	室	壁	奎	婁	胃	昴	畢	觜
8月	参	井	鬼	柳	星	張	翼	軫	角	亢	氐	房	心	尾	箕	斗	女	虚	危	室	壁	奎	婁	胃	昴	畢	觜	参	井	鬼	柳
9月	星	張	翼	角	亢	氐	房	心	尾	箕	斗	女	虚	危	室	壁	奎	婁	胃	昴	畢	觜	参	井	鬼	柳	星	張	翼	軫	
10月	角	亢	氐	氐	房	心	尾	箕	斗	女	虚	危	室	壁	奎	婁	胃	昴	畢	觜	参	井	鬼	柳	星	張	翼	軫	角	亢	氐
11月	房	心	尾	箕	斗	女	虚	危	室	壁	奎	婁	胃	昴	畢	觜	参	井	鬼	柳	星	張	翼	軫	角	亢	氐	房	心	尾	
12月	箕	斗	女	虚	危	室	壁	奎	婁	胃	昴	畢	觜	参	井	鬼	柳	星	張	翼	軫	角	亢	氐	房	心	尾	箕	斗	女	虚

1987年

	1	2	3	4	5	6	7	8	9	10	11	12	13	14	15	16	17	18	19	20	21	22	23	24	25	26	27	28	29	30	31
1月	危	室	壁	奎	婁	胃	昴	畢	觜	参	井	鬼	柳	星	張	翼	軫	角	亢	氐	房	心	尾	箕	斗	女	虚	危	室	壁	奎
2月	婁	胃	昴	畢	觜	参	井	鬼	柳	星	張	翼	軫	角	亢	氐	房	心	尾	箕	斗	女	虚	危	室	壁	奎	奎			
3月	婁	胃	昴	畢	觜	参	井	鬼	柳	星	張	翼	軫	角	亢	氐	房	心	尾	箕	斗	女	虚	危	室	壁	奎	婁	胃	昴	畢
4月	觜	参	井	鬼	柳	星	張	翼	軫	角	亢	氐	房	心	尾	箕	斗	女	虚	危	室	壁	奎	婁	胃	昴	畢	畢	觜	参	
5月	井	鬼	柳	星	張	翼	軫	角	亢	氐	房	心	尾	箕	斗	女	虚	危	室	壁	奎	婁	胃	昴	畢	觜	参	参	井	鬼	柳
6月	星	張	翼	軫	角	亢	氐	房	心	尾	箕	斗	女	虚	危	室	壁	奎	婁	胃	昴	畢	觜	参	井	鬼	柳	星	張	翼	
7月	軫	角	亢	氐	房	心	尾	箕	斗	女	虚	危	室	壁	奎	婁	胃	昴	畢	觜	参	井	鬼	柳	星	鬼	柳	星	張	翼	軫
8月	角	亢	氐	房	心	尾	箕	斗	女	虚	危	室	壁	奎	婁	胃	昴	畢	觜	参	井	鬼	柳	張	翼	軫	角	亢	氐	房	心
9月	尾	箕	斗	女	虚	危	室	壁	奎	婁	胃	昴	畢	觜	参	井	鬼	柳	星	張	翼	軫	角	亢	氐	房	心	尾	箕	斗	
10月	女	虚	危	室	壁	奎	婁	胃	昴	畢	觜	参	井	鬼	柳	星	張	翼	軫	角	亢	氐	氐	房	心	尾	箕	斗	女	虚	危
11月	室	壁	奎	婁	胃	昴	畢	觜	参	井	鬼	柳	星	張	翼	軫	角	亢	氐	房	心	尾	箕	斗	女	虚	危	室	壁	奎	
12月	婁	胃	昴	畢	觜	参	井	鬼	柳	星	張	翼	軫	角	亢	氐	房	心	尾	箕	斗	女	虚	危	室	壁	奎	婁	胃	昴	畢

1988年

	1	2	3	4	5	6	7	8	9	10	11	12	13	14	15	16	17	18	19	20	21	22	23	24	25	26	27	28	29	30	31
1月	觜	参	井	鬼	柳	星	張	翼	軫	角	亢	氐	房	心	尾	箕	斗	女	虚	危	室	壁	奎	婁	胃	昴	畢	觜	参	井	鬼
2月	柳	星	張	翼	軫	角	亢	氐	房	心	尾	箕	斗	女	虚	危	室	室	壁	奎	婁	胃	昴	畢	觜	参	井	鬼	柳		
3月	星	張	翼	軫	角	亢	氐	房	心	尾	箕	斗	女	虚	危	室	壁	奎	婁	胃	昴	畢	觜	参	井	鬼	柳	星	張	翼	軫
4月	角	亢	氐	房	心	尾	箕	斗	女	虚	危	室	壁	奎	婁	胃	昴	畢	觜	参	井	鬼	柳	星	張	翼	軫	角	亢	氐	
5月	房	心	尾	箕	斗	女	虚	危	室	壁	奎	婁	胃	昴	畢	畢	觜	参	井	鬼	柳	星	張	翼	軫	角	亢	氐	房	心	尾
6月	箕	斗	女	虚	危	室	壁	奎	婁	胃	昴	畢	觜	参	井	鬼	柳	星	張	翼	軫	角	亢	氐	房	心	尾	箕	斗	女	
7月	虚	危	室	壁	奎	婁	胃	昴	畢	觜	参	井	鬼	鬼	柳	星	張	翼	軫	角	亢	氐	房	心	尾	箕	斗	女	虚	危	室
8月	壁	奎	婁	胃	昴	畢	觜	参	井	鬼	柳	張	翼	軫	角	亢	氐	房	心	尾	箕	斗	女	虚	危	室	壁	奎	婁	胃	昴
9月	畢	觜	参	井	鬼	柳	星	張	翼	軫	角	亢	氐	房	心	尾	箕	斗	女	虚	危	室	壁	奎	婁	胃	昴	畢	觜	参	
10月	井	鬼	柳	星	張	翼	軫	角	亢	氐	氐	房	心	尾	箕	斗	女	虚	危	室	壁	奎	婁	胃	昴	畢	觜	参	井	鬼	柳
11月	星	張	翼	軫	角	亢	氐	房	心	尾	箕	斗	女	虚	危	室	壁	奎	婁	胃	昴	畢	觜	参	井	鬼	柳	星	張	翼	
12月	軫	角	亢	氐	房	心	尾	箕	斗	女	虚	危	室	壁	奎	婁	胃	昴	畢	觜	参	井	鬼	柳	星	張	翼	軫	角	亢	氐

1989年

	1	2	3	4	5	6	7	8	9	10	11	12	13	14	15	16	17	18	19	20	21	22	23	24	25	26	27	28	29	30	31
1月	房	心	尾	箕	斗	女	虚	虚	危	室	壁	奎	婁	胃	昴	畢	觜	参	井	鬼	柳	星	張	翼	軫	角	亢	氐	房	心	尾
2月	箕	斗	女	虚	危	室	壁	奎	婁	胃	昴	畢	觜	参	井	鬼	柳	星	張	翼	軫	角	亢	氐	房	心	尾	箕			
3月	斗	女	虚	危	室	壁	奎	奎	婁	胃	昴	畢	觜	参	井	鬼	柳	星	張	翼	軫	角	亢	氐	房	心	尾	箕	斗	女	虚
4月	危	室	壁	奎	婁	胃	昴	畢	觜	参	井	鬼	柳	星	張	翼	軫	角	亢	氐	房	心	尾	箕	斗	女	虚	危	室	壁	
5月	奎	婁	胃	昴	畢	觜	参	井	鬼	柳	星	張	翼	軫	角	亢	氐	房	心	尾	箕	斗	女	虚	危	室	壁	奎	婁	胃	昴
6月	畢	觜	参	参	井	鬼	柳	星	張	翼	軫	角	亢	氐	房	心	尾	箕	斗	女	虚	危	室	壁	奎	婁	胃	昴	畢	觜	
7月	参	井	鬼	柳	星	張	翼	軫	角	亢	氐	房	心	尾	箕	斗	女	虚	危	室	壁	奎	婁	胃	昴	畢	觜	参	井	鬼	柳
8月	星	張	翼	軫	角	亢	氐	房	心	尾	箕	斗	女	虚	危	室	壁	奎	婁	胃	昴	畢	觜	参	井	鬼	柳	星	張	翼	角
9月	亢	氐	房	心	尾	箕	斗	女	虚	危	室	壁	奎	婁	胃	昴	畢	觜	参	井	鬼	柳	星	張	翼	軫	角	亢	氐	氐	
10月	房	心	尾	箕	斗	女	虚	危	室	壁	奎	婁	胃	昴	畢	觜	参	井	鬼	柳	星	張	翼	軫	角	亢	氐	房	心	心	尾
11月	箕	斗	女	虚	危	室	壁	奎	婁	胃	昴	畢	觜	参	井	鬼	柳	星	張	翼	軫	角	亢	氐	房	心	尾	斗	女	虚	
12月	危	室	壁	奎	婁	胃	昴	畢	觜	参	井	鬼	柳	星	張	翼	軫	角	亢	氐	房	心	尾	箕	斗	女	虚	虚	危	室	壁

1990年

	1	2	3	4	5	6	7	8	9	10	11	12	13	14	15	16	17	18	19	20	21	22	23	24	25	26	27	28	29	30	31
1月	奎	婁	胃	昴	畢	觜	参	井	鬼	柳	星	張	翼	軫	角	亢	氐	房	心	尾	箕	斗	女	虚	危	室	室	壁	奎	婁	胃
2月	昴	畢	觜	参	井	鬼	柳	星	張	翼	軫	角	亢	氐	房	心	尾	箕	斗	女	虚	危	室	壁	奎	婁	胃	昴			
3月	畢	觜	参	井	鬼	柳	星	張	翼	軫	角	亢	氐	房	心	尾	箕	斗	女	虚	危	室	壁	奎	婁	胃	胃	昴	畢	觜	参
4月	井	鬼	柳	星	張	翼	軫	角	亢	氐	房	心	尾	箕	斗	女	虚	危	室	壁	奎	婁	胃	昴	畢	觜	参	井	鬼	柳	
5月	星	張	翼	軫	角	亢	氐	房	心	尾	箕	斗	女	虚	危	室	壁	奎	婁	胃	昴	畢	觜	参	井	鬼	柳	星	張	翼	軫
6月	角	亢	氐	房	心	尾	箕	斗	女	虚	危	室	壁	奎	婁	胃	昴	畢	觜	参	井	鬼	参	井	鬼	柳	星	張	翼	軫	
7月	角	亢	氐	房	心	尾	箕	斗	女	虚	危	室	壁	奎	婁	胃	昴	畢	觜	参	井	鬼	柳	星	張	翼	軫	角	亢	氐	房
8月	心	尾	箕	斗	女	虚	危	室	壁	奎	婁	胃	昴	畢	觜	参	井	鬼	柳	張	翼	軫	角	亢	氐	房	心	尾	箕	斗	女
9月	虚	危	室	壁	奎	婁	胃	昴	畢	觜	参	井	鬼	柳	星	張	翼	軫	角	亢	氐	房	心	尾	箕	斗	女	虚	危	室	
10月	壁	奎	婁	胃	昴	畢	觜	参	井	鬼	柳	星	張	翼	軫	角	亢	氐	氐	房	心	尾	箕	斗	女	虚	危	室	壁	奎	婁
11月	胃	昴	畢	觜	参	井	鬼	柳	星	張	翼	軫	角	亢	氐	房	心	尾	箕	斗	女	虚	危	室	壁	奎	婁	胃	昴	畢	
12月	觜	参	井	鬼	柳	星	張	翼	軫	角	亢	氐	房	心	尾	箕	斗	女	虚	危	室	壁	奎	婁	胃	昴	畢	觜	参	井	鬼

1991年

	1	2	3	4	5	6	7	8	9	10	11	12	13	14	15	16	17	18	19	20	21	22	23	24	25	26	27	28	29	30	31
1月	柳	星	張	翼	軫	角	亢	氐	房	心	尾	箕	斗	女	虚	虚	危	室	壁	奎	婁	胃	昴	畢	觜	参	井	鬼	柳	星	張
2月	翼	軫	角	亢	氐	房	心	尾	箕	斗	女	虚	危	室	室	壁	奎	婁	胃	昴	畢	觜	参	井	鬼	柳	星	張			
3月	翼	軫	角	亢	氐	房	心	尾	箕	斗	女	虚	危	室	壁	奎	婁	胃	昴	畢	觜	参	井	鬼	柳	星	張	翼	軫	角	亢
4月	氐	房	心	尾	箕	斗	女	虚	危	室	壁	奎	婁	胃	胃	昴	畢	觜	参	井	鬼	柳	星	張	翼	軫	角	亢	氐	房	
5月	心	尾	箕	斗	女	虚	危	室	壁	奎	婁	胃	昴	畢	觜	参	井	鬼	柳	星	張	翼	軫	角	亢	氐	房	心	尾	箕	斗
6月	女	虚	危	室	壁	奎	婁	胃	昴	畢	觜	参	井	鬼	柳	星	張	翼	軫	角	亢	氐	房	心	尾	箕	斗	女	虚	危	
7月	室	壁	奎	婁	胃	昴	畢	觜	参	井	鬼	鬼	柳	星	張	翼	軫	角	亢	氐	房	心	尾	箕	斗	女	虚	危	室	壁	奎
8月	婁	胃	昴	畢	觜	参	井	鬼	柳	張	翼	軫	角	亢	氐	房	心	尾	箕	斗	女	虚	危	室	壁	奎	婁	胃	昴	畢	觜
9月	参	井	鬼	柳	星	張	翼	角	亢	氐	房	心	尾	箕	斗	女	虚	危	室	壁	奎	婁	胃	昴	畢	觜	参	井	鬼	柳	
10月	星	張	翼	軫	角	亢	氐	氐	房	心	尾	箕	斗	女	虚	危	室	壁	奎	婁	胃	昴	畢	觜	参	井	鬼	柳	星	張	翼
11月	軫	角	亢	氐	房	心	尾	箕	斗	女	虚	危	室	壁	奎	婁	胃	昴	畢	觜	参	井	鬼	柳	星	張	翼	軫	角	亢	
12月	氐	房	心	尾	箕	斗	女	虚	危	室	壁	奎	婁	胃	昴	畢	觜	参	井	鬼	柳	星	張	翼	軫	角	亢	氐	房	心	尾

1992年

	1	2	3	4	5	6	7	8	9	10	11	12	13	14	15	16	17	18	19	20	21	22	23	24	25	26	27	28	29	30	31
1月	箕	斗	女	虚	虚	危	室	壁	奎	婁	胃	昴	畢	觜	参	井	鬼	柳	星	張	翼	軫	角	亢	氐	房	心	尾	箕	斗	女
2月	虚	危	室	室	壁	奎	婁	胃	昴	畢	觜	参	井	鬼	柳	星	張	翼	軫	角	亢	氐	房	心	尾	箕	斗	女	虚		
3月	危	室	壁	奎	婁	胃	昴	畢	觜	参	井	鬼	柳	星	張	翼	軫	角	亢	氐	房	心	尾	箕	斗	女	虚	危	室	壁	奎
4月	婁	胃	胃	昴	畢	觜	参	井	鬼	柳	星	張	翼	軫	角	亢	氐	房	心	尾	箕	斗	女	虚	危	室	壁	奎	婁	胃	
5月	昴	畢	畢	觜	参	井	鬼	柳	星	張	翼	軫	角	亢	氐	房	心	尾	箕	斗	女	虚	危	室	壁	奎	婁	胃	昴	畢	觜
6月	参	井	鬼	柳	星	張	翼	軫	角	亢	氐	房	心	尾	箕	斗	女	虚	危	室	壁	奎	婁	胃	昴	畢	觜	参	井	鬼	
7月	柳	星	張	翼	軫	角	亢	氐	房	心	尾	箕	斗	女	虚	危	室	壁	奎	婁	胃	昴	畢	觜	参	井	鬼	柳	星	張	翼
8月	軫	角	亢	氐	房	心	尾	箕	斗	女	虚	危	室	壁	奎	婁	胃	昴	畢	觜	参	井	鬼	柳	星	張	翼	角	亢	氐	房
9月	心	尾	箕	斗	女	虚	危	室	壁	奎	婁	胃	昴	畢	觜	参	井	鬼	柳	星	張	翼	軫	角	亢	氐	房	心	尾	箕	
10月	斗	女	虚	危	室	壁	奎	婁	胃	昴	畢	觜	参	井	鬼	柳	星	張	翼	軫	角	亢	氐	房	心	心	尾	箕	斗	女	虚
11月	危	室	壁	奎	婁	胃	昴	畢	觜	参	井	鬼	柳	星	張	翼	軫	角	亢	氐	房	心	尾	斗	女	虚	危	室	壁	奎	
12月	婁	胃	昴	畢	觜	参	井	鬼	柳	星	張	翼	軫	角	亢	氐	房	心	尾	箕	斗	女	虚	虚	危	室	壁	奎	婁	胃	昴

1993年

	1	2	3	4	5	6	7	8	9	10	11	12	13	14	15	16	17	18	19	20	21	22	23	24	25	26	27	28	29	30	31
1月	畢	觜	参	井	鬼	柳	星	張	翼	軫	角	亢	氐	房	心	尾	箕	斗	女	虚	危	室	室	壁	奎	婁	胃	昴	畢	觜	参
2月	井	鬼	柳	星	張	翼	軫	角	亢	氐	房	心	尾	箕	斗	女	虚	危	室	壁	奎	婁	胃	昴	畢	觜	参	井			
3月	鬼	柳	星	張	翼	軫	角	亢	氐	房	心	尾	箕	斗	女	虚	危	室	壁	奎	婁	胃	胃	昴	畢	觜	参	井	鬼	柳	星
4月	張	翼	軫	角	亢	氐	房	心	尾	箕	斗	女	虚	危	室	壁	奎	婁	胃	昴	畢	胃	昴	畢	觜	参	井	鬼	柳	星	
5月	張	翼	軫	角	亢	氐	房	心	尾	箕	斗	女	虚	危	室	壁	奎	婁	胃	昴	畢	觜	参	井	鬼	柳	星	張	翼	軫	角
6月	亢	氐	房	心	尾	箕	斗	女	虚	危	室	壁	奎	婁	胃	昴	畢	觜	参	参	井	鬼	柳	星	張	翼	軫	角	亢	氐	
7月	房	心	尾	箕	斗	女	虚	危	室	壁	奎	婁	胃	昴	畢	觜	参	井	鬼	柳	星	張	翼	軫	角	亢	氐	房	心	尾	箕
8月	斗	女	虚	危	室	壁	奎	婁	胃	昴	畢	觜	参	井	鬼	柳	星	張	翼	軫	角	亢	氐	房	心	尾	箕	斗	女	虚	危
9月	室	壁	奎	婁	胃	昴	畢	觜	参	井	鬼	柳	星	張	翼	角	亢	氐	房	心	尾	箕	斗	女	虚	危	室	壁	奎	婁	
10月	胃	昴	畢	觜	参	井	鬼	柳	星	張	翼	軫	角	亢	氐	房	心	尾	箕	斗	女	虚	危	室	壁	奎	婁	胃	昴	畢	觜
11月	参	井	鬼	柳	星	張	翼	軫	角	亢	氐	房	心	心	尾	箕	斗	女	虚	危	室	壁	奎	婁	胃	昴	畢	觜	参	井	
12月	鬼	柳	星	張	翼	軫	角	亢	氐	房	心	尾	斗	女	虚	危	室	壁	奎	婁	胃	昴	畢	觜	参	井	鬼	柳	星	張	翼

1994年

	1	2	3	4	5	6	7	8	9	10	11	12	13	14	15	16	17	18	19	20	21	22	23	24	25	26	27	28	29	30	31
1月	軫	角	亢	氐	房	心	尾	箕	斗	女	虚	虚	危	室	壁	奎	婁	胃	昴	畢	觜	参	井	鬼	柳	星	張	翼	軫	角	亢
2月	氐	房	心	尾	箕	斗	女	虚	危	室	壁	奎	婁	胃	昴	畢	觜	参	井	鬼	柳	星	張	翼	軫	角	亢	氐			
3月	房	心	尾	箕	斗	女	虚	危	室	壁	奎	奎	婁	胃	昴	畢	觜	参	井	鬼	柳	星	張	翼	軫	角	亢	氐	房	心	尾
4月	箕	斗	女	虚	危	室	壁	奎	婁	胃	胃	昴	畢	觜	参	井	鬼	柳	星	張	翼	軫	角	亢	氐	房	心	尾	箕	斗	
5月	女	虚	危	室	壁	奎	婁	胃	昴	畢	畢	觜	参	井	鬼	柳	星	張	翼	軫	角	亢	氐	房	心	尾	箕	斗	女	虚	危
6月	室	壁	奎	婁	胃	昴	畢	觜	参	井	鬼	柳	星	張	翼	軫	角	亢	氐	房	心	尾	箕	斗	女	虚	危	室	壁	奎	
7月	婁	胃	昴	畢	觜	参	井	鬼	鬼	柳	星	張	翼	軫	角	亢	氐	房	心	尾	箕	斗	女	虚	危	室	壁	奎	婁	胃	昴
8月	畢	觜	参	井	鬼	柳	張	翼	軫	角	亢	氐	房	心	尾	箕	斗	女	虚	危	室	壁	奎	婁	胃	昴	畢	觜	参	井	鬼
9月	柳	星	張	翼	軫	角	亢	氐	房	心	尾	箕	斗	女	虚	危	室	壁	奎	婁	胃	昴	畢	觜	参	井	鬼	柳	星	張	
10月	翼	軫	角	亢	氐	房	心	尾	箕	斗	女	虚	危	室	壁	奎	婁	胃	昴	畢	觜	参	井	鬼	柳	星	張	翼	軫	角	亢
11月	氐	房	心	尾	箕	斗	女	虚	危	室	壁	奎	婁	胃	昴	畢	觜	参	井	鬼	柳	星	張	翼	軫	角	亢	氐	房	心	
12月	尾	箕	斗	女	虚	危	室	壁	奎	婁	胃	昴	畢	觜	参	井	鬼	柳	星	張	翼	軫	角	亢	氐	房	心	尾	箕	斗	女

1995年

	1	2	3	4	5	6	7	8	9	10	11	12	13	14	15	16	17	18	19	20	21	22	23	24	25	26	27	28	29	30	31
1月	虚	危	室	壁	奎	婁	胃	昴	畢	觜	参	井	鬼	柳	星	張	翼	軫	角	亢	氐	房	心	尾	箕	斗	女	虚	危	室	室
2月	壁	奎	婁	胃	昴	畢	觜	参	井	鬼	柳	星	張	翼	軫	角	亢	氐	房	心	尾	箕	斗	女	虚	危	室	壁			
3月	奎	婁	胃	昴	畢	觜	参	井	鬼	柳	星	張	翼	軫	角	亢	氐	房	心	尾	箕	斗	女	虚	危	室	壁	奎	婁	胃	胃
4月	昴	畢	觜	参	井	鬼	柳	星	張	翼	軫	角	亢	氐	房	心	尾	箕	斗	女	虚	危	室	壁	奎	婁	胃	昴	畢	畢	
5月	觜	参	井	鬼	柳	星	張	翼	軫	角	亢	氐	房	心	尾	箕	斗	女	虚	危	室	壁	奎	婁	胃	昴	畢	觜	参	井	鬼
6月	柳	星	張	翼	軫	角	亢	氐	房	心	尾	箕	斗	女	虚	危	室	壁	奎	婁	胃	昴	畢	觜	参	井	鬼	鬼	柳	星	
7月	張	翼	軫	角	亢	氐	房	心	尾	箕	斗	女	虚	危	室	壁	奎	婁	胃	昴	畢	觜	参	井	鬼	柳	星	張	翼	軫	角
8月	亢	氐	房	心	尾	箕	斗	女	虚	危	室	壁	奎	婁	胃	昴	畢	觜	参	井	鬼	柳	星	張	翼	角	亢	氐	房	心	尾
9月	箕	斗	女	虚	危	室	壁	奎	婁	胃	昴	畢	觜	参	井	鬼	柳	星	張	翼	軫	角	亢	氐	角	亢	氐	房	心	尾	
10月	箕	斗	女	虚	危	室	壁	奎	婁	胃	昴	畢	觜	参	井	鬼	柳	星	張	翼	軫	角	亢	氐	房	心	尾	箕	斗	女	虚
11月	危	室	壁	奎	婁	胃	昴	畢	觜	参	井	鬼	柳	星	張	翼	軫	角	亢	氐	房	心	心	尾	箕	斗	女	虚	危	室	
12月	壁	奎	婁	胃	昴	畢	觜	参	井	鬼	柳	星	張	翼	軫	角	亢	氐	房	心	尾	斗	女	虚	危	室	壁	奎	婁	胃	昴

1996年

	1	2	3	4	5	6	7	8	9	10	11	12	13	14	15	16	17	18	19	20	21	22	23	24	25	26	27	28	29	30	31
1月	畢	觜	参	井	鬼	柳	星	張	翼	軫	角	亢	氐	房	心	尾	箕	斗	女	虚	危	室	壁	奎	婁	胃	昴	畢	觜	参	井
2月	鬼	柳	星	張	翼	軫	角	亢	氐	房	心	尾	箕	斗	女	虚	危	室	室	壁	奎	婁	胃	昴	畢	觜	参	井	鬼		
3月	柳	星	張	翼	軫	角	亢	氐	房	心	尾	箕	斗	女	虚	危	室	壁	奎	婁	胃	昴	畢	觜	参	井	鬼	柳	星	張	翼
4月	軫	角	亢	氐	房	心	尾	箕	斗	女	虚	危	室	壁	奎	婁	胃	胃	昴	畢	觜	参	井	鬼	柳	星	張	翼	軫	角	
5月	亢	氐	房	心	尾	箕	斗	女	虚	危	室	壁	奎	婁	胃	昴	畢	觜	参	井	鬼	柳	星	張	翼	軫	角	亢	氐	房	心
6月	尾	箕	斗	女	虚	危	室	壁	奎	婁	胃	昴	畢	觜	参	参	井	鬼	柳	星	張	翼	軫	角	亢	氐	房	心	尾	箕	
7月	斗	女	虚	危	室	壁	奎	婁	胃	昴	畢	觜	参	井	鬼	鬼	柳	星	張	翼	軫	角	亢	氐	房	心	尾	箕	斗	女	虚
8月	危	室	壁	奎	婁	胃	昴	畢	觜	参	井	鬼	柳	張	翼	軫	角	亢	氐	房	心	尾	箕	斗	女	虚	危	室	壁	奎	婁
9月	胃	昴	畢	觜	参	井	鬼	柳	星	張	翼	軫	角	亢	氐	房	心	尾	箕	斗	女	虚	危	室	壁	奎	婁	胃	昴	畢	
10月	觜	参	井	鬼	柳	星	張	翼	軫	角	亢	氐	房	心	尾	箕	斗	女	虚	危	室	壁	奎	婁	胃	昴	畢	觜	参	井	鬼
11月	柳	星	張	翼	軫	角	亢	氐	房	心	心	尾	箕	斗	女	虚	危	室	壁	奎	婁	胃	昴	畢	觜	参	井	鬼	柳	星	
12月	張	翼	軫	角	亢	氐	房	心	尾	箕	斗	女	虚	危	室	壁	奎	婁	胃	昴	畢	觜	参	井	鬼	柳	星	張	翼	軫	角

1997年

	1	2	3	4	5	6	7	8	9	10	11	12	13	14	15	16	17	18	19	20	21	22	23	24	25	26	27	28	29	30	31
1月	亢	氐	房	心	尾	箕	斗	女	虚	危	室	壁	奎	婁	胃	昴	畢	觜	参	井	鬼	柳	星	張	翼	軫	角	亢	氐	房	心
2月	尾	箕	斗	女	虚	危	室	室	壁	奎	婁	胃	昴	畢	觜	参	井	鬼	柳	星	張	翼	軫	角	亢	氐	房	心			
3月	尾	箕	斗	女	虚	危	室	壁	奎	婁	胃	昴	畢	觜	参	井	鬼	柳	星	張	翼	軫	角	亢	氐	房	心	尾	箕	斗	女
4月	虚	危	室	壁	奎	婁	胃	昴	畢	觜	参	井	鬼	柳	星	張	翼	軫	角	亢	氐	房	心	尾	箕	斗	女	虚	危	室	
5月	壁	奎	婁	胃	昴	畢	畢	觜	参	井	鬼	柳	星	張	翼	軫	角	亢	氐	房	心	尾	箕	斗	女	虚	危	室	壁	奎	婁
6月	胃	昴	畢	觜	参	井	鬼	柳	星	張	翼	軫	角	亢	氐	房	心	尾	箕	斗	女	虚	危	室	壁	奎	婁	胃	昴	畢	
7月	觜	参	井	鬼	鬼	柳	星	張	翼	軫	角	亢	氐	房	心	尾	箕	斗	女	虚	危	室	壁	奎	婁	胃	昴	畢	觜	参	井
8月	鬼	柳	張	翼	軫	角	亢	氐	房	心	尾	箕	斗	女	虚	危	室	壁	奎	婁	胃	昴	畢	觜	参	井	鬼	柳	星	張	翼
9月	軫	角	亢	氐	房	心	尾	箕	斗	女	虚	危	室	壁	奎	婁	胃	昴	畢	觜	参	井	鬼	柳	星	張	翼	軫	角	亢	
10月	氐	氐	房	心	尾	箕	斗	女	虚	危	室	壁	奎	婁	胃	昴	畢	觜	参	井	鬼	柳	星	張	翼	軫	角	亢	氐	房	心
11月	尾	箕	斗	女	虚	危	室	壁	奎	婁	胃	昴	畢	觜	参	井	鬼	柳	星	張	翼	軫	角	亢	氐	房	心	尾	箕	斗	
12月	女	虚	危	室	壁	奎	婁	胃	昴	畢	觜	参	井	鬼	柳	星	張	翼	軫	角	亢	氐	房	心	尾	箕	斗	女	虚	虚	危

1998年

	1	2	3	4	5	6	7	8	9	10	11	12	13	14	15	16	17	18	19	20	21	22	23	24	25	26	27	28	29	30	31
1月	室	壁	奎	婁	胃	昴	畢	觜	参	井	鬼	柳	星	張	翼	軫	角	亢	氐	房	心	尾	箕	斗	女	虚	危	室	壁	奎	婁
2月	胃	昴	畢	觜	参	井	鬼	柳	星	張	翼	軫	角	亢	氐	房	心	尾	箕	斗	女	虚	危	室	壁	奎	奎	婁			
3月	胃	昴	畢	觜	参	井	鬼	柳	星	張	翼	軫	角	亢	氐	房	心	尾	箕	斗	女	虚	危	室	壁	奎	婁	胃	昴	畢	觜
4月	参	井	鬼	柳	星	張	翼	軫	角	亢	氐	房	心	尾	箕	斗	女	虚	危	室	壁	奎	婁	胃	昴	畢	觜	参	井	鬼	
5月	柳	星	張	翼	軫	角	亢	氐	房	心	尾	箕	斗	女	虚	危	室	壁	奎	婁	胃	昴	畢	觜	参	参	井	鬼	柳	星	張
6月	翼	軫	角	亢	氐	房	心	尾	箕	斗	女	虚	危	室	壁	奎	婁	胃	昴	畢	觜	参	井	参	井	鬼	柳	星	張	翼	
7月	軫	角	亢	氐	房	心	尾	箕	斗	女	虚	危	室	壁	奎	婁	胃	昴	畢	觜	参	井	鬼	柳	星	張	翼	軫	角	亢	氐
8月	房	心	尾	箕	斗	女	虚	危	室	壁	奎	婁	胃	昴	畢	觜	参	井	鬼	柳	星	張	翼	軫	角	亢	氐	房	心	尾	箕
9月	斗	女	虚	危	室	壁	奎	婁	胃	昴	畢	觜	参	井	鬼	柳	星	張	翼	軫	角	亢	氐	房	心	尾	箕	斗	女	虚	
10月	危	室	壁	奎	婁	胃	昴	畢	觜	参	井	鬼	柳	星	張	翼	軫	角	亢	氐	房	心	尾	箕	斗	女	虚	危	室	壁	奎
11月	婁	胃	昴	畢	觜	参	井	鬼	柳	星	張	翼	軫	角	亢	氐	房	心	心	尾	箕	斗	女	虚	危	室	壁	奎	婁	胃	
12月	昴	畢	觜	参	井	鬼	柳	星	張	翼	軫	角	亢	氐	房	心	尾	箕	斗	女	虚	危	室	壁	奎	婁	胃	昴	畢	觜	参

1999年

	1	2	3	4	5	6	7	8	9	10	11	12	13	14	15	16	17	18	19	20	21	22	23	24	25	26	27	28	29	30	31
1月	井	鬼	柳	星	張	翼	軫	角	亢	氐	房	心	尾	箕	斗	女	虚	虚	危	室	壁	奎	婁	胃	昴	畢	觜	参	井	鬼	柳
2月	星	張	翼	軫	角	亢	氐	房	心	尾	箕	斗	女	虚	危	室	壁	奎	婁	胃	昴	畢	觜	参	井	鬼	柳	星			
3月	張	翼	軫	角	亢	氐	房	心	尾	箕	斗	女	虚	危	室	壁	奎	奎	婁	胃	昴	畢	觜	参	井	鬼	柳	星	張	翼	軫
4月	角	亢	氐	房	心	尾	箕	斗	女	虚	危	室	壁	奎	婁	胃	昴	畢	觜	参	井	鬼	柳	星	張	翼	軫	角	亢	氐	
5月	房	心	尾	箕	斗	女	虚	危	室	壁	奎	婁	胃	昴	畢	觜	参	井	鬼	柳	星	張	翼	軫	角	亢	氐	房	心	尾	箕
6月	斗	女	虚	危	室	壁	奎	婁	胃	昴	畢	觜	参	参	井	鬼	柳	星	張	翼	軫	角	亢	氐	房	心	尾	箕	斗	女	
7月	虚	危	室	壁	奎	婁	胃	昴	畢	觜	参	井	鬼	柳	星	張	翼	軫	角	亢	氐	房	心	尾	箕	斗	女	虚	危	室	壁
8月	奎	婁	胃	昴	畢	觜	参	井	鬼	柳	張	翼	軫	角	亢	氐	房	心	尾	箕	斗	女	虚	危	室	壁	奎	婁	胃	昴	畢
9月	觜	参	井	鬼	柳	星	張	翼	軫	角	亢	氐	房	心	尾	箕	斗	女	虚	危	室	壁	奎	婁	胃	昴	畢	觜	参	井	
10月	鬼	柳	星	張	翼	軫	角	亢	氐	房	心	尾	箕	斗	女	虚	危	室	壁	奎	婁	胃	昴	畢	觜	参	井	鬼	柳	星	張
11月	翼	軫	角	亢	氐	房	心	心	尾	箕	斗	女	虚	危	室	壁	奎	婁	胃	昴	畢	觜	参	井	鬼	柳	星	張	翼	軫	
12月	角	亢	氐	房	心	尾	箕	斗	女	虚	危	室	壁	奎	婁	胃	昴	畢	觜	参	井	鬼	柳	星	張	翼	軫	角	亢	氐	房

2000年

	1	2	3	4	5	6	7	8	9	10	11	12	13	14	15	16	17	18	19	20	21	22	23	24	25	26	27	28	29	30	31
1月	心	尾	箕	斗	女	虚	虚	危	室	壁	奎	婁	胃	昴	畢	觜	参	井	鬼	柳	星	張	翼	軫	角	亢	氐	房	心	尾	箕
2月	斗	女	虚	危	室	壁	奎	婁	胃	昴	畢	觜	参	井	鬼	柳	星	張	翼	軫	角	亢	氐	房	心	尾	箕	斗	女		
3月	虚	危	室	壁	奎	奎	婁	胃	昴	畢	觜	参	井	鬼	柳	星	張	翼	軫	角	亢	氐	房	心	尾	箕	斗	女	虚	危	室
4月	壁	奎	婁	胃	胃	昴	畢	觜	参	井	鬼	柳	星	張	翼	軫	角	亢	氐	房	心	尾	箕	斗	女	虚	危	室	壁	奎	
5月	婁	胃	昴	畢	觜	参	井	鬼	柳	星	張	翼	軫	角	亢	氐	房	心	尾	箕	斗	女	虚	危	室	壁	奎	婁	胃	昴	畢
6月	觜	参	井	鬼	柳	星	張	翼	軫	角	亢	氐	房	心	尾	箕	斗	女	虚	危	室	壁	奎	婁	胃	昴	畢	觜	参	井	
7月	鬼	鬼	柳	星	張	翼	軫	角	亢	氐	房	心	尾	箕	斗	女	虚	危	室	壁	奎	婁	胃	昴	畢	觜	参	井	鬼	柳	張
8月	翼	軫	角	亢	氐	房	心	尾	箕	斗	女	虚	危	室	壁	奎	婁	胃	昴	畢	觜	参	井	鬼	柳	星	張	翼	角	亢	氐
9月	房	心	尾	箕	斗	女	虚	危	室	壁	奎	婁	胃	昴	畢	觜	参	井	鬼	柳	星	張	翼	軫	角	亢	氐	氐	房	心	
10月	尾	箕	斗	女	虚	危	室	壁	奎	婁	胃	昴	畢	觜	参	井	鬼	柳	星	張	翼	軫	角	亢	氐	房	心	尾	箕	斗	女
11月	虚	危	室	壁	奎	婁	胃	昴	畢	觜	参	井	鬼	柳	星	張	翼	軫	角	亢	氐	房	心	尾	箕	斗	女	虚	危	室	
12月	壁	奎	婁	胃	昴	畢	觜	参	井	鬼	柳	星	張	翼	軫	角	亢	氐	房	心	尾	箕	斗	女	虚	虚	危	室	壁	奎	婁

2001年

	1	2	3	4	5	6	7	8	9	10	11	12	13	14	15	16	17	18	19	20	21	22	23	24	25	26	27	28	29	30	31
1月	胃	昴	畢	觜	参	井	鬼	柳	星	張	翼	軫	角	亢	氐	房	心	尾	箕	斗	女	虚	危	室	壁	奎	婁	胃	昴	畢	觜
2月	参	井	鬼	柳	星	張	翼	軫	角	亢	氐	房	心	尾	箕	斗	女	虚	危	室	壁	奎	奎	婁	胃	昴	畢	觜			
3月	参	井	鬼	柳	星	張	翼	軫	角	亢	氐	房	心	尾	箕	斗	女	虚	危	室	壁	奎	婁	胃	胃	昴	畢	觜	参	井	鬼
4月	柳	星	張	翼	軫	角	亢	氐	房	心	尾	箕	斗	女	虚	危	室	壁	奎	婁	胃	昴	畢	畢	觜	参	井	鬼	柳	星	
5月	張	翼	軫	角	亢	氐	房	心	尾	箕	斗	女	虚	危	室	壁	奎	婁	胃	昴	畢	觜	畢	觜	参	井	鬼	柳	星	張	翼
6月	軫	角	亢	氐	房	心	尾	箕	斗	女	虚	危	室	壁	奎	婁	胃	昴	畢	觜	参	井	鬼	柳	星	張	翼	軫	角	亢	
7月	氐	房	心	尾	箕	斗	女	虚	危	室	壁	奎	婁	胃	昴	畢	觜	参	井	鬼	鬼	柳	星	張	翼	軫	角	亢	氐	房	心
8月	尾	箕	斗	女	虚	危	室	壁	奎	婁	胃	昴	畢	觜	参	井	鬼	柳	張	翼	軫	角	亢	氐	房	心	尾	箕	斗	女	虚
9月	危	室	壁	奎	婁	胃	昴	畢	觜	参	井	鬼	柳	星	張	翼	角	亢	氐	房	心	尾	箕	斗	女	虚	危	室	壁	奎	
10月	婁	胃	昴	畢	觜	参	井	鬼	柳	星	張	翼	軫	角	亢	氐	氐	房	心	尾	箕	斗	女	虚	危	室	壁	奎	婁	胃	昴
11月	畢	觜	参	井	鬼	柳	星	張	翼	軫	角	亢	氐	房	心	尾	箕	斗	女	虚	危	室	壁	奎	婁	胃	昴	畢	觜	参	
12月	井	鬼	柳	星	張	翼	軫	角	亢	氐	房	心	尾	箕	斗	女	虚	危	室	壁	奎	婁	胃	昴	畢	觜	参	井	鬼	柳	星

2002年

	1	2	3	4	5	6	7	8	9	10	11	12	13	14	15	16	17	18	19	20	21	22	23	24	25	26	27	28	29	30	31
1月	張	翼	軫	角	亢	氐	房	心	尾	箕	斗	女	虚	危	室	壁	奎	婁	胃	昴	畢	觜	参	井	鬼	柳	星	張	翼	軫	角
2月	亢	氐	房	心	尾	箕	斗	女	虚	危	室	室	壁	奎	婁	胃	昴	畢	觜	参	井	鬼	柳	星	張	翼	軫	角			
3月	亢	氐	房	心	尾	箕	斗	女	虚	危	室	壁	奎	奎	婁	胃	昴	畢	觜	参	井	鬼	柳	星	張	翼	軫	角	亢	氐	房
4月	心	尾	箕	斗	女	虚	危	室	壁	奎	婁	胃	胃	昴	畢	觜	参	井	鬼	柳	星	張	翼	軫	角	亢	氐	房	心	尾	
5月	箕	斗	女	虚	危	室	壁	奎	婁	胃	昴	畢	觜	参	井	鬼	柳	星	張	翼	軫	角	亢	氐	房	心	尾	箕	斗	女	虚
6月	危	室	壁	奎	婁	胃	昴	畢	觜	参	参	井	鬼	柳	星	張	翼	軫	角	亢	氐	房	心	尾	箕	斗	女	虚	危	室	
7月	壁	奎	婁	胃	昴	畢	觜	参	井	鬼	柳	星	張	翼	軫	角	亢	氐	房	心	尾	箕	斗	女	虚	危	室	壁	奎	婁	胃
8月	昴	畢	觜	参	井	鬼	柳	星	張	翼	軫	角	亢	氐	房	心	尾	箕	斗	女	虚	危	室	壁	奎	婁	胃	昴	畢	觜	参
9月	井	鬼	柳	星	張	翼	角	亢	氐	房	心	尾	箕	斗	女	虚	危	室	壁	奎	婁	胃	昴	畢	觜	参	井	鬼	柳	星	
10月	張	翼	軫	角	亢	氐	房	心	尾	箕	斗	女	虚	危	室	壁	奎	婁	胃	昴	畢	觜	参	井	鬼	柳	星	張	翼	軫	角
11月	亢	氐	房	心	心	尾	箕	斗	女	虚	危	室	壁	奎	婁	胃	昴	畢	觜	参	井	鬼	柳	星	張	翼	軫	角	亢	氐	
12月	房	心	尾	斗	女	虚	危	室	壁	奎	婁	胃	昴	畢	觜	参	井	鬼	柳	星	張	翼	軫	角	亢	氐	房	心	尾	箕	斗

2003年

	1	2	3	4	5	6	7	8	9	10	11	12	13	14	15	16	17	18	19	20	21	22	23	24	25	26	27	28	29	30	31
1月	女	虚	虚	危	室	壁	奎	婁	胃	昴	畢	觜	参	井	鬼	柳	星	張	翼	軫	角	亢	氐	房	心	尾	箕	斗	女	虚	危
2月	室	壁	奎	婁	胃	昴	畢	觜	参	井	鬼	柳	星	張	翼	軫	角	亢	氐	房	心	尾	箕	斗	女	虚	危	室			
3月	壁	奎	奎	婁	胃	昴	畢	觜	参	井	鬼	柳	星	張	翼	軫	角	亢	氐	房	心	尾	箕	斗	女	虚	危	室	壁	奎	婁
4月	胃	胃	昴	畢	觜	参	井	鬼	柳	星	張	翼	軫	角	亢	氐	房	心	尾	箕	斗	女	虚	危	室	壁	奎	婁	胃	昴	
5月	畢	觜	参	井	鬼	柳	星	張	翼	軫	角	亢	氐	房	心	尾	箕	斗	女	虚	危	室	壁	奎	婁	胃	昴	畢	觜	参	参
6月	井	鬼	柳	星	張	翼	軫	角	亢	氐	房	心	尾	箕	斗	女	虚	危	室	壁	奎	婁	胃	昴	畢	觜	参	井	鬼	鬼	
7月	柳	星	張	翼	軫	角	亢	氐	房	心	尾	箕	斗	女	虚	危	室	壁	奎	婁	胃	昴	畢	觜	参	井	鬼	柳	張	翼	軫
8月	角	亢	氐	房	心	尾	箕	斗	女	虚	危	室	壁	奎	婁	胃	昴	畢	觜	参	井	鬼	柳	星	張	翼	軫	角	亢	氐	房
9月	心	尾	箕	斗	女	虚	危	室	壁	奎	婁	胃	昴	畢	觜	参	井	鬼	柳	星	張	翼	軫	角	亢	氐	房	心	尾	箕	
10月	斗	女	虚	危	室	壁	奎	婁	胃	昴	畢	觜	参	井	鬼	柳	星	張	翼	軫	角	亢	氐	房	心	尾	箕	斗	女	虚	危
11月	室	壁	奎	婁	胃	昴	畢	觜	参	井	鬼	柳	星	張	翼	軫	角	亢	氐	房	心	尾	箕	斗	女	虚	危	室	壁	奎	
12月	婁	胃	昴	畢	觜	参	井	鬼	柳	星	張	翼	軫	角	亢	氐	房	心	尾	箕	斗	女	虚	危	室	壁	奎	婁	胃	昴	畢

2004年

	1	2	3	4	5	6	7	8	9	10	11	12	13	14	15	16	17	18	19	20	21	22	23	24	25	26	27	28	29	30	31
1月	觜	参	井	鬼	柳	星	張	翼	軫	角	亢	氐	房	心	尾	箕	斗	女	虚	危	室	室	壁	奎	婁	胃	昴	畢	觜	参	井
2月	鬼	柳	星	張	翼	軫	角	亢	氐	房	心	尾	箕	斗	女	虚	危	室	壁	奎	婁	胃	昴	畢	觜	参	井	鬼	柳		
3月	星	張	翼	軫	角	亢	氐	房	心	尾	箕	斗	女	虚	危	室	壁	奎	婁	胃	奎	婁	胃	昴	畢	觜	参	井	鬼	柳	星
4月	張	翼	軫	角	亢	氐	房	心	尾	箕	斗	女	虚	危	室	壁	奎	婁	胃	昴	畢	觜	参	井	鬼	柳	星	張	翼	軫	
5月	角	亢	氐	房	心	尾	箕	斗	女	虚	危	室	壁	奎	婁	胃	昴	畢	畢	觜	参	井	鬼	柳	星	張	翼	軫	角	亢	氐
6月	房	心	尾	箕	斗	女	虚	危	室	壁	奎	婁	胃	昴	畢	觜	参	参	井	鬼	柳	星	張	翼	軫	角	亢	氐	房	心	
7月	尾	箕	斗	女	虚	危	室	壁	奎	婁	胃	昴	畢	觜	参	井	鬼	柳	星	張	翼	軫	角	亢	氐	房	心	尾	箕	斗	女
8月	虚	危	室	壁	奎	婁	胃	昴	畢	觜	参	井	鬼	柳	星	張	翼	軫	角	亢	氐	房	心	尾	箕	斗	女	虚	危	室	壁
9月	奎	婁	胃	昴	畢	觜	参	井	鬼	柳	星	張	翼	角	亢	氐	房	心	尾	箕	斗	女	虚	危	室	壁	奎	婁	胃	昴	
10月	畢	觜	参	井	鬼	柳	星	張	翼	軫	角	亢	氐	氐	房	心	尾	箕	斗	女	虚	危	室	壁	奎	婁	胃	昴	畢	觜	参
11月	井	鬼	柳	星	張	翼	軫	角	亢	氐	房	心	尾	箕	斗	女	虚	危	室	壁	奎	婁	胃	昴	畢	觜	参	井	鬼	柳	
12月	星	張	翼	軫	角	亢	氐	房	心	尾	箕	斗	女	虚	危	室	壁	奎	婁	胃	昴	畢	觜	参	井	鬼	柳	星	張	翼	軫

2005年

	1	2	3	4	5	6	7	8	9	10	11	12	13	14	15	16	17	18	19	20	21	22	23	24	25	26	27	28	29	30	31
1月	角	亢	氐	房	心	尾	箕	斗	女	虚	危	室	壁	奎	婁	胃	昴	畢	觜	参	井	鬼	柳	星	張	翼	軫	角	亢	氐	房
2月	心	尾	箕	斗	女	虚	危	室	室	壁	奎	婁	胃	昴	畢	觜	参	井	鬼	柳	星	張	翼	軫	角	亢	氐	房			
3月	心	尾	箕	斗	女	虚	危	室	壁	奎	婁	胃	昴	畢	觜	参	井	鬼	柳	星	張	翼	軫	角	亢	氐	房	心	尾	箕	斗
4月	女	虚	危	室	壁	奎	婁	胃	胃	昴	畢	觜	参	井	鬼	柳	星	張	翼	軫	角	亢	氐	房	心	尾	箕	斗	女	虚	
5月	危	室	壁	奎	婁	胃	昴	畢	觜	参	井	鬼	柳	星	張	翼	軫	角	亢	氐	房	心	尾	箕	斗	女	虚	危	室	壁	奎
6月	婁	胃	昴	畢	觜	参	参	井	鬼	柳	星	張	翼	軫	角	亢	氐	房	心	尾	箕	斗	女	虚	危	室	壁	奎	婁	胃	
7月	昴	畢	觜	参	井	鬼	柳	星	張	翼	軫	角	亢	氐	房	心	尾	箕	斗	女	虚	危	室	壁	奎	婁	胃	昴	畢	觜	参
8月	井	鬼	柳	星	張	翼	軫	角	亢	氐	房	心	尾	箕	斗	女	虚	危	室	壁	奎	婁	胃	昴	畢	觜	参	井	鬼	柳	星
9月	張	翼	軫	角	亢	氐	房	心	尾	箕	斗	女	虚	危	室	壁	奎	婁	胃	昴	畢	觜	参	井	鬼	柳	星	張	翼	軫	
10月	角	亢	氐	房	心	尾	箕	斗	女	虚	危	室	壁	奎	婁	胃	昴	畢	觜	参	井	鬼	柳	星	張	翼	軫	角	亢	氐	房
11月	心	心	尾	箕	斗	女	虚	危	室	壁	奎	婁	胃	昴	畢	觜	参	井	鬼	柳	星	張	翼	軫	角	亢	氐	房	心	尾	
12月	箕	斗	女	虚	危	室	壁	奎	婁	胃	昴	畢	觜	参	井	鬼	柳	星	張	翼	軫	角	亢	氐	房	心	尾	箕	斗	女	虚

2006年

	1	2	3	4	5	6	7	8	9	10	11	12	13	14	15	16	17	18	19	20	21	22	23	24	25	26	27	28	29	30	31
1月	危	室	壁	奎	婁	胃	昴	畢	觜	参	井	鬼	柳	星	張	翼	軫	角	亢	氐	房	心	尾	箕	斗	女	虚	危	室	壁	奎
2月	婁	胃	昴	畢	觜	参	井	鬼	柳	星	張	翼	軫	角	亢	氐	房	心	尾	箕	斗	女	虚	危	室	壁	奎	奎			
3月	婁	胃	昴	畢	觜	参	井	鬼	柳	星	張	翼	軫	角	亢	氐	房	心	尾	箕	斗	女	虚	危	室	壁	奎	婁	胃	昴	畢
4月	觜	参	井	鬼	柳	星	張	翼	軫	角	亢	氐	房	心	尾	箕	斗	女	虚	危	室	壁	奎	婁	胃	昴	畢	畢	觜	参	
5月	井	鬼	柳	星	張	翼	軫	角	亢	氐	房	心	尾	箕	斗	女	虚	危	室	壁	奎	婁	胃	昴	畢	觜	参	井	鬼	柳	星
6月	張	翼	軫	角	亢	氐	房	心	尾	箕	斗	女	虚	危	室	壁	奎	婁	胃	昴	畢	觜	参	井	鬼	鬼	柳	星	張	翼	
7月	軫	角	亢	氐	房	心	尾	箕	斗	女	虚	危	室	壁	奎	婁	胃	昴	畢	觜	参	井	鬼	柳	張	翼	軫	角	亢	氐	房
8月	心	尾	箕	斗	女	虚	危	室	壁	奎	婁	胃	昴	畢	觜	参	井	鬼	柳	星	張	翼	軫	張	翼	軫	角	亢	氐	房	心
9月	尾	箕	斗	女	虚	危	室	壁	奎	婁	胃	昴	畢	觜	参	井	鬼	柳	星	張	翼	角	亢	氐	房	心	尾	箕	斗	女	
10月	虚	危	室	壁	奎	婁	胃	昴	畢	觜	参	井	鬼	柳	星	張	翼	軫	角	亢	氐	氐	房	心	尾	箕	斗	女	虚	危	室
11月	壁	奎	婁	胃	昴	畢	觜	参	井	鬼	柳	星	張	翼	軫	角	亢	氐	房	心	心	尾	箕	斗	女	虚	危	室	壁	奎	
12月	婁	胃	昴	畢	觜	参	井	鬼	柳	星	張	翼	軫	角	亢	氐	房	心	尾	斗	女	虚	危	室	壁	奎	婁	胃	昴	畢	觜

2007年

	1	2	3	4	5	6	7	8	9	10	11	12	13	14	15	16	17	18	19	20	21	22	23	24	25	26	27	28	29	30	31
1月	参	井	鬼	柳	星	張	翼	軫	角	亢	氐	房	心	尾	箕	斗	女	虚	虚	危	室	壁	奎	婁	胃	昴	畢	觜	参	井	鬼
2月	柳	星	張	翼	軫	角	亢	氐	房	心	尾	箕	斗	女	虚	危	室	室	壁	奎	婁	胃	昴	畢	觜	参	井	鬼			
3月	柳	星	張	翼	軫	角	亢	氐	房	心	尾	箕	斗	女	虚	危	室	壁	奎	婁	胃	昴	畢	觜	参	井	鬼	柳	星	張	翼
4月	軫	角	亢	氐	房	心	尾	箕	斗	女	虚	危	室	壁	奎	婁	胃	昴	畢	觜	参	井	鬼	柳	星	張	翼	軫	角	亢	
5月	氐	房	心	尾	箕	斗	女	虚	危	室	壁	奎	婁	胃	昴	畢	畢	觜	参	井	鬼	柳	星	張	翼	軫	角	亢	氐	房	心
6月	尾	箕	斗	女	虚	危	室	壁	奎	婁	胃	昴	畢	觜	参	井	鬼	柳	星	張	翼	軫	角	亢	氐	房	心	尾	箕	斗	
7月	女	虚	危	室	壁	奎	婁	胃	昴	畢	觜	参	井	鬼	柳	星	張	翼	軫	角	亢	氐	房	心	尾	箕	斗	女	虚	危	室
8月	壁	奎	婁	胃	昴	畢	觜	参	井	鬼	柳	星	張	翼	軫	角	亢	氐	房	心	尾	箕	斗	女	虚	危	室	壁	奎	婁	胃
9月	昴	畢	觜	参	井	鬼	柳	星	張	翼	角	亢	氐	房	心	尾	箕	斗	女	虚	危	室	壁	奎	婁	胃	昴	畢	觜	参	
10月	井	鬼	柳	星	張	翼	軫	角	亢	氐	氐	房	心	尾	箕	斗	女	虚	危	室	壁	奎	婁	胃	昴	畢	觜	参	井	鬼	柳
11月	星	張	翼	軫	角	亢	氐	房	心	心	尾	箕	斗	女	虚	危	室	壁	奎	婁	胃	昴	畢	觜	参	井	鬼	柳	星	張	
12月	翼	軫	角	亢	氐	房	心	尾	箕	斗	女	虚	危	室	壁	奎	婁	胃	昴	畢	觜	参	井	鬼	柳	星	張	翼	軫	角	亢

2008年

	1	2	3	4	5	6	7	8	9	10	11	12	13	14	15	16	17	18	19	20	21	22	23	24	25	26	27	28	29	30	31
1月	氐	房	心	尾	箕	斗	女	虚	危	室	壁	奎	婁	胃	昴	畢	觜	参	井	鬼	柳	星	張	翼	軫	角	亢	氐	房	心	尾
2月	箕	斗	女	虚	危	室	室	壁	奎	婁	胃	昴	畢	觜	参	井	鬼	柳	星	張	翼	軫	角	亢	氐	房	心	尾	箕		
3月	斗	女	虚	危	室	壁	奎	奎	婁	胃	昴	畢	觜	参	井	鬼	柳	星	張	翼	軫	角	亢	氐	房	心	尾	箕	斗	女	虚
4月	危	室	壁	奎	婁	胃	昴	畢	觜	参	井	鬼	柳	星	張	翼	軫	角	亢	氐	房	心	尾	箕	斗	女	虚	危	室	壁	
5月	奎	婁	胃	昴	畢	觜	参	井	鬼	柳	星	張	翼	軫	角	亢	氐	房	心	尾	箕	斗	女	虚	危	室	壁	奎	婁	胃	昴
6月	畢	觜	参	参	井	鬼	柳	星	張	翼	軫	角	亢	氐	房	心	尾	箕	斗	女	虚	危	室	壁	奎	婁	胃	昴	畢	觜	
7月	参	井	鬼	柳	星	張	翼	軫	角	亢	氐	房	心	尾	箕	斗	女	虚	危	室	壁	奎	婁	胃	昴	畢	觜	参	井	鬼	柳
8月	張	翼	軫	角	亢	氐	房	心	尾	箕	斗	女	虚	危	室	壁	奎	婁	胃	昴	畢	觜	参	井	鬼	柳	星	張	翼	軫	角
9月	亢	氐	房	心	尾	箕	斗	女	虚	危	室	壁	奎	婁	胃	昴	畢	觜	参	井	鬼	柳	星	張	翼	軫	角	亢	氐	房	
10月	心	尾	箕	斗	女	虚	危	室	壁	奎	婁	胃	昴	畢	觜	参	井	鬼	柳	星	張	翼	軫	角	亢	氐	房	心	心	尾	箕
11月	斗	女	虚	危	室	壁	奎	婁	胃	昴	畢	觜	参	井	鬼	柳	星	張	翼	軫	角	亢	氐	房	心	尾	箕	斗	女	虚	
12月	危	室	壁	奎	婁	胃	昴	畢	觜	参	井	鬼	柳	星	張	翼	軫	角	亢	氐	房	心	尾	箕	斗	女	虚	危	室	壁	奎

2009年

	1	2	3	4	5	6	7	8	9	10	11	12	13	14	15	16	17	18	19	20	21	22	23	24	25	26	27	28	29	30	31
1月	婁	胃	昴	畢	觜	参	井	鬼	柳	星	張	翼	軫	角	亢	氐	房	心	尾	箕	斗	女	虚	危	室	室	壁	奎	婁	胃	昴
2月	畢	觜	参	井	鬼	柳	星	張	翼	軫	角	亢	氐	房	心	尾	箕	斗	女	虚	危	室	壁	奎	奎	婁	胃	昴			
3月	畢	觜	参	井	鬼	柳	星	張	翼	軫	角	亢	氐	房	心	尾	箕	斗	女	虚	危	室	壁	奎	婁	胃	胃	昴	畢	觜	参
4月	井	鬼	柳	星	張	翼	軫	角	亢	氐	房	心	尾	箕	斗	女	虚	危	室	壁	奎	婁	胃	昴	畢	觜	参	井	鬼	柳	
5月	星	張	翼	軫	角	亢	氐	房	心	尾	箕	斗	女	虚	危	室	壁	奎	婁	胃	昴	畢	觜	参	井	鬼	柳	星	張	翼	軫
6月	角	亢	氐	房	心	尾	箕	斗	女	虚	危	室	壁	奎	婁	胃	昴	畢	觜	参	井	鬼	参	井	鬼	柳	星	張	翼	軫	
7月	角	亢	氐	房	心	尾	箕	斗	女	虚	危	室	壁	奎	婁	胃	昴	畢	觜	参	井	鬼	柳	星	張	翼	軫	角	亢	氐	房
8月	心	尾	箕	斗	女	虚	危	室	壁	奎	婁	胃	昴	畢	觜	参	井	鬼	柳	張	翼	軫	角	亢	氐	房	心	尾	箕	斗	女
9月	虚	危	室	壁	奎	婁	胃	昴	畢	觜	参	井	鬼	柳	星	張	翼	軫	角	亢	氐	房	心	尾	箕	斗	女	虚	危	室	
10月	壁	奎	婁	胃	昴	畢	觜	参	井	鬼	柳	星	張	翼	軫	角	亢	氐	房	心	尾	箕	斗	女	虚	危	室	壁	奎	婁	胃
11月	昴	畢	觜	参	井	鬼	柳	星	張	翼	軫	角	亢	氐	房	心	心	尾	箕	斗	女	虚	危	室	壁	奎	婁	胃	昴	畢	
12月	觜	参	井	鬼	柳	星	張	翼	軫	角	亢	氐	房	心	尾	斗	女	虚	危	室	壁	奎	婁	胃	昴	畢	觜	参	井	鬼	柳

2010年

	1	2	3	4	5	6	7	8	9	10	11	12	13	14	15	16	17	18	19	20	21	22	23	24	25	26	27	28	29	30	31
1月	星	張	翼	軫	角	亢	氐	房	心	尾	箕	斗	女	虚	虚	危	室	壁	奎	婁	胃	昴	畢	觜	参	井	鬼	柳	星	張	翼
2月	軫	角	亢	氐	房	心	尾	箕	斗	女	虚	危	室	室	壁	奎	婁	胃	昴	畢	觜	参	井	鬼	柳	星	張	翼			
3月	軫	角	亢	氐	房	心	尾	箕	斗	女	虚	危	室	壁	奎	奎	婁	胃	昴	畢	觜	参	井	鬼	柳	星	張	翼	軫	角	亢
4月	氐	房	心	尾	箕	斗	女	虚	危	室	壁	奎	婁	胃	昴	畢	觜	参	井	鬼	柳	星	張	翼	軫	角	亢	氐	房	心	
5月	尾	箕	斗	女	虚	危	室	壁	奎	婁	胃	昴	畢	畢	觜	参	井	鬼	柳	星	張	翼	軫	角	亢	氐	房	心	尾	箕	斗
6月	女	虚	危	室	壁	奎	婁	胃	昴	畢	觜	参	井	鬼	柳	星	張	翼	軫	角	亢	氐	房	心	尾	箕	斗	女	虚	危	
7月	室	壁	奎	婁	胃	昴	畢	觜	参	井	鬼	鬼	柳	星	張	翼	軫	角	亢	氐	房	心	尾	箕	斗	女	虚	危	室	壁	奎
8月	婁	胃	昴	畢	觜	参	井	鬼	柳	張	翼	軫	角	亢	氐	房	心	尾	箕	斗	女	虚	危	室	壁	奎	婁	胃	昴	畢	觜
9月	参	井	鬼	柳	星	張	翼	角	亢	氐	房	心	尾	箕	斗	女	虚	危	室	壁	奎	婁	胃	昴	畢	觜	参	井	鬼	柳	
10月	星	張	翼	軫	角	亢	氐	氐	房	心	尾	箕	斗	女	虚	危	室	壁	奎	婁	胃	昴	畢	觜	参	井	鬼	柳	星	張	翼
11月	軫	角	亢	氐	房	心	尾	箕	斗	女	虚	危	室	壁	奎	婁	胃	昴	畢	觜	参	井	鬼	柳	星	張	翼	軫	角	亢	
12月	氐	房	心	尾	箕	斗	女	虚	危	室	壁	奎	婁	胃	昴	畢	觜	参	井	鬼	柳	星	張	翼	軫	角	亢	氐	房	心	尾

2011年

	1	2	3	4	5	6	7	8	9	10	11	12	13	14	15	16	17	18	19	20	21	22	23	24	25	26	27	28	29	30	31
1月	箕	斗	女	虚	危	室	壁	奎	婁	胃	昴	畢	觜	参	井	鬼	柳	星	張	翼	軫	角	亢	氐	房	心	尾	箕	斗	女	虚
2月	危	室	室	壁	奎	婁	胃	昴	畢	觜	参	井	鬼	柳	星	張	翼	軫	角	亢	氐	房	心	尾	箕	斗	女	虚			
3月	危	室	壁	奎	奎	婁	胃	昴	畢	觜	参	井	鬼	柳	星	張	翼	軫	角	亢	氐	房	心	尾	箕	斗	女	虚	危	室	壁
4月	奎	婁	胃	昴	畢	觜	参	井	鬼	柳	星	張	翼	軫	角	亢	氐	房	心	尾	箕	斗	女	虚	危	室	壁	奎	婁	胃	
5月	昴	畢	畢	觜	参	井	鬼	柳	星	張	翼	軫	角	亢	氐	房	心	尾	箕	斗	女	虚	危	室	壁	奎	婁	胃	昴	畢	觜
6月	参	参	井	鬼	柳	星	張	翼	軫	角	亢	氐	房	心	尾	箕	斗	女	虚	危	室	壁	奎	婁	胃	昴	畢	觜	参	井	
7月	鬼	柳	星	張	翼	軫	角	亢	氐	房	心	尾	箕	斗	女	虚	危	室	壁	奎	婁	胃	昴	畢	觜	参	井	鬼	柳	星	張
8月	翼	軫	角	亢	氐	房	心	尾	箕	斗	女	虚	危	室	壁	奎	婁	胃	昴	畢	觜	参	井	鬼	柳	星	張	翼	角	亢	氐
9月	房	心	尾	箕	斗	女	虚	危	室	壁	奎	婁	胃	昴	畢	觜	参	井	鬼	柳	星	張	翼	軫	角	亢	氐	房	心	尾	
10月	箕	斗	女	虚	危	室	壁	奎	婁	胃	昴	畢	觜	参	井	鬼	柳	星	張	翼	軫	角	亢	氐	房	心	心	尾	箕	斗	女
11月	虚	危	室	壁	奎	婁	胃	昴	畢	觜	参	井	鬼	柳	星	張	翼	軫	角	亢	氐	房	心	尾	斗	女	虚	危	室	壁	
12月	奎	婁	胃	昴	畢	觜	参	井	鬼	柳	星	張	翼	軫	角	亢	氐	房	心	尾	箕	斗	女	虚	虚	危	室	壁	奎	婁	胃

2012年

	1	2	3	4	5	6	7	8	9	10	11	12	13	14	15	16	17	18	19	20	21	22	23	24	25	26	27	28	29	30	31
1月	昴	畢	觜	参	井	鬼	柳	星	張	翼	軫	角	亢	氐	房	心	尾	箕	斗	女	虚	危	室	壁	奎	婁	胃	昴	畢	觜	参
2月	井	鬼	柳	星	張	翼	軫	角	亢	氐	房	心	尾	箕	斗	女	虚	危	室	壁	奎	奎	婁	胃	昴	畢	觜	参	井		
3月	鬼	柳	星	張	翼	軫	角	亢	氐	房	心	尾	箕	斗	女	虚	危	室	壁	奎	婁	胃	昴	畢	觜	参	井	鬼	柳	星	張
4月	翼	軫	角	亢	氐	房	心	尾	箕	斗	女	虚	危	室	壁	奎	婁	胃	昴	畢	胃	昴	畢	觜	参	井	鬼	柳	星	張	
5月	翼	軫	角	亢	氐	房	心	尾	箕	斗	女	虚	危	室	壁	奎	婁	胃	昴	畢	畢	觜	参	井	鬼	柳	星	張	翼	軫	角
6月	亢	氐	房	心	尾	箕	斗	女	虚	危	室	壁	奎	婁	胃	昴	畢	觜	参	参	井	鬼	柳	星	張	翼	軫	角	亢	氐	
7月	房	心	尾	箕	斗	女	虚	危	室	壁	奎	婁	胃	昴	畢	觜	参	井	鬼	柳	星	張	翼	軫	角	亢	氐	房	心	尾	箕
8月	斗	女	虚	危	室	壁	奎	婁	胃	昴	畢	觜	参	井	鬼	柳	星	張	翼	軫	角	亢	氐	房	心	尾	箕	斗	女	虚	危
9月	室	壁	奎	婁	胃	昴	畢	觜	参	井	鬼	柳	星	張	翼	角	亢	氐	房	心	尾	箕	斗	女	虚	危	室	壁	奎	婁	
10月	胃	昴	畢	觜	参	井	鬼	柳	星	張	翼	軫	角	亢	氐	房	心	尾	箕	斗	女	虚	危	室	壁	奎	婁	胃	昴	畢	觜
11月	参	井	鬼	柳	星	張	翼	軫	角	亢	氐	房	心	心	尾	箕	斗	女	虚	危	室	壁	奎	婁	胃	昴	畢	觜	参	井	
12月	鬼	柳	星	張	翼	軫	角	亢	氐	房	心	尾	斗	女	虚	危	室	壁	奎	婁	胃	昴	畢	觜	参	井	鬼	柳	星	張	翼

2013年

	1	2	3	4	5	6	7	8	9	10	11	12	13	14	15	16	17	18	19	20	21	22	23	24	25	26	27	28	29	30	31
1月	軫	角	亢	氐	房	心	尾	箕	斗	女	虚	虚	危	室	壁	奎	婁	胃	昴	畢	觜	参	井	鬼	柳	星	張	翼	軫	角	亢
2月	氐	房	心	尾	箕	斗	女	虚	危	室	壁	奎	婁	胃	昴	畢	觜	参	井	鬼	柳	星	張	翼	軫	角	亢	氐			
3月	房	心	尾	箕	斗	女	虚	危	室	壁	奎	奎	婁	胃	昴	畢	觜	参	井	鬼	柳	星	張	翼	軫	角	亢	氐	房	心	尾
4月	箕	斗	女	虚	危	室	壁	奎	婁	胃	昴	畢	觜	参	井	鬼	柳	星	張	翼	軫	角	亢	氐	房	心	尾	箕	斗	女	
5月	虚	危	室	壁	奎	婁	胃	昴	畢	畢	觜	参	井	鬼	柳	星	張	翼	軫	角	亢	氐	房	心	尾	箕	斗	女	虚	危	室
6月	壁	奎	婁	胃	昴	畢	觜	参	参	井	鬼	柳	星	張	翼	軫	角	亢	氐	房	心	尾	箕	斗	女	虚	危	室	壁	奎	
7月	婁	胃	昴	畢	觜	参	井	鬼	柳	星	張	翼	軫	角	亢	氐	房	心	尾	箕	斗	女	虚	危	室	壁	奎	婁	胃	昴	畢
8月	觜	参	井	鬼	柳	星	張	翼	軫	角	亢	氐	房	心	尾	箕	斗	女	虚	危	室	壁	奎	婁	胃	昴	畢	觜	参	井	鬼
9月	柳	星	張	翼	角	亢	氐	房	心	尾	箕	斗	女	虚	危	室	壁	奎	婁	胃	昴	畢	觜	参	井	鬼	柳	星	張	翼	
10月	軫	角	亢	氐	氐	房	心	尾	箕	斗	女	虚	危	室	壁	奎	婁	胃	昴	畢	觜	参	井	鬼	柳	星	張	翼	軫	角	亢
11月	氐	房	心	尾	箕	斗	女	虚	危	室	壁	奎	婁	胃	昴	畢	觜	参	井	鬼	柳	星	張	翼	軫	角	亢	氐	房	心	
12月	尾	箕	斗	女	虚	危	室	壁	奎	婁	胃	昴	畢	觜	参	井	鬼	柳	星	張	翼	軫	角	亢	氐	房	心	尾	箕	斗	女

2014年

	1	2	3	4	5	6	7	8	9	10	11	12	13	14	15	16	17	18	19	20	21	22	23	24	25	26	27	28	29	30	31
1月	虚	危	室	壁	奎	婁	胃	昴	畢	觜	参	井	鬼	柳	星	張	翼	軫	角	亢	氐	房	心	尾	箕	斗	女	虚	危	室	室
2月	壁	奎	婁	胃	昴	畢	觜	参	井	鬼	柳	星	張	翼	軫	角	亢	氐	房	心	尾	箕	斗	女	虚	危	室	壁			
3月	奎	婁	胃	昴	畢	觜	参	井	鬼	柳	星	張	翼	軫	角	亢	氐	房	心	尾	箕	斗	女	虚	危	室	壁	奎	婁	胃	胃
4月	昴	畢	觜	参	井	鬼	柳	星	張	翼	軫	角	亢	氐	房	心	尾	箕	斗	女	虚	危	室	壁	奎	婁	胃	昴	畢	觜	
5月	参	井	鬼	柳	星	張	翼	軫	角	亢	氐	房	心	尾	箕	斗	女	虚	危	室	壁	奎	婁	胃	昴	畢	觜	参	参	井	鬼
6月	柳	星	張	翼	軫	角	亢	氐	房	心	尾	箕	斗	女	虚	危	室	壁	奎	婁	胃	昴	畢	觜	参	井	鬼	柳	星	張	
7月	翼	軫	角	亢	氐	房	心	尾	箕	斗	女	虚	危	室	壁	奎	婁	胃	昴	畢	觜	参	井	鬼	柳	星	張	翼	軫	角	亢
8月	氐	房	心	尾	箕	斗	女	虚	危	室	壁	奎	婁	胃	昴	畢	觜	参	井	鬼	柳	星	張	翼	角	亢	氐	房	心	尾	箕
9月	斗	女	虚	危	室	壁	奎	婁	胃	昴	畢	觜	参	井	鬼	柳	星	張	翼	軫	角	亢	氐	氐	房	心	尾	箕	斗	女	
10月	虚	危	室	壁	奎	婁	胃	昴	畢	觜	参	井	鬼	柳	星	張	翼	軫	角	亢	氐	房	心	氐	房	心	尾	箕	斗	女	虚
11月	危	室	壁	奎	婁	胃	昴	畢	觜	参	井	鬼	柳	星	張	翼	軫	角	亢	氐	房	心	尾	箕	斗	女	虚	危	室	壁	
12月	奎	婁	胃	昴	畢	觜	参	井	鬼	柳	星	張	翼	軫	角	亢	氐	房	心	尾	箕	斗	女	虚	危	室	壁	奎	婁	胃	昴

2015年

	1	2	3	4	5	6	7	8	9	10	11	12	13	14	15	16	17	18	19	20	21	22	23	24	25	26	27	28	29	30	31
1月	畢	觜	参	井	鬼	柳	星	張	翼	軫	角	亢	氐	房	心	尾	箕	斗	女	虚	危	室	壁	奎	婁	胃	昴	畢	觜	参	井
2月	鬼	柳	星	張	翼	軫	角	亢	氐	房	心	尾	箕	斗	女	虚	危	室	室	壁	奎	婁	胃	昴	畢	觜	参	井			
3月	鬼	柳	星	張	翼	軫	角	亢	氐	房	心	尾	箕	斗	女	虚	危	室	壁	奎	婁	胃	昴	畢	觜	参	井	鬼	柳	星	張
4月	翼	軫	角	亢	氐	房	心	尾	箕	斗	女	虚	危	室	壁	奎	婁	胃	胃	昴	畢	觜	参	井	鬼	柳	星	張	翼	軫	
5月	角	亢	氐	房	心	尾	箕	斗	女	虚	危	室	壁	奎	婁	胃	昴	畢	觜	参	井	鬼	柳	星	張	翼	軫	角	亢	氐	房
6月	心	尾	箕	斗	女	虚	危	室	壁	奎	婁	胃	昴	畢	觜	参	井	鬼	柳	星	張	翼	軫	角	亢	氐	房	心	尾	箕	
7月	斗	女	虚	危	室	壁	奎	婁	胃	昴	畢	觜	参	井	鬼	鬼	柳	星	張	翼	軫	角	亢	氐	房	心	尾	箕	斗	女	虚
8月	危	室	壁	奎	婁	胃	昴	畢	觜	参	井	鬼	柳	張	翼	軫	角	亢	氐	房	心	尾	箕	斗	女	虚	危	室	壁	奎	婁
9月	胃	昴	畢	觜	参	井	鬼	柳	星	張	翼	軫	角	亢	氐	房	心	尾	箕	斗	女	虚	危	室	壁	奎	婁	胃	昴	畢	
10月	觜	参	井	鬼	柳	星	張	翼	軫	角	亢	氐	氐	房	心	尾	箕	斗	女	虚	危	室	壁	奎	婁	胃	昴	畢	觜	参	井
11月	鬼	柳	星	張	翼	軫	角	亢	氐	房	心	心	尾	箕	斗	女	虚	危	室	壁	奎	婁	胃	昴	畢	觜	参	井	鬼	柳	
12月	星	張	翼	軫	角	亢	氐	房	心	尾	斗	女	虚	危	室	壁	奎	婁	胃	昴	畢	觜	参	井	鬼	柳	星	張	翼	軫	角

2016年

	1	2	3	4	5	6	7	8	9	10	11	12	13	14	15	16	17	18	19	20	21	22	23	24	25	26	27	28	29	30	31
1月	亢	氐	房	心	尾	箕	斗	女	虚	虚	危	室	壁	奎	婁	胃	昴	畢	觜	参	井	鬼	柳	星	張	翼	軫	角	亢	氐	房
2月	心	尾	箕	斗	女	虚	危	室	壁	奎	婁	胃	昴	畢	觜	参	井	鬼	柳	星	張	翼	軫	角	亢	氐	房	心	尾		
3月	箕	斗	女	虚	危	室	壁	奎	奎	婁	胃	昴	畢	觜	参	井	鬼	柳	星	張	翼	軫	角	亢	氐	房	心	尾	箕	斗	女
4月	虚	危	室	壁	奎	婁	胃	昴	畢	觜	参	井	鬼	柳	星	張	翼	軫	角	亢	氐	房	心	尾	箕	斗	女	虚	危	室	
5月	壁	奎	婁	胃	昴	畢	畢	觜	参	井	鬼	柳	星	張	翼	軫	角	亢	氐	房	心	尾	箕	斗	女	虚	危	室	壁	奎	婁
6月	胃	昴	畢	觜	参	井	鬼	柳	星	張	翼	軫	角	亢	氐	房	心	尾	箕	斗	女	虚	危	室	壁	奎	婁	胃	昴	畢	
7月	觜	参	井	鬼	柳	星	張	翼	軫	角	亢	氐	房	心	尾	箕	斗	女	虚	危	室	壁	奎	婁	胃	昴	畢	觜	参	井	鬼
8月	柳	星	張	翼	軫	角	亢	氐	房	心	尾	箕	斗	女	虚	危	室	壁	奎	婁	胃	昴	畢	觜	参	井	鬼	柳	星	張	翼
9月	角	亢	氐	房	心	尾	箕	斗	女	虚	危	室	壁	奎	婁	胃	昴	畢	觜	参	井	鬼	柳	星	張	翼	軫	角	亢	氐	
10月	氐	房	心	尾	箕	斗	女	虚	危	室	壁	奎	婁	胃	昴	畢	觜	参	井	鬼	柳	星	張	翼	軫	角	亢	氐	房	心	心
11月	尾	箕	斗	女	虚	危	室	壁	奎	婁	胃	昴	畢	觜	参	井	鬼	柳	星	張	翼	軫	角	亢	氐	房	心	尾	斗	女	
12月	虚	危	室	壁	奎	婁	胃	昴	畢	觜	参	井	鬼	柳	星	張	翼	軫	角	亢	氐	房	心	尾	箕	斗	女	虚	虚	危	室

2017年

	1	2	3	4	5	6	7	8	9	10	11	12	13	14	15	16	17	18	19	20	21	22	23	24	25	26	27	28	29	30	31
1月	壁	奎	婁	胃	昴	畢	觜	参	井	鬼	柳	星	張	翼	軫	角	亢	氐	房	心	尾	箕	斗	女	虚	危	室	室	壁	奎	婁
2月	胃	昴	畢	觜	参	井	鬼	柳	星	張	翼	軫	角	亢	氐	房	心	尾	箕	斗	女	虚	危	室	壁	奎	婁	胃			
3月	昴	畢	觜	参	井	鬼	柳	星	張	翼	軫	角	亢	氐	房	心	尾	箕	斗	女	虚	危	室	壁	奎	婁	胃	胃	昴	畢	觜
4月	参	井	鬼	柳	星	張	翼	軫	角	亢	氐	房	心	尾	箕	斗	女	虚	危	室	壁	奎	婁	胃	昴	畢	觜	参	井	鬼	
5月	柳	星	張	翼	軫	角	亢	氐	房	心	尾	箕	斗	女	虚	危	室	壁	奎	婁	胃	昴	畢	觜	参	参	井	鬼	柳	星	張
6月	翼	軫	角	亢	氐	房	心	尾	箕	斗	女	虚	危	室	壁	奎	婁	胃	昴	畢	觜	参	井	参	井	鬼	柳	星	張	翼	
7月	軫	角	亢	氐	房	心	尾	箕	斗	女	虚	危	室	壁	奎	婁	胃	昴	畢	觜	参	井	鬼	柳	星	張	翼	軫	角	亢	氐
8月	房	心	尾	箕	斗	女	虚	危	室	壁	奎	婁	胃	昴	畢	觜	参	井	鬼	柳	星	張	翼	軫	角	亢	氐	房	心	尾	箕
9月	斗	女	虚	危	室	壁	奎	婁	胃	昴	畢	觜	参	井	鬼	柳	星	張	翼	角	亢	氐	房	心	尾	箕	斗	女	虚	危	
10月	室	壁	奎	婁	胃	昴	畢	觜	参	井	鬼	柳	星	張	翼	軫	角	亢	氐	氐	房	心	尾	箕	斗	女	虚	危	室	壁	奎
11月	婁	胃	昴	畢	觜	参	井	鬼	柳	星	張	翼	軫	角	亢	氐	房	心	尾	箕	斗	女	虚	危	室	壁	奎	婁	胃	昴	
12月	畢	觜	参	井	鬼	柳	星	張	翼	軫	角	亢	氐	房	心	尾	箕	斗	女	虚	危	室	壁	奎	婁	胃	昴	畢	觜	参	井

2018年

	1	2	3	4	5	6	7	8	9	10	11	12	13	14	15	16	17	18	19	20	21	22	23	24	25	26	27	28	29	30	31
1月	鬼	柳	星	張	翼	軫	角	亢	氐	房	心	尾	箕	斗	女	虚	虚	危	室	壁	奎	婁	胃	昴	畢	觜	参	井	鬼	柳	星
2月	張	翼	軫	角	亢	氐	房	心	尾	箕	斗	女	虚	危	室	室	壁	奎	婁	胃	昴	畢	觜	参	井	鬼	柳	星			
3月	張	翼	軫	角	亢	氐	房	心	尾	箕	斗	女	虚	危	室	壁	奎	婁	胃	昴	畢	觜	参	井	鬼	柳	星	張	翼	軫	角
4月	亢	氐	房	心	尾	箕	斗	女	虚	危	室	壁	奎	婁	胃	胃	昴	畢	觜	参	井	鬼	柳	星	張	翼	軫	角	亢	氐	
5月	房	心	尾	箕	斗	女	虚	危	室	壁	奎	婁	胃	昴	畢	觜	参	井	鬼	柳	星	張	翼	軫	角	亢	氐	房	心	尾	箕
6月	斗	女	虚	危	室	壁	奎	婁	胃	昴	畢	觜	参	参	井	鬼	柳	星	張	翼	軫	角	亢	氐	房	心	尾	箕	斗	女	
7月	虚	危	室	壁	奎	婁	胃	昴	畢	觜	参	井	鬼	柳	星	張	翼	軫	角	亢	氐	房	心	尾	箕	斗	女	虚	危	室	壁
8月	奎	婁	胃	昴	畢	觜	参	井	鬼	柳	張	翼	軫	角	亢	氐	房	心	尾	箕	斗	女	虚	危	室	壁	奎	婁	胃	昴	畢
9月	觜	参	井	鬼	柳	星	張	翼	軫	角	亢	氐	房	心	尾	箕	斗	女	虚	危	室	壁	奎	婁	胃	昴	畢	觜	参	井	
10月	鬼	柳	星	張	翼	軫	角	亢	氐	房	心	尾	箕	斗	女	虚	危	室	壁	奎	婁	胃	昴	畢	觜	参	井	鬼	柳	星	張
11月	翼	軫	角	亢	氐	房	心	心	尾	箕	斗	女	虚	危	室	壁	奎	婁	胃	昴	畢	觜	参	井	鬼	柳	星	張	翼	軫	
12月	角	亢	氐	房	心	尾	斗	女	虚	危	室	壁	奎	婁	胃	昴	畢	觜	参	井	鬼	柳	星	張	翼	軫	角	亢	氐	房	心

2019年

	1	2	3	4	5	6	7	8	9	10	11	12	13	14	15	16	17	18	19	20	21	22	23	24	25	26	27	28	29	30	31
1月	尾	箕	斗	女	虚	虚	危	室	壁	奎	婁	胃	昴	畢	觜	参	井	鬼	柳	星	張	翼	軫	角	亢	氐	房	心	尾	箕	斗
2月	女	虚	危	室	室	壁	奎	婁	胃	昴	畢	觜	参	井	鬼	柳	星	張	翼	軫	角	亢	氐	房	心	尾	箕	斗			
3月	女	虚	危	室	壁	奎	奎	婁	胃	昴	畢	觜	参	井	鬼	柳	星	張	翼	軫	角	亢	氐	房	心	尾	箕	斗	女	虚	危
4月	室	壁	奎	婁	胃	昴	畢	觜	参	井	鬼	柳	星	張	翼	軫	角	亢	氐	房	心	尾	箕	斗	女	虚	危	室	壁	奎	
5月	婁	胃	昴	畢	畢	觜	参	井	鬼	柳	星	張	翼	軫	角	亢	氐	房	心	尾	箕	斗	女	虚	危	室	壁	奎	婁	胃	昴
6月	畢	觜	参	井	鬼	柳	星	張	翼	軫	角	亢	氐	房	心	尾	箕	斗	女	虚	危	室	壁	奎	婁	胃	昴	畢	觜	参	
7月	井	鬼	鬼	柳	星	張	翼	軫	角	亢	氐	房	心	尾	箕	斗	女	虚	危	室	壁	奎	婁	胃	昴	畢	觜	参	井	鬼	柳
8月	張	翼	軫	角	亢	氐	房	心	尾	箕	斗	女	虚	危	室	壁	奎	婁	胃	昴	畢	觜	参	井	鬼	柳	星	張	翼	角	亢
9月	氐	房	心	尾	箕	斗	女	虚	危	室	壁	奎	婁	胃	昴	畢	觜	参	井	鬼	柳	星	張	翼	軫	角	亢	氐	氐	房	
10月	心	尾	箕	斗	女	虚	危	室	壁	奎	婁	胃	昴	畢	觜	参	井	鬼	柳	星	張	翼	軫	角	亢	氐	房	心	尾	箕	斗
11月	女	虚	危	室	壁	奎	婁	胃	昴	畢	觜	参	井	鬼	柳	星	張	翼	軫	角	亢	氐	房	心	尾	箕	斗	女	虚	危	
12月	室	壁	奎	婁	胃	昴	畢	觜	参	井	鬼	柳	星	張	翼	軫	角	亢	氐	房	心	尾	箕	斗	女	虚	危	室	壁	奎	婁

2020年

	1	2	3	4	5	6	7	8	9	10	11	12	13	14	15	16	17	18	19	20	21	22	23	24	25	26	27	28	29	30	31
1月	胃	昴	畢	觜	参	井	鬼	柳	星	張	翼	軫	角	亢	氐	房	心	尾	箕	斗	女	虚	危	室	室	壁	奎	婁	胃	昴	畢
2月	觜	参	井	鬼	柳	星	張	翼	軫	角	亢	氐	房	心	尾	箕	斗	女	虚	危	室	壁	奎	奎	婁	胃	昴	畢	觜		
3月	参	井	鬼	柳	星	張	翼	軫	角	亢	氐	房	心	尾	箕	斗	女	虚	危	室	壁	奎	婁	胃	昴	畢	觜	参	井	鬼	柳
4月	星	張	翼	軫	角	亢	氐	房	心	尾	箕	斗	女	虚	危	室	壁	奎	婁	胃	昴	畢	畢	觜	参	井	鬼	柳	星	張	
5月	翼	軫	角	亢	氐	房	心	尾	箕	斗	女	虚	危	室	壁	奎	婁	胃	昴	畢	觜	参	畢	觜	参	井	鬼	柳	星	張	翼
6月	軫	角	亢	氐	房	心	尾	箕	斗	女	虚	危	室	壁	奎	婁	胃	昴	畢	觜	参	井	鬼	柳	星	張	翼	軫	角	亢	
7月	氐	房	心	尾	箕	斗	女	虚	危	室	壁	奎	婁	胃	昴	畢	觜	参	井	鬼	鬼	柳	星	張	翼	軫	角	亢	氐	房	心
8月	尾	箕	斗	女	虚	危	室	壁	奎	婁	胃	昴	畢	觜	参	井	鬼	柳	張	翼	軫	角	亢	氐	房	心	尾	箕	斗	女	虚
9月	危	室	壁	奎	婁	胃	昴	畢	觜	参	井	鬼	柳	星	張	翼	角	亢	氐	房	心	尾	箕	斗	女	虚	危	室	壁	奎	
10月	婁	胃	昴	畢	觜	参	井	鬼	柳	星	張	翼	軫	角	亢	氐	氐	房	心	尾	箕	斗	女	虚	危	室	壁	奎	婁	胃	昴
11月	畢	觜	参	井	鬼	柳	星	張	翼	軫	角	亢	氐	房	心	尾	箕	斗	女	虚	危	室	壁	奎	婁	胃	昴	畢	觜	参	
12月	井	鬼	柳	星	張	翼	軫	角	亢	氐	房	心	尾	箕	斗	女	虚	危	室	壁	奎	婁	胃	昴	畢	觜	参	井	鬼	柳	星

2021年

	1	2	3	4	5	6	7	8	9	10	11	12	13	14	15	16	17	18	19	20	21	22	23	24	25	26	27	28	29	30	31
1月	張	翼	軫	角	亢	氐	房	心	尾	箕	斗	女	虚	危	室	壁	奎	婁	胃	昴	畢	觜	参	井	鬼	柳	星	張	翼	軫	角
2月	亢	氐	房	心	尾	箕	斗	女	虚	危	室	室	壁	奎	婁	胃	昴	畢	觜	参	井	鬼	柳	星	張	翼	軫	角			
3月	亢	氐	房	心	尾	箕	斗	女	虚	危	室	壁	奎	婁	胃	昴	畢	觜	参	井	鬼	柳	星	張	翼	軫	角	亢	氐	房	心
4月	尾	箕	斗	女	虚	危	室	壁	奎	婁	胃	胃	昴	畢	觜	参	井	鬼	柳	星	張	翼	軫	角	亢	氐	房	心	尾	箕	
5月	斗	女	虚	危	室	壁	奎	婁	胃	昴	畢	畢	觜	参	井	鬼	柳	星	張	翼	軫	角	亢	氐	房	心	尾	箕	斗	女	虚
6月	危	室	壁	奎	婁	胃	昴	畢	觜	参	井	鬼	柳	星	張	翼	軫	角	亢	氐	房	心	尾	箕	斗	女	虚	危	室	壁	
7月	奎	婁	胃	昴	畢	觜	参	井	鬼	鬼	柳	星	張	翼	軫	角	亢	氐	房	心	尾	箕	斗	女	虚	危	室	壁	奎	婁	胃
8月	昴	畢	觜	参	井	鬼	柳	張	翼	軫	角	亢	氐	房	心	尾	箕	斗	女	虚	危	室	壁	奎	婁	胃	昴	畢	觜	参	井
9月	鬼	柳	星	張	翼	軫	角	亢	氐	房	心	尾	箕	斗	女	虚	危	室	壁	奎	婁	胃	昴	畢	觜	参	井	鬼	柳	星	
10月	張	翼	軫	角	亢	氐	房	心	尾	箕	斗	女	虚	危	室	壁	奎	婁	胃	昴	畢	觜	参	井	鬼	柳	星	張	翼	軫	角
11月	亢	氐	房	心	心	尾	箕	斗	女	虚	危	室	壁	奎	婁	胃	昴	畢	觜	参	井	鬼	柳	星	張	翼	軫	角	亢	氐	
12月	房	心	尾	斗	女	虚	危	室	壁	奎	婁	胃	昴	畢	觜	参	井	鬼	柳	星	張	翼	軫	角	亢	氐	房	心	尾	箕	斗

2022年

	1	2	3	4	5	6	7	8	9	10	11	12	13	14	15	16	17	18	19	20	21	22	23	24	25	26	27	28	29	30	31
1月	女	虚	虚	危	室	壁	奎	婁	胃	昴	畢	觜	参	井	鬼	柳	星	張	翼	軫	角	亢	氐	房	心	尾	箕	斗	女	虚	危
2月	室	壁	奎	婁	胃	昴	畢	觜	参	井	鬼	柳	星	張	翼	軫	角	亢	氐	房	心	尾	箕	斗	女	虚	危	室			
3月	壁	奎	奎	婁	胃	昴	畢	觜	参	井	鬼	柳	星	張	翼	軫	角	亢	氐	房	心	尾	箕	斗	女	虚	危	室	壁	奎	婁
4月	胃	昴	畢	觜	参	井	鬼	柳	星	張	翼	軫	角	亢	氐	房	心	尾	箕	斗	女	虚	危	室	壁	奎	婁	胃	昴	畢	
5月	畢	觜	参	井	鬼	柳	星	張	翼	軫	角	亢	氐	房	心	尾	箕	斗	女	虚	危	室	壁	奎	婁	胃	昴	畢	觜	参	井
6月	鬼	柳	星	張	翼	軫	角	亢	氐	房	心	尾	箕	斗	女	虚	危	室	壁	奎	婁	胃	昴	畢	觜	参	井	鬼	鬼	柳	
7月	星	張	翼	軫	角	亢	氐	房	心	尾	箕	斗	女	虚	危	室	壁	奎	婁	胃	昴	畢	觜	参	井	鬼	柳	張	張	翼	軫
8月	角	亢	氐	房	心	尾	箕	斗	女	虚	危	室	壁	奎	婁	胃	昴	畢	觜	参	井	鬼	柳	星	張	翼	角	亢	氐	房	心
9月	尾	箕	斗	女	虚	危	室	壁	奎	婁	胃	昴	畢	觜	参	井	鬼	柳	星	張	翼	軫	角	亢	氐	氐	房	心	尾	箕	
10月	斗	女	虚	危	室	壁	奎	婁	胃	昴	畢	觜	参	井	鬼	柳	星	張	翼	軫	角	亢	氐	房	心	尾	箕	斗	女	虚	危
11月	室	壁	奎	婁	胃	昴	畢	觜	参	井	鬼	柳	星	張	翼	軫	角	亢	氐	房	心	尾	箕	斗	女	虚	危	室	壁	奎	
12月	婁	胃	昴	畢	觜	参	井	鬼	柳	星	張	翼	軫	角	亢	氐	房	心	尾	箕	斗	女	虚	危	室	壁	奎	婁	胃	昴	畢

2023年

	1	2	3	4	5	6	7	8	9	10	11	12	13	14	15	16	17	18	19	20	21	22	23	24	25	26	27	28	29	30	31
1月	觜	参	井	鬼	柳	星	張	翼	軫	角	亢	氐	房	心	尾	箕	斗	女	虚	危	室	室	壁	奎	婁	胃	昴	畢	觜	参	井
2月	鬼	柳	星	張	翼	軫	角	亢	氐	房	心	尾	箕	斗	女	虚	危	室	壁	奎	婁	胃	昴	畢	觜	参	井	鬼			
3月	柳	星	張	翼	軫	角	亢	氐	房	心	尾	箕	斗	女	虚	危	室	壁	奎	婁	胃	奎	婁	胃	昴	畢	觜	参	井	鬼	柳
4月	星	張	翼	軫	角	亢	氐	房	心	尾	箕	斗	女	虚	危	室	壁	奎	婁	胃	昴	畢	觜	参	井	鬼	柳	星	張	翼	
5月	軫	角	亢	氐	房	心	尾	箕	斗	女	虚	危	室	壁	奎	婁	胃	昴	畢	畢	觜	参	井	鬼	柳	星	張	翼	軫	角	亢
6月	氐	房	心	尾	箕	斗	女	虚	危	室	壁	奎	婁	胃	昴	畢	觜	参	井	鬼	柳	星	張	翼	軫	角	亢	氐	房	心	
7月	尾	箕	斗	女	虚	危	室	壁	奎	婁	胃	昴	畢	觜	参	井	鬼	鬼	柳	星	張	翼	軫	角	亢	氐	房	心	尾	箕	斗
8月	女	虚	危	室	壁	奎	婁	胃	昴	畢	觜	参	井	鬼	柳	張	翼	軫	角	亢	氐	房	心	尾	箕	斗	女	虚	危	室	壁
9月	奎	婁	胃	昴	畢	觜	参	井	鬼	柳	星	張	翼	軫	角	亢	氐	房	心	尾	箕	斗	女	虚	危	室	壁	奎	婁	胃	
10月	昴	畢	觜	参	井	鬼	柳	星	張	翼	軫	角	亢	氐	氐	房	心	尾	箕	斗	女	虚	危	室	壁	奎	婁	胃	昴	畢	觜
11月	参	井	鬼	柳	星	張	翼	軫	角	亢	氐	房	心	尾	箕	斗	女	虚	危	室	壁	奎	婁	胃	昴	畢	觜	参	井	鬼	
12月	柳	星	張	翼	軫	角	亢	氐	房	心	尾	箕	斗	女	虚	危	室	壁	奎	婁	胃	昴	畢	觜	参	井	鬼	柳	星	張	翼

2024年

	1	2	3	4	5	6	7	8	9	10	11	12	13	14	15	16	17	18	19	20	21	22	23	24	25	26	27	28	29	30	31
1月	軫	角	亢	氐	房	心	尾	箕	斗	女	虚	危	室	壁	奎	婁	胃	昴	畢	觜	参	井	鬼	柳	星	張	翼	軫	角	亢	氐
2月	房	心	尾	箕	斗	女	虚	危	室	室	壁	奎	婁	胃	昴	畢	觜	参	井	鬼	柳	星	張	翼	軫	角	亢	氐	房		
3月	心	尾	箕	斗	女	虚	危	室	壁	奎	婁	胃	昴	畢	觜	参	井	鬼	柳	星	張	翼	軫	角	亢	氐	房	心	尾	箕	斗
4月	女	虚	危	室	壁	奎	婁	胃	胃	昴	畢	觜	参	井	鬼	柳	星	張	翼	軫	角	亢	氐	房	心	尾	箕	斗	女	虚	
5月	危	室	壁	奎	婁	胃	昴	畢	觜	参	井	鬼	柳	星	張	翼	軫	角	亢	氐	房	心	尾	箕	斗	女	虚	危	室	壁	奎
6月	婁	胃	昴	畢	觜	参	井	鬼	柳	星	張	翼	軫	角	亢	氐	房	心	尾	箕	斗	女	虚	危	室	壁	奎	婁	胃	昴	
7月	畢	觜	参	井	鬼	鬼	柳	星	張	翼	軫	角	亢	氐	房	心	尾	箕	斗	女	虚	危	室	壁	奎	婁	胃	昴	畢	觜	参
8月	井	鬼	柳	張	翼	軫	角	亢	氐	房	心	尾	箕	斗	女	虚	危	室	壁	奎	婁	胃	昴	畢	觜	参	井	鬼	柳	星	張
9月	翼	軫	角	亢	氐	房	心	尾	箕	斗	女	虚	危	室	壁	奎	婁	胃	昴	畢	觜	参	井	鬼	柳	星	張	翼	軫	角	
10月	亢	氐	氐	房	心	尾	箕	斗	女	虚	危	室	壁	奎	婁	胃	昴	畢	觜	参	井	鬼	柳	星	張	翼	軫	角	亢	氐	房
11月	心	尾	箕	斗	女	虚	危	室	壁	奎	婁	胃	昴	畢	觜	参	井	鬼	柳	星	張	翼	軫	角	亢	氐	房	心	尾	箕	
12月	斗	女	虚	危	室	壁	奎	婁	胃	昴	畢	觜	参	井	鬼	柳	星	張	翼	軫	角	亢	氐	房	心	尾	箕	斗	女	虚	虚

2025年

	1	2	3	4	5	6	7	8	9	10	11	12	13	14	15	16	17	18	19	20	21	22	23	24	25	26	27	28	29	30	31
1月	危	室	壁	奎	婁	胃	昴	畢	觜	参	井	鬼	柳	星	張	翼	軫	角	亢	氐	房	心	尾	箕	斗	女	虚	危	室	壁	奎
2月	婁	胃	昴	畢	觜	参	井	鬼	柳	星	張	翼	軫	角	亢	氐	房	心	尾	箕	斗	女	虚	危	室	壁	奎	奎			
3月	婁	胃	昴	畢	觜	参	井	鬼	柳	星	張	翼	軫	角	亢	氐	房	心	尾	箕	斗	女	虚	危	室	壁	奎	婁	胃	昴	畢
4月	觜	参	井	鬼	柳	星	張	翼	軫	角	亢	氐	房	心	尾	箕	斗	女	虚	危	室	壁	奎	婁	胃	昴	畢	畢	觜	参	
5月	井	鬼	柳	星	張	翼	軫	角	亢	氐	房	心	尾	箕	斗	女	虚	危	室	壁	奎	婁	胃	昴	畢	觜	参	井	鬼	柳	星
6月	張	翼	軫	角	亢	氐	房	心	尾	箕	斗	女	虚	危	室	壁	奎	婁	胃	昴	畢	觜	参	井	鬼	柳	星	張	翼	軫	
7月	角	亢	氐	房	心	尾	箕	斗	女	虚	危	室	壁	奎	婁	胃	昴	畢	觜	参	井	鬼	柳	星	鬼	柳	星	張	翼	軫	角
8月	亢	氐	房	心	尾	箕	斗	女	虚	危	室	壁	奎	婁	胃	昴	畢	觜	参	井	鬼	柳	張	翼	軫	角	亢	氐	房	心	尾
9月	箕	斗	女	虚	危	室	壁	奎	婁	胃	昴	畢	觜	参	井	鬼	柳	星	張	翼	軫	角	亢	氐	房	心	尾	箕	斗	女	
10月	虚	危	室	壁	奎	婁	胃	昴	畢	觜	参	井	鬼	柳	星	張	翼	軫	角	亢	氐	房	心	尾	箕	斗	女	虚	危	室	壁
11月	奎	婁	胃	昴	畢	觜	参	井	鬼	柳	星	張	翼	軫	角	亢	氐	房	心	心	尾	箕	斗	女	虚	危	室	壁	奎	婁	
12月	胃	昴	畢	觜	参	井	鬼	柳	星	張	翼	軫	角	亢	氐	房	心	尾	箕	斗	女	虚	危	室	壁	奎	婁	胃	昴	畢	觜

2026年

	1	2	3	4	5	6	7	8	9	10	11	12	13	14	15	16	17	18	19	20	21	22	23	24	25	26	27	28	29	30	31
1月	参	井	鬼	柳	星	張	翼	軫	角	亢	氐	房	心	尾	箕	斗	女	虚	虚	危	室	壁	奎	婁	胃	昴	畢	觜	参	井	鬼
2月	柳	星	張	翼	軫	角	亢	氐	房	心	尾	箕	斗	女	虚	危	室	壁	奎	婁	胃	昴	畢	觜	参	井	鬼	柳			
3月	星	張	翼	軫	角	亢	氐	房	心	尾	箕	斗	女	虚	危	室	壁	奎	奎	婁	胃	昴	畢	觜	参	井	鬼	柳	星	張	翼
4月	軫	角	亢	氐	房	心	尾	箕	斗	女	虚	危	室	壁	奎	婁	胃	昴	畢	觜	参	井	鬼	柳	星	張	翼	軫	角	亢	
5月	氐	房	心	尾	箕	斗	女	虚	危	室	壁	奎	婁	胃	昴	畢	畢	觜	参	井	鬼	柳	星	張	翼	軫	角	亢	氐	房	心
6月	尾	箕	斗	女	虚	危	室	壁	奎	婁	胃	昴	畢	觜	参	井	鬼	柳	星	張	翼	軫	角	亢	氐	房	心	尾	箕	斗	
7月	女	虚	危	室	壁	奎	婁	胃	昴	畢	觜	参	井	鬼	柳	星	張	翼	軫	角	亢	氐	房	心	尾	箕	斗	女	虚	危	室
8月	壁	奎	婁	胃	昴	畢	觜	参	井	鬼	柳	星	張	翼	軫	角	亢	氐	房	心	尾	箕	斗	女	虚	危	室	壁	奎	婁	胃
9月	昴	畢	觜	参	井	鬼	柳	星	張	翼	角	亢	氐	房	心	尾	箕	斗	女	虚	危	室	壁	奎	婁	胃	昴	畢	觜	参	
10月	井	鬼	柳	星	張	翼	軫	角	亢	氐	氐	房	心	尾	箕	斗	女	虚	危	室	壁	奎	婁	胃	昴	畢	觜	参	井	鬼	柳
11月	星	張	翼	軫	角	亢	氐	房	心	尾	箕	斗	女	虚	危	室	壁	奎	婁	胃	昴	畢	觜	参	井	鬼	柳	星	張	翼	
12月	軫	角	亢	氐	房	心	尾	箕	斗	女	虚	危	室	壁	奎	婁	胃	昴	畢	觜	参	井	鬼	柳	星	張	翼	軫	角	亢	氐

2027年

	1	2	3	4	5	6	7	8	9	10	11	12	13	14	15	16	17	18	19	20	21	22	23	24	25	26	27	28	29	30	31
1月	房	心	尾	箕	斗	女	虚	虚	危	室	壁	奎	婁	胃	昴	畢	觜	参	井	鬼	柳	星	張	翼	軫	角	亢	氐	房	心	尾
2月	箕	斗	女	虚	危	室	室	壁	奎	婁	胃	昴	畢	觜	参	井	鬼	柳	星	張	翼	軫	角	亢	氐	房	心	尾			
3月	箕	斗	女	虚	危	室	壁	奎	婁	胃	昴	畢	觜	参	井	鬼	柳	星	張	翼	軫	角	亢	氐	房	心	尾	箕	斗	女	虚
4月	危	室	壁	奎	婁	胃	胃	昴	畢	觜	参	井	鬼	柳	星	張	翼	軫	角	亢	氐	房	心	尾	箕	斗	女	虚	危	室	
5月	壁	奎	婁	胃	昴	畢	觜	参	井	鬼	柳	星	張	翼	軫	角	亢	氐	房	心	尾	箕	斗	女	虚	危	室	壁	奎	婁	胃
6月	昴	畢	觜	参	参	井	鬼	柳	星	張	翼	軫	角	亢	氐	房	心	尾	箕	斗	女	虚	危	室	壁	奎	婁	胃	昴	畢	
7月	觜	参	井	鬼	柳	星	張	翼	軫	角	亢	氐	房	心	尾	箕	斗	女	虚	危	室	壁	奎	婁	胃	昴	畢	觜	参	井	鬼
8月	柳	張	翼	軫	角	亢	氐	房	心	尾	箕	斗	女	虚	危	室	壁	奎	婁	胃	昴	畢	觜	参	井	鬼	柳	星	張	翼	軫
9月	角	亢	氐	房	心	尾	箕	斗	女	虚	危	室	壁	奎	婁	胃	昴	畢	觜	参	井	鬼	柳	星	張	翼	軫	角	亢	氐	
10月	房	心	尾	箕	斗	女	虚	危	室	壁	奎	婁	胃	昴	畢	觜	参	井	鬼	柳	星	張	翼	軫	角	亢	氐	房	心	尾	箕
11月	斗	女	虚	危	室	壁	奎	婁	胃	昴	畢	觜	参	井	鬼	柳	星	張	翼	軫	角	亢	氐	房	心	尾	箕	斗	女	虚	
12月	危	室	壁	奎	婁	胃	昴	畢	觜	参	井	鬼	柳	星	張	翼	軫	角	亢	氐	房	心	尾	箕	斗	女	虚	虚	危	室	壁

2028年

	1	2	3	4	5	6	7	8	9	10	11	12	13	14	15	16	17	18	19	20	21	22	23	24	25	26	27	28	29	30	31
1月	奎	婁	胃	昴	畢	觜	参	井	鬼	柳	星	張	翼	軫	角	亢	氐	房	心	尾	箕	斗	女	虚	危	室	室	壁	奎	婁	胃
2月	昴	畢	觜	参	井	鬼	柳	星	張	翼	軫	角	亢	氐	房	心	尾	箕	斗	女	虚	危	室	壁	奎	婁	胃	昴	畢		
3月	觜	参	井	鬼	柳	星	張	翼	軫	角	亢	氐	房	心	尾	箕	斗	女	虚	危	室	壁	奎	婁	胃	胃	昴	畢	觜	参	井
4月	鬼	柳	星	張	翼	軫	角	亢	氐	房	心	尾	箕	斗	女	虚	危	室	壁	奎	婁	胃	昴	畢	畢	觜	参	井	鬼	柳	
5月	星	張	翼	軫	角	亢	氐	房	心	尾	箕	斗	女	虚	危	室	壁	奎	婁	胃	昴	畢	觜	参	井	鬼	柳	星	張	翼	軫
6月	角	亢	氐	房	心	尾	箕	斗	女	虚	危	室	壁	奎	婁	胃	昴	畢	觜	参	井	鬼	参	井	鬼	柳	星	張	翼	軫	
7月	角	亢	氐	房	心	尾	箕	斗	女	虚	危	室	壁	奎	婁	胃	昴	畢	觜	参	井	鬼	柳	星	張	翼	軫	角	亢	氐	房
8月	心	尾	箕	斗	女	虚	危	室	壁	奎	婁	胃	昴	畢	觜	参	井	鬼	柳	張	翼	軫	角	亢	氐	房	心	尾	箕	斗	女
9月	虚	危	室	壁	奎	婁	胃	昴	畢	觜	参	井	鬼	柳	星	張	翼	軫	角	亢	氐	房	心	尾	箕	斗	女	虚	危	室	
10月	壁	奎	婁	胃	昴	畢	觜	参	井	鬼	柳	星	張	翼	軫	角	亢	氐	房	心	尾	箕	斗	女	虚	危	室	壁	奎	婁	胃
11月	昴	畢	觜	参	井	鬼	柳	星	張	翼	軫	角	亢	氐	房	心	尾	箕	斗	女	虚	危	室	壁	奎	婁	胃	昴	畢	觜	
12月	参	井	鬼	柳	星	張	翼	軫	角	亢	氐	房	心	尾	箕	斗	女	虚	危	室	壁	奎	婁	胃	昴	畢	觜	参	井	鬼	柳

2029年

	1	2	3	4	5	6	7	8	9	10	11	12	13	14	15	16	17	18	19	20	21	22	23	24	25	26	27	28	29	30	31
1月	星	張	翼	軫	角	亢	氐	房	心	尾	箕	斗	女	虚	虚	危	室	壁	奎	婁	胃	昴	畢	觜	参	井	鬼	柳	星	張	翼
2月	軫	角	亢	氐	房	心	尾	箕	斗	女	虚	危	室	壁	奎	婁	胃	昴	畢	觜	参	井	鬼	柳	星	張	翼	軫			
3月	角	亢	氐	房	心	尾	箕	斗	女	虚	危	室	壁	奎	奎	婁	胃	昴	畢	觜	参	井	鬼	柳	星	張	翼	軫	角	亢	氐
4月	房	心	尾	箕	斗	女	虚	危	室	壁	奎	婁	胃	胃	昴	畢	觜	参	井	鬼	柳	星	張	翼	軫	角	亢	氐	房	心	
5月	尾	箕	斗	女	虚	危	室	壁	奎	婁	胃	昴	畢	觜	参	井	鬼	柳	星	張	翼	軫	角	亢	氐	房	心	尾	箕	斗	女
6月	虚	危	室	壁	奎	婁	胃	昴	畢	觜	参	参	井	鬼	柳	星	張	翼	軫	角	亢	氐	房	心	尾	箕	斗	女	虚	危	
7月	室	壁	奎	婁	胃	昴	畢	觜	参	井	鬼	鬼	柳	星	張	翼	軫	角	亢	氐	房	心	尾	箕	斗	女	虚	危	室	壁	奎
8月	婁	胃	昴	畢	觜	参	井	鬼	柳	張	翼	軫	角	亢	氐	房	心	尾	箕	斗	女	虚	危	室	壁	奎	婁	胃	昴	畢	觜
9月	参	井	鬼	柳	星	張	翼	角	亢	氐	房	心	尾	箕	斗	女	虚	危	室	壁	奎	婁	胃	昴	畢	觜	参	井	鬼	柳	
10月	星	張	翼	軫	角	亢	氐	氐	房	心	尾	箕	斗	女	虚	危	室	壁	奎	婁	胃	昴	畢	觜	参	井	鬼	柳	星	張	翼
11月	軫	角	亢	氐	房	心	尾	箕	斗	女	虚	危	室	壁	奎	婁	胃	昴	畢	觜	参	井	鬼	柳	星	張	翼	軫	角	亢	
12月	氐	房	心	尾	斗	女	虚	危	室	壁	奎	婁	胃	昴	畢	觜	参	井	鬼	柳	星	張	翼	軫	角	亢	氐	房	心	尾	箕

2030年

	1	2	3	4	5	6	7	8	9	10	11	12	13	14	15	16	17	18	19	20	21	22	23	24	25	26	27	28	29	30	31
1月	斗	女	虚	虚	危	室	壁	奎	婁	胃	昴	畢	觜	参	井	鬼	柳	星	張	翼	軫	角	亢	氐	房	心	尾	箕	斗	女	虚
2月	危	室	室	壁	奎	婁	胃	昴	畢	觜	参	井	鬼	柳	星	張	翼	軫	角	亢	氐	房	心	尾	箕	斗	女	虚			
3月	危	室	壁	奎	婁	胃	昴	畢	觜	参	井	鬼	柳	星	張	翼	軫	角	亢	氐	房	心	尾	箕	斗	女	虚	危	室	壁	奎
4月	婁	胃	胃	昴	畢	觜	参	井	鬼	柳	星	張	翼	軫	角	亢	氐	房	心	尾	箕	斗	女	虚	危	室	壁	奎	婁	胃	
5月	昴	畢	觜	参	井	鬼	柳	星	張	翼	軫	角	亢	氐	房	心	尾	箕	斗	女	虚	危	室	壁	奎	婁	胃	昴	畢	觜	参
6月	参	井	鬼	柳	星	張	翼	軫	角	亢	氐	房	心	尾	箕	斗	女	虚	危	室	壁	奎	婁	胃	昴	畢	觜	参	井	鬼	
7月	鬼	柳	星	張	翼	軫	角	亢	氐	房	心	尾	箕	斗	女	虚	危	室	壁	奎	婁	胃	昴	畢	觜	参	井	鬼	柳	張	翼
8月	軫	角	亢	氐	房	心	房	箕	斗	女	虚	危	室	壁	奎	婁	胃	昴	畢	觜	参	井	鬼	柳	星	張	翼	軫	角	亢	氐
9月	房	心	尾	箕	斗	女	虚	危	室	壁	奎	婁	胃	昴	畢	觜	参	井	鬼	柳	星	張	翼	軫	角	亢	氐	房	心	尾	
10月	箕	斗	女	虚	危	室	壁	奎	婁	胃	昴	畢	觜	参	井	鬼	柳	星	張	翼	軫	角	亢	氐	房	心	心	尾	箕	斗	女
11月	虚	危	室	壁	奎	婁	胃	昴	畢	觜	参	井	鬼	柳	星	張	翼	軫	角	亢	氐	房	心	尾	斗	女	虚	危	室	壁	
12月	奎	婁	胃	昴	畢	觜	参	井	鬼	柳	星	張	翼	軫	角	亢	氐	房	心	尾	箕	斗	女	虚	虚	危	室	壁	奎	婁	胃

2031年

	1	2	3	4	5	6	7	8	9	10	11	12	13	14	15	16	17	18	19	20	21	22	23	24	25	26	27	28	29	30	31
1月	昴	畢	觜	参	井	鬼	柳	星	張	翼	軫	角	亢	氐	房	心	尾	箕	斗	女	虚	危	室	壁	奎	婁	胃	昴	畢	觜	参
2月	井	鬼	柳	星	張	翼	軫	角	亢	氐	房	心	尾	箕	斗	女	虚	危	室	壁	奎	奎	婁	胃	昴	畢	觜	参			
3月	井	鬼	柳	星	張	翼	軫	角	亢	氐	房	心	尾	箕	斗	女	虚	危	室	壁	奎	婁	胃	昴	畢	觜	参	井	鬼	柳	星
4月	張	翼	軫	角	亢	氐	房	心	尾	箕	斗	女	虚	危	室	壁	奎	婁	胃	昴	畢	胃	昴	畢	觜	参	井	鬼	柳	星	
5月	張	翼	軫	角	亢	氐	房	心	尾	箕	斗	女	虚	危	室	壁	奎	婁	胃	昴	畢	觜	参	井	鬼	柳	星	張	翼	軫	角
6月	亢	氐	房	心	尾	箕	斗	女	虚	危	室	壁	奎	婁	胃	昴	畢	觜	参	参	井	鬼	柳	星	張	翼	軫	角	亢	氐	
7月	房	心	尾	箕	斗	女	虚	危	室	壁	奎	婁	胃	昴	畢	觜	参	井	鬼	柳	星	張	翼	軫	角	亢	氐	房	心	尾	箕
8月	斗	女	虚	危	室	壁	奎	婁	胃	昴	畢	觜	参	井	鬼	柳	星	張	翼	軫	角	亢	氐	房	心	尾	箕	斗	女	虚	危
9月	室	壁	奎	婁	胃	昴	畢	觜	参	井	鬼	柳	星	張	翼	軫	角	亢	氐	房	心	尾	箕	斗	女	虚	危	室	壁	奎	
10月	婁	胃	昴	畢	觜	参	井	鬼	柳	星	張	翼	軫	角	亢	氐	房	心	尾	箕	斗	女	虚	危	室	壁	奎	婁	胃	昴	畢
11月	觜	参	井	鬼	柳	星	張	翼	軫	角	亢	氐	房	心	心	尾	箕	斗	女	虚	危	室	壁	奎	婁	胃	昴	畢	觜	参	
12月	井	鬼	柳	星	張	翼	軫	角	亢	氐	房	心	尾	斗	女	虚	危	室	壁	奎	婁	胃	昴	畢	觜	参	井	鬼	柳	星	張

2032年

	1	2	3	4	5	6	7	8	9	10	11	12	13	14	15	16	17	18	19	20	21	22	23	24	25	26	27	28	29	30	31
1月	翼	軫	角	亢	氐	房	心	尾	箕	斗	女	虚	虚	危	室	壁	奎	婁	胃	昴	畢	觜	参	井	鬼	柳	星	張	翼	軫	角
2月	亢	氐	房	心	尾	箕	斗	女	虚	危	室	壁	奎	婁	胃	昴	畢	觜	参	井	鬼	柳	星	張	翼	軫	角	亢	氐		
3月	房	心	尾	箕	斗	女	虚	危	室	壁	奎	奎	婁	胃	昴	畢	觜	参	井	鬼	柳	星	張	翼	軫	角	亢	氐	房	心	尾
4月	箕	斗	女	虚	危	室	壁	奎	婁	胃	昴	畢	觜	参	井	鬼	柳	星	張	翼	軫	角	亢	氐	房	心	尾	箕	斗	女	
5月	虚	危	室	壁	奎	婁	胃	昴	畢	觜	参	井	鬼	柳	星	張	翼	軫	角	亢	氐	房	心	尾	箕	斗	女	虚	危	室	壁
6月	奎	婁	胃	昴	畢	觜	参	参	井	鬼	柳	星	張	翼	軫	角	亢	氐	房	心	尾	箕	斗	女	虚	危	室	壁	奎	婁	
7月	胃	昴	畢	觜	参	井	鬼	柳	星	張	翼	軫	角	亢	氐	房	心	尾	箕	斗	女	虚	危	室	壁	奎	婁	胃	昴	畢	觜
8月	参	井	鬼	柳	星	張	翼	軫	角	亢	氐	房	心	尾	箕	斗	女	虚	危	室	壁	奎	婁	胃	昴	畢	觜	参	井	鬼	柳
9月	星	張	翼	軫	角	亢	氐	房	心	尾	箕	斗	女	虚	危	室	壁	奎	婁	胃	昴	畢	觜	参	井	鬼	柳	星	張	翼	
10月	軫	角	亢	氐	房	心	尾	箕	斗	女	虚	危	室	壁	奎	婁	胃	昴	畢	觜	参	井	鬼	柳	星	張	翼	軫	角	亢	氐
11月	房	心	心	尾	箕	斗	女	虚	危	室	壁	奎	婁	胃	昴	畢	觜	参	井	鬼	柳	星	張	翼	軫	角	亢	氐	房	心	
12月	尾	箕	斗	女	虚	危	室	壁	奎	婁	胃	昴	畢	觜	参	井	鬼	柳	星	張	翼	軫	角	亢	氐	房	心	尾	箕	斗	女

2033年

	1	2	3	4	5	6	7	8	9	10	11	12	13	14	15	16	17	18	19	20	21	22	23	24	25	26	27	28	29	30	31
1月	虚	危	室	壁	奎	婁	胃	昴	畢	觜	参	井	鬼	柳	星	張	翼	軫	角	亢	氐	房	心	尾	箕	斗	女	虚	危	室	室
2月	壁	奎	婁	胃	昴	畢	觜	参	井	鬼	柳	星	張	翼	軫	角	亢	氐	房	心	尾	箕	斗	女	虚	危	室	壁			
3月	奎	婁	胃	昴	畢	觜	参	井	鬼	柳	星	張	翼	軫	角	亢	氐	房	心	尾	箕	斗	女	虚	危	室	壁	奎	婁	胃	胃
4月	昴	畢	觜	参	井	鬼	柳	星	張	翼	軫	角	亢	氐	房	心	尾	箕	斗	女	虚	危	室	壁	奎	婁	胃	昴	畢	觜	
5月	参	井	鬼	柳	星	張	翼	軫	角	亢	氐	房	心	尾	箕	斗	女	虚	危	室	壁	奎	婁	胃	昴	畢	觜	参	井	鬼	柳
6月	星	張	翼	軫	角	亢	氐	房	心	尾	箕	斗	女	虚	危	室	壁	奎	婁	胃	昴	畢	觜	参	井	鬼	鬼	柳	星	張	
7月	翼	軫	角	亢	氐	房	心	尾	箕	斗	女	虚	危	室	壁	奎	婁	胃	昴	畢	觜	参	井	鬼	柳	張	翼	軫	角	亢	氐
8月	房	心	尾	箕	斗	女	虚	危	室	壁	奎	婁	胃	昴	畢	觜	参	井	鬼	柳	星	張	翼	軫	角	亢	氐	房	心	尾	箕
9月	斗	女	虚	危	室	壁	奎	婁	胃	昴	畢	觜	参	井	鬼	柳	星	張	翼	軫	角	亢	氐	房	心	尾	箕	斗	女	虚	
10月	危	室	壁	奎	婁	胃	昴	畢	觜	参	井	鬼	柳	星	張	翼	軫	角	亢	氐	房	心	心	尾	箕	斗	女	虚	危	室	壁
11月	奎	婁	胃	昴	畢	觜	参	井	鬼	柳	星	張	翼	軫	角	亢	氐	房	心	尾	箕	斗	女	虚	危	室	壁	奎	婁	胃	
12月	昴	畢	觜	参	井	鬼	柳	星	張	翼	軫	角	亢	氐	房	心	尾	箕	斗	女	虚	斗	女	虚	危	室	壁	奎	婁	胃	昴

2034年

	1	2	3	4	5	6	7	8	9	10	11	12	13	14	15	16	17	18	19	20	21	22	23	24	25	26	27	28	29	30	31
1月	畢	觜	参	井	鬼	柳	星	張	翼	軫	角	亢	氐	房	心	尾	箕	斗	女	虚	危	室	壁	奎	婁	胃	昴	畢	觜	参	井
2月	鬼	柳	星	張	翼	軫	角	亢	氐	房	心	尾	箕	斗	女	虚	危	室	室	壁	奎	婁	胃	昴	畢	觜	参	井			
3月	鬼	柳	星	張	翼	軫	角	亢	氐	房	心	尾	箕	斗	女	虚	危	室	壁	奎	婁	胃	昴	畢	觜	参	井	鬼	柳	星	張
4月	翼	軫	角	亢	氐	房	心	尾	箕	斗	女	虚	危	室	壁	奎	婁	胃	胃	昴	畢	觜	参	井	鬼	柳	星	張	翼	軫	
5月	角	亢	氐	房	心	尾	箕	斗	女	虚	危	室	壁	奎	婁	胃	昴	畢	觜	参	井	鬼	柳	星	張	翼	軫	角	亢	氐	房
6月	心	尾	箕	斗	女	虚	危	室	壁	奎	婁	胃	昴	畢	觜	参	井	鬼	柳	星	張	翼	軫	角	亢	氐	房	心	尾	箕	
7月	斗	女	虚	危	室	壁	奎	婁	胃	昴	畢	觜	参	井	鬼	鬼	柳	星	張	翼	軫	角	亢	氐	房	心	尾	箕	斗	女	虚
8月	危	室	壁	奎	婁	胃	昴	畢	觜	参	井	鬼	柳	張	翼	軫	角	亢	氐	房	心	尾	箕	斗	女	虚	危	室	壁	奎	婁
9月	胃	昴	畢	觜	参	井	鬼	柳	星	張	翼	軫	角	亢	氐	房	心	尾	箕	斗	女	虚	危	室	壁	奎	婁	胃	昴	畢	
10月	觜	参	井	鬼	柳	星	張	翼	軫	角	亢	氐	房	心	尾	箕	斗	女	虚	危	室	壁	奎	婁	胃	昴	畢	觜	参	井	鬼
11月	柳	星	張	翼	軫	角	亢	氐	房	心	心	尾	箕	斗	女	虚	危	室	壁	奎	婁	胃	昴	畢	觜	参	井	鬼	柳	星	
12月	張	翼	軫	角	亢	氐	房	心	尾	箕	斗	女	虚	危	室	壁	奎	婁	胃	昴	畢	觜	参	井	鬼	柳	星	張	翼	軫	角

2035年

	1	2	3	4	5	6	7	8	9	10	11	12	13	14	15	16	17	18	19	20	21	22	23	24	25	26	27	28	29	30	31
1月	亢	氐	房	心	尾	箕	斗	女	虚	虚	危	室	壁	奎	婁	胃	昴	畢	觜	参	井	鬼	柳	星	張	翼	軫	角	亢	氐	房
2月	心	尾	箕	斗	女	虚	危	室	壁	奎	婁	胃	昴	畢	觜	参	井	鬼	柳	星	張	翼	軫	角	亢	氐	房	心			
3月	尾	箕	斗	女	虚	危	室	壁	奎	奎	婁	胃	昴	畢	觜	参	井	鬼	柳	星	張	翼	軫	角	亢	氐	房	心	尾	箕	斗
4月	女	虚	危	室	壁	奎	婁	胃	昴	畢	觜	参	井	鬼	柳	星	張	翼	軫	角	亢	氐	房	心	尾	箕	斗	女	虚	危	
5月	室	壁	奎	婁	胃	昴	畢	畢	觜	参	井	鬼	柳	星	張	翼	軫	角	亢	氐	房	心	尾	箕	斗	女	虚	危	室	壁	奎
6月	婁	胃	昴	畢	觜	参	井	鬼	柳	星	張	翼	軫	角	亢	氐	房	心	尾	箕	斗	女	虚	危	室	壁	奎	婁	胃	昴	
7月	畢	觜	参	井	鬼	柳	星	張	翼	軫	角	亢	氐	房	心	尾	箕	斗	女	虚	危	室	壁	奎	婁	胃	昴	畢	觜	参	井
8月	鬼	柳	星	張	翼	軫	角	亢	氐	房	心	尾	箕	斗	女	虚	危	室	壁	奎	婁	胃	昴	畢	觜	参	井	鬼	柳	星	張
9月	翼	角	亢	氐	房	心	尾	箕	斗	女	虚	危	室	壁	奎	婁	胃	昴	畢	觜	参	井	鬼	柳	星	張	翼	軫	角	亢	
10月	氐	房	心	尾	箕	斗	女	虚	危	室	壁	奎	婁	胃	昴	畢	觜	参	井	鬼	柳	星	張	翼	軫	角	亢	氐	房	心	心
11月	尾	箕	斗	女	虚	危	室	壁	奎	婁	胃	昴	畢	觜	参	井	鬼	柳	星	張	翼	軫	角	亢	氐	房	心	尾	箕	斗	
12月	女	虚	危	室	壁	奎	婁	胃	昴	畢	觜	参	井	鬼	柳	星	張	翼	軫	角	亢	氐	房	心	尾	箕	斗	女	虚	危	室

2036年

	1	2	3	4	5	6	7	8	9	10	11	12	13	14	15	16	17	18	19	20	21	22	23	24	25	26	27	28	29	30	31
1月	壁	奎	婁	胃	昴	畢	觜	参	井	鬼	柳	星	張	翼	軫	角	亢	氐	房	心	尾	箕	斗	女	虚	危	室	室	壁	奎	婁
2月	胃	昴	畢	觜	参	井	鬼	柳	星	張	翼	軫	角	亢	氐	房	心	尾	箕	斗	女	虚	危	室	壁	奎	奎	婁	胃		
3月	昴	畢	觜	参	井	鬼	柳	星	張	翼	軫	角	亢	氐	房	心	尾	箕	斗	女	虚	危	室	壁	奎	婁	胃	胃	昴	畢	觜
4月	参	井	鬼	柳	星	張	翼	軫	角	亢	氐	房	心	尾	箕	斗	女	虚	危	室	壁	奎	婁	胃	昴	畢	觜	参	井	鬼	
5月	柳	星	張	翼	軫	角	亢	氐	房	心	尾	箕	斗	女	虚	危	室	壁	奎	婁	胃	昴	畢	觜	参	参	井	鬼	柳	星	張
6月	翼	軫	角	亢	氐	房	心	尾	箕	斗	女	虚	危	室	壁	奎	婁	胃	昴	畢	觜	参	井	鬼	柳	星	張	翼	軫	角	
7月	亢	氐	房	心	尾	箕	斗	女	虚	危	室	壁	奎	婁	胃	昴	畢	觜	参	井	鬼	柳	鬼	柳	星	張	翼	軫	角	亢	氐
8月	房	心	尾	箕	斗	女	虚	危	室	壁	奎	婁	胃	昴	畢	觜	参	井	鬼	柳	星	張	翼	軫	角	亢	氐	房	心	尾	箕
9月	斗	女	虚	危	室	壁	奎	婁	胃	昴	畢	觜	参	井	鬼	柳	星	張	翼	角	亢	氐	房	心	尾	箕	斗	女	虚	危	
10月	室	壁	奎	婁	胃	昴	畢	觜	参	井	鬼	柳	星	張	翼	軫	角	亢	氐	房	心	尾	箕	斗	女	虚	危	室	壁	奎	婁
11月	胃	昴	畢	觜	参	井	鬼	柳	星	張	翼	軫	角	亢	氐	房	心	心	尾	箕	斗	女	虚	危	室	壁	奎	婁	胃	昴	
12月	畢	觜	参	井	鬼	柳	星	張	翼	軫	角	亢	氐	房	心	尾	箕	斗	女	虚	危	室	壁	奎	婁	胃	昴	畢	觜	参	井

2037年

	1	2	3	4	5	6	7	8	9	10	11	12	13	14	15	16	17	18	19	20	21	22	23	24	25	26	27	28	29	30	31
1月	鬼	柳	星	張	翼	軫	角	亢	氐	房	心	尾	箕	斗	女	虚	危	室	壁	奎	婁	胃	昴	畢	觜	参	井	鬼	柳	星	張
2月	翼	軫	角	亢	氐	房	心	尾	箕	斗	女	虚	危	室	室	壁	奎	婁	胃	昴	畢	觜	参	井	鬼	柳	星	張			
3月	翼	軫	角	亢	氐	房	心	尾	箕	斗	女	虚	危	室	壁	奎	奎	婁	胃	昴	畢	觜	参	井	鬼	柳	星	張	翼	軫	角
4月	亢	氐	房	心	尾	箕	斗	女	虚	危	室	壁	奎	婁	胃	胃	昴	畢	觜	参	井	鬼	柳	星	張	翼	軫	角	亢	氐	
5月	房	心	尾	箕	斗	女	虚	危	室	壁	奎	婁	胃	昴	畢	觜	参	井	鬼	柳	星	張	翼	軫	角	亢	氐	房	心	尾	箕
6月	斗	女	虚	危	室	壁	奎	婁	胃	昴	畢	觜	参	参	井	鬼	柳	星	張	翼	軫	角	亢	氐	房	心	尾	箕	斗	女	
7月	虚	危	室	壁	奎	婁	胃	昴	畢	觜	参	井	鬼	柳	星	張	翼	軫	角	亢	氐	房	心	尾	箕	斗	女	虚	危	室	壁
8月	奎	婁	胃	昴	畢	觜	参	井	鬼	柳	張	翼	軫	角	亢	氐	房	心	尾	箕	斗	女	虚	危	室	壁	奎	婁	胃	昴	畢
9月	觜	参	井	鬼	柳	星	張	翼	軫	角	亢	氐	房	心	尾	箕	斗	女	虚	危	室	壁	奎	婁	胃	昴	畢	觜	参	井	
10月	鬼	柳	星	張	翼	軫	角	亢	氐	房	心	尾	箕	斗	女	虚	危	室	壁	奎	婁	胃	昴	畢	觜	参	井	鬼	柳	星	張
11月	翼	軫	角	亢	氐	房	心	尾	箕	斗	女	虚	危	室	壁	奎	婁	胃	昴	畢	觜	参	井	鬼	柳	星	張	翼	軫	角	
12月	亢	氐	房	心	尾	箕	斗	女	虚	危	室	壁	奎	婁	胃	昴	畢	觜	参	井	鬼	柳	星	張	翼	軫	角	亢	氐	房	心

おわりに

〜世界はこうなる

竹本流宿曜占星術では、2023年は「井宿」、2024年は「鬼宿」、2025年は「柳宿」と順に巡り、12宮は「蟹宮」、エレメントは「水」。つまりこの時期は「水」のような生き方を示唆しています。「柔よく剛を制す」という言葉のように、柔弱（受動）だからこそかえって力を発揮できたり、よい成果が得られたりすることになるでしょう。

世界の動向を読むマンデーンで解くと、「蟹宮」のキーワードは「自国・団体」に集約されます。これをワンセンテンスにすると、各国が自国の問題に取り組む、自国のコンテンツを武器に競い合う、自国の政治経済界、医療、宗教、芸能・スポーツ・宝塚・梨園などの団体、その相次ぐ不祥事、問題の露呈、という感じ。

他の大きな動きとして、冥王星は2024年11月20日に水瓶座入り。後戻りできない根本的な変革と新生の始まりです。海王星は2025年3月30日に牡羊座入り。地球環境をテーマに新たなインフラの確立が予想。芸術分野ではヌーベルバーグ到来の暗示も。天王星は2025年7月7日に双子座入り。

宿曜では7月1日から24日・8月26日から9月21日は凌犯期間に突入。大きな天変地異を通して変化と困難に直面し、さらなる新しい仕組み作りと立て直しが予想されます。とくに、IT・AI・宇宙分野では、驚異的な進展の暗示。

陰と陽のように極端な差異が生じるのは、２０２６年（星宿）です。「水」の世界から「火」の能動の世界へと移行するこの年のテーマは、創造性・クリエイティブ。経歴や年齢を問わず、能力主義が有効に働く傾向となるでしょう。

最後に、本書を出版するきっかけをいただいたエイトスターダイヤモンドの大塚麻鎮子氏、かざひの文庫代表・磐﨑文彰氏、編集の小栗素子氏に心から感謝いたします。

前作に引き続き、素晴らしい神様のイラストを提供してくださった(株)ベイシカ代表・中尾恭太氏、プロデューサーの長永尊氏、絵本作家・イラストレーターのちゅうがんじたかむ氏の一致団結したクリエーションには本当に脱帽です。ありがとうございます（感謝）。

神仏監修の湯淺嘉崇氏、「開運のツボ」担当の早乙女真矢子氏、「日本の花」担当の松村宏子氏、「日本の色」担当の宮内かなえ氏、本命宿早見表を提供していただいた宿曜秘宝協会の高畑三惠子氏、(株)グリモワール代表の池田比呂子氏からのご協力に心から感謝いたします。

グリモワールが運営する一般社団法人占いクリエイター協会では、私の２００名を超えるお弟子さんのプロモートに尽力し、全国のカルチャーセンターに宿曜占星術の講座を設け、現在40校を超える勢いで拡大しています。

多くの皆様に宿曜占星術の叡智をお届けできるよう、精進して参ります。

本書を手に取ってくれた皆様に、多くの神仏の導きがもたらされますよう、心よりお祈り申し上げます。

愛・感謝・ありがとう

宿曜占星術最高師範・竹本光晴

著 者　竹本光晴（たけもと こうせい）

占術家（宿曜占星術最高師範・トートタロット研究家）

2006年よりオフィシャルサイト「宿曜占星術光晴堂®」を開設。月間230万PVの大人気のサイトとなる。2008年より宿曜占星術師の育成に取りかかり、現在では日本全国に約200名の師範を持つ。 サイキック能力を活かした独自のリーディングは、その的中率が話題となり、個人鑑定は3万人を超えている。主な著書に『月が教えてくれる運命のサイクル』（幻冬舎）、『シャングリラ占星術 あなたを守護する27の聖獣占い』（あさ出版）がある。

神仏監修　湯淺嘉崇（ゆあさ よしたか）

神仏研究家（宿曜占星術師範）

株式会社七福商事に所属し、社寺仏閣の神具・仏具の製造、修復、販売を生業としている。仏教文化に根ざした実務経験と共に、宿曜占星術師範として幅広い活動を展開。長年の社寺仏閣に携わる経験と宿曜占星術の深い叡智を活かし、クライアントに向けた助言を幅広く行っている。宿曜占星術を通じて、人々の本質を見極め、心の迷いや課題に対するアプローチを提供している。

神様（かみさま）・仏様（ほとけさま）を味方（みかた）にする
宿曜（しゅくよう）スーパー開運術（かいうんじゅつ）

竹本光晴（たけもとこうせい） 著

2025年1月14日　初版発行

発行者　磐崎文彰
発行所　株式会社かざひの文庫
〒110-0002　東京都台東区上野桜木2-16-21
電話／FAX 03（6322）3231
e-mail : company@kazahinobunko.com
http://www.kazahinobunko.com

発売元　太陽出版
〒113-0033　東京都文京区本郷3-43-8-101
電話03（3814）0471　FAX 03（3814）2366
e-mail : info@taiyoshuppan.net
http://www.taiyoshuppan.net

印刷・製本　モリモト印刷

装丁　藤崎キョーコデザイン事務所
編集協力　小栗素子
イラスト　ちゅうがんじたかむ
スペシャルサンクス　高畑美惠子

参考文献　正新脩大藏經テキストデータベース

ISBN978-4-86723-184-5

27宿の「日本の色」一覧表

ぼうしゅく 昴宿	ひつしゅく 畢宿	ししゅく 觜宿
深紅 （ふかきくれない）	若草色 （わかくさいろ）	樺色 （かばいろ）

さんしゅく 参宿	せいしゅく 井宿	きしゅく 鬼宿
若芽色 （わかめいろ）	金糸雀色 （かなりあいろ）	梅紫 （うめむらさき）

りゅうしゅく 柳宿	せいしゅく 星宿	ちょうしゅく 張宿
濃藍 （こいあい）	金茶 （きんちゃ）	藤黄 （とうおう）

よくしゅく 翼宿	しんしゅく 軫宿	かくしゅく 角宿
縹色 （はなだいろ）	櫨染 （はじぞめ）	撫子色 （なでしこいろ）

亢宿（こうしゅく）	氐宿（ていしゅく）	房宿（ぼうしゅく）
菫色 （すみれいろ）	納戸色 （なんどいろ）	暗紅色 （あんこうしょく）

心宿（しんしゅく）	尾宿（びしゅく）	箕宿（きしゅく）
葡萄色 （えびいろ）	鬱金色 （うこんいろ）	青磁色 （せいじいろ）

斗宿（としゅく）	女宿（じょしゅく）	虚宿（きょしゅく）
若竹色 （わかたけいろ）	深緋 （こきあけ）	蝋色 （ろういろ）

危宿（きしゅく）	室宿（しつしゅく）	壁宿（へきしゅく）
紺碧 （こんぺき）	今様色 （いまよういろ）	真朱 （まそお）

奎宿（けいしゅく）	婁宿（ろうしゅく）	胃宿（いしゅく）
深縹 （こきはなだ）	赤橙 （あかだいだい）	弁柄色 （べんがらいろ）